Gernert
Agiles Projektmanagement

W0191667

Christiane Gernert

Agiles Projektmanagement

Risikogesteuerte Softwareentwicklung

HANSER

Dr.-Ing. Christiane Gernert
Gernert & Partner, Ludwigsburg

www.hanser.de

Bibliografische Information Der Deutschen Bibliothek:

Die Deutsche Bibliothek verzeichnet diese Publikation in der Deutschen Nationalbibliografie;
detaillierte bibliografische Daten sind im Internet über http://dnb.ddb.de abrufbar.

© 2003 Carl Hanser Verlag München Wien
Lektorat: Margarete Metzger
Herstellung: Irene Weilhart
Satz: Druckhaus „Thomas Müntzer", Bad Langensalza
Datenbelichtung, Druck und Bindung: Kösel, Kempten
Printed in Germany

ISBN 3-446-21995-1

Inhalt

Im Projektmanagement nichts Neues? IX

Vorwort XI

1   Agiles Projektmanagement 1

1.1   Agiles Projektmanagement ist pragmatisch 2

1.2   Ihr Weg zur Agilität 9

   1.2.1   Die Projekteigenschaften 10

   1.2.2   Die Risiken 15

   1.2.3   Das Projekt läuft 22

1.3   Agiles Handeln braucht Wissen 22

1.4   Kennen Sie Ihren Weg? 23

2   Produkte, Projekte und Prozesse 25

2.1   Phasen, Phasen und nochmals Phasen 26

2.2   Der Lebenszyklus eines Produktes 26

2.3   Der Ablauf eines Projekts 28

2.4   Der Software-Entwicklungsprozess 29

2.5   Wie spielt das alles zusammen? 31

2.6   Wissen Sie jetzt alles über Phasen? 36

3   Die richtigen Dinge zur richtigen Zeit 37

4   Von der Idee zum Auftrag – die Vorbereitung eines Projekts 43

4.1   Inhalt und Aktivitäten der Projektvorbereitung 44

4.2   Projekt definieren 47

   4.2.1   Die Stakeholder des Projekts 48

   4.2.2   Ausgangsposition bestimmen 50

   4.2.3   Ziele, Inhalt und Umfang festlegen 54

4.3   Projekt erstmalig planen 63

   4.3.1   Lösung skizzieren 64

   4.3.2   Projekt erstmalig strukturieren 65

   4.3.3   Aufwand und Ressourcen abschätzen 67

   4.3.4   Der erste Terminplan des Projekts 69

4.4   Organisation vorschlagen 70

4.5   Qualität festlegen 71

4.6   Risiken einschätzen 72

4.7   Projekt beauftragen 73

4.8   Die zweistufige Projektklärung.. 75

4.9   Ist Ihr Projekt startklar? 76

5   Das Projekt beginnt... 85

5.1   Inhalt und Aktivitäten der Projektinitialisierung 86

5.2   Software-Entwicklungsprozess festlegen 90

5.3   Projekt als Ganzes planen 94

     5.3.1   Liefergegenstände festlegen 95

     5.3.2   Projektgrenzen präzisieren... 96

     5.3.3   Projekt inhaltlich strukturieren 97

     5.3.4   Projektablauf gliedern.. 103

     5.3.5   Arbeitsplan für das Projekt aufstellen......................... 106

5.4   Systementwicklung vorantreiben.. 111

5.5   Projektdurchführung planen.. 113

     5.5.1   Produkt-Releases bilden 114

     5.5.2   Entwicklungsgegenstände ableiten.............................. 117

     5.5.3   Projektstruktur präzisieren 120

     5.5.4   Aufwandsschätzung in IT-Projekten 124

     5.5.5   Iterationen bilden 129

     5.5.6   Projektplan präzisieren 133

5.6   Projekt organisieren 135

     5.6.1   Welche Organisationsform ist richtig? 136

     5.6.2   Teams organisieren.. 138

     5.6.3   Wer entscheidet was? 143

     5.6.4   Wer berichtet wann an wen?.. 145

     5.6.5   Was wird wie dokumentiert? 146

5.7   Risiken analysieren 147

     5.7.1   Risiken identifizieren 148

     5.7.2   Risiken klassifizieren 153

     5.7.3   Risiko-Maßnahmen festlegen 155

5.8   Qualitätsmanagement etablieren... 157

     5.8.1   Qualitätsmanagement definieren 157

     5.8.2   Qualitätsmaßnahmen planen.. 158

5.9   Initialisierung abschließen 161

5.10 Alles klar für die große Reise?... 163

6   Das Projekt läuft.. 165

6.1   Inhalt und Aktivitäten der Projektdurchführung....................... 166

6.2   Planen im Detail.. 170

     6.2.1   Iterationsinhalt präzis festlegen 173

     6.2.2   Iterationsplan aufstellen 179

     6.2.3   Planung kostet Zeit 180

6.3   Projektaktivitäten überwachen 182
       6.3.1   Ermitteln der Statusinformationen 184
       6.3.2   Analysieren der Statusinformationen 195
       6.3.3   Der Statusbericht des Projekts 205
       6.3.4   Wissen Sie genug, um eingreifen zu können? 207

6.4   Zurück auf den richtigen Kurs – das Projekt steuern 208
       6.4.1   Ursachen analysieren 209
       6.4.2   Risiko-Maßnahmen anpassen 213
       6.4.3   Reaktion entscheiden 214
       6.4.4   Entscheidung umsetzen 216
       6.4.5   Wie bekomme ich mein Projekt aus der Krise? 224
       6.4.6   Team-Meeting – hier spielt sich alles ab 225

6.5   Iterative Software-Entwicklung – Lösung oder Fluch? 227

7   Die Nachlese – Der Abschluss des Projekts 229

7.1   Inhalt und Aktivitäten 230

7.2   Die Bilanz 230

7.3   Aus Erfahrung lernen 233

Literaturverzeichnis 237

Index 239

Im Projektmanagement nichts Neues?

Betrachtet man den Stapel an Büchern über das Management von IT-Projekten, dann müsste man eigentlich zu dem Schluss kommen, dass es zu diesem Thema sicherlich nichts mehr Neues zu sagen gibt. Die Aufgaben des Projektleiters sind klar: Ziele setzen, planen, steuern, überwachen, organisieren usw. Die Techniken sind bekannt: PERT-Charts, GANTT-Charts, Ressourcenlisten, ... Und wie man ein Team motiviert, haben Tom DeMarco und Tim Lister mit „Peopleware" (Wien wartet auf Dich) unübertroffen schon Mitte der 80er-Jahre zu Papier gebracht.

Warum also noch ein Buch über „Agiles Projektmanagement", fragte ich mich. Doch ich hatte Christiane Gernert in vielen Projekten als Managerin und Kollegin erlebt – in riesigen und umfangreichen, aber auch in kleinen, überschaubaren Projekten mit 2 bis 3 Personen. Und immer wieder, wenn ich glaubte, ihre Herangehensweise an Software-Projektmanagement verstanden zu haben, hörte ich von ihr: „In diesem Fall scheint mir das zielführender zu sein" oder „Unter den Randbedingungen sollten wir lieber das versuchen". Was „das" ist und warum sie so handelte, konnte sie mir damals oft nicht so genau erklären. Es kam einfach aus dem Bauch. Doch in den Jahren der Vorbereitung für dieses Buch ist es ihr gelungen, „das" in Worte zu fassen.

Agile Methoden sind „gerade eben ausreichende" Methoden. „So wenig wie möglich, aber so viel wie nötig", heißt eine Grunddevise. Das gilt auch für Projektmanagement. Was für ein Projekt absolute Übertreibung in puncto Planung, Berichtswesen oder Überwachung ist, ist unter anderen Umständen „gerade eben ausreichend". Christiane Gernert führt Sie als Leser durch ein Projekt – von der ersten Idee bis zur Nachbereitung. Natürlich durch ein Projekt, das im Zeitalter der Agilität von iterativer, inkrementeller Vorgehensweise geprägt ist. Zu jedem Zeitpunkt gibt sie Ihnen klare Hinweise, worauf es wann besonders ankommt – und wie man es geschickt anstellt.

„So wenig wie möglich" hat aber einen Haken: Um zu wissen, was Sie an Dokumentation, an Information oder an Überwachungsmaßnahmen weglassen können, ohne ein Risiko einzugehen, müssen Sie den gesamten Managementprozess sehr gut verstanden haben. Beachten Sie beim Lesen, dass Sie zwar alle Alternativen kennen sollten, aber nicht alles tun müssen.

Ein paar Dinge sind mir beim Lesen besonders aufgefallen. Zunächst ist es kein Zufall, dass das Kapitel „Projektvorbereitung" einen großen Raum einnimmt. Kurz zusammengefasst: Der Erfolg oder Misserfolg eines Projektes wird fast immer schon entschieden, bevor das Projekt überhaupt offiziell begonnen hat.

Und zweitens fällt auf, dass in jedem Kapitel immer wieder über Planung diskutiert wird. Planung in der Vorbereitung, Planung in der Initialisierung, Planung der Durchführung und jeder einzelnen Iteration, und, und, und ...

Wenn Sie verstanden haben, wann ein(e) gute(r) Projektleiter(in) was mit welchem Tiefgang und welchem Grad an Vorausschau plant (oder noch nicht plant!), dann haben Sie den agilen Grundsatz „so wenig wie möglich, so viel wie nötig" verinnerlicht. Viel Spaß beim Lesen und Umsetzen!

Aachen, im Juni 2003

Peter Hruschka
Atlantic Systems Guild

Vorwort

Jeder möchte erfolgreiche Projekte! Doch wie erreicht man das? In den letzten Jahren ist mit eXtreme Programming und anderen agilen Methoden ein neues Erfolgsrezept populär geworden[1]. Lässt sich dieses auch auf das Projektmanagement übertragen? Ich bin der Meinung, ja, es geht.

Wenn Sie Projekte managen oder demnächst vor dieser Aufgabe stehen, oder wenn Sie Ihrem Chef mit Rat und Tat zur Seite stehen wollen, finden Sie in diesem Buch alles, was mir wichtig erscheint, um nach Projektabschluss zufriedene Kunden und ein motiviertes Projektteam zu haben.

Die folgende Abbildung zeigt, was Sie in diesem Buch erwartet:

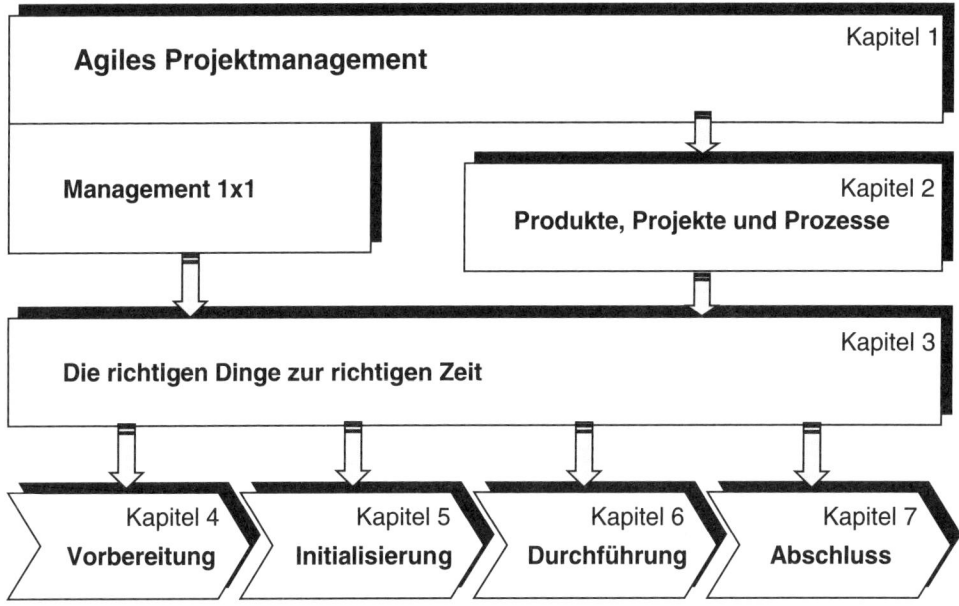

In Kapitel 1 transferieren wir die Aussagen des agilen Manifests in die Welt der Manager und rekapitulieren im kleinen Management-1x1 seine Aufgaben im Projekt. Sie erfahren, warum einige Manager erfolgreicher sind als andere und wissen am Ende, wie Sie Ihren Weg zu Agilität und Erfolg finden.

In Kapitel 2 lernen Sie, warum es wichtig ist, zwischen Projektphasen, Produkt-Lebenszyklus und Phasen der Systemerstellung konsequent zu unterscheiden.

---

[1] Mehr hierzu können Sie lesen unter: www.b-agile.de.

Kapitel 3 beschäftigt sich mit dem Zusammenspiel von Managementaufgaben und Projektphasen und zeigt, welche Aufgabe in welcher Projektphase zu welchen Ergebnissen führt. Sie erfahren außerdem, wann Sie wie viel Aufwand in das Managen Ihres Projektes investieren sollten.

Mit diesem Rüstzeug ausgestattet, führen die Kapitel 4 bis 7 Sie systematisch durch den Ablauf eines Projekts. Beginnend mit der Vorbereitung werden nacheinander die Initialisierung, Durchführung und der Abschluss ausführlich vorgestellt. Die Aufgaben eines Projektmanagers werden aus der Perspektive der jeweiligen Projektphase heraus konkret beschrieben, wobei die Ergebnisse der einzelnen Managementaktivitäten, ihre Aufeinanderfolge sowie ihr übergreifendes Zusammenspiel im Vordergrund stehen. Dabei begleiten uns die Maximen der Agilität. Ihre Anwendung im Projektalltag wird anhand vieler Beispiele demonstriert. Parallel dazu erhalten Sie eine Vielzahl praktischer Tipps und Anregungen für die tägliche Arbeit.

Einige Aufgaben, wie z.B. die Planung und das Risikomanagement, werden im Projektverlauf immer wieder erforderlich. Um Wiederholungen zu vermeiden und den Gesamtfluss deutlicher hervortreten zu lassen, werden sie nur an einer Stelle ausführlich behandelt.

Besonders wichtige Aussagen (Tipps, Definitionen, Kurzeinführungen in Themen) sind grau hinterlegt. Außerdem sind am Ende jeder Aktivität die relevanten Ergebnisse aufgelistet. Überall, wo Sie den kleinen Rollschuhfahrer entdecken, wird es besonders interessant in Sachen Agilität. Passende Checklisten und Muster (Formulare) finden Sie im WEB unter www.b-agile.de.

Ich habe mich um ein praxisnahes, kompaktes und gut lesbares Buch bemüht. Natürlich können hier nicht alle Fragen zum Zusammenspiel von objektorientierter Software-Entwicklung und agilem Projektmanagement abschließend beantwortet werden. Lassen Sie uns daher die Diskussion weiterführen. Auf Ihre Erfahrungen, Anregungen und Kritik bin ich gespannt. Schreiben Sie mir (christiane.gernert@t-online) oder besuchen Sie das Seminar zu diesem Buch (Termine unter www.b-agile.de).

Auf dem Weg zu diesem Buch standen mir viele immer wieder mit Rat und Tat zur Seite und haben es damit erst möglich gemacht: Freunde, heutige und frühere Kollegen, das Team des Verlages, meine Kunden. Bei allen zusammen bedanke ich mich herzlich für die zahlreichen Anregungen, die hilfreichen Dispute, die motivierende Atmosphäre, die vielfältige Unterstützung.

Ein besonderes Dankeschön geht an meinen Sohn Martin, meine Eltern und meinen Bruder, die stets mit viel Verständnis und Rücksicht auf viele Stunden „geistiger Abwesenheit" reagiert haben.

Ludwigsburg, im August 2003   *Christiane Gernert*

> „Wir müssen die Änderung sein,
> die wir in der Welt sehen wollen.“
>
> *Mahatma Gandhi*

1

Agiles Projektmanagement

Fragen, die dieses Kapitel beantwortet:

- Was ist agiles Projektmanagement?
- Was unterscheidet Projekt- von Routineaufgaben?
- Welche Aufgaben haben Sie als Projektmanager?
- Anhand welcher Eigenschaften lässt sich ein Projekt charakterisieren?
- Welche Rolle spielen Risiken im Projekt?
- Wie nutzen Sie Projekteigenschaften und Risiken, um Ihr Vorgehen auszuwählen?

Erfolgreiche Projekte erfordern ein angemessenes Vorgehen, sowohl im Entwicklungsprozess als auch im Management. Oder schärfer formuliert: Unpassendes Vorgehen verhindert Erfolg! Zweitens: Projekte werden von eigenständig handelnden Menschen gestaltet! Beide Aspekte bilden das Herz des agilen Managements. Dieses Kapitel zeigt Ihnen, wie Sie über Projekteigenschaften und Risiken Ihren Weg zur Agilität finden.

Abschnitt 1.1 macht Sie mit den Maximen des agilen Managements vertraut. Sie erfahren, dass Agilität vor allem etwas mit Angemessenheit zu tun hat. Außerdem lernen Sie Ihre grundlegenden Aufgaben als Manager kennen. Denn um deren Anpassung geht es, wenn wir von Angemessenheit reden. Doch wann ist was angemessen? Die Antwort finden Sie in Abschnitt 1.2. Dort untersuchen wir die charakteristischen Eigenschaften und Risiken eines Projekts. Sie werden sehen, wie Sie aus beidem den für Ihre Umgebung und Ihre Aufgabenstellung angemessenen Umfang der Managementaufgaben ableiten können.

1.1 Agiles Projektmanagement ist pragmatisch

Werden Sie agil! Kaum eine Branche ist dynamischer als die IT-Industrie. Stabile Randbedingungen und eine unveränderte Marktsituation während der gesamten Projektlaufzeit sind in diesem Umfeld praktisch nie gegeben. Flexibilität ist gefordert. Deshalb verlangt man von Ihnen als Manager, dass Sie neue Anforderungen, verschobene Prioritäten, veränderte Technologien oder aktualisierte Standard-Software stets sicher im Griff haben. Anpassungen müssen schnell und effektiv erfolgen, sonst sind sie wirkungslos. Die Zeiten, in denen man als Manager ein Projekt einmal vernünftig aufsetzen und dann Monate laufen lassen konnte, sind vorbei. Richten Sie Ihr Management darauf aus. Werden Sie agil! Agil sein heißt beweglich, rege, flexibel sein – genau das wird von Ihnen erwartet. Je besser es Ihnen gelingt, sich auf die spezifischen Bedürfnisse Ihres Projekts auszurichten, desto höher liegen Ihre Erfolgschancen. Dabei reicht es nicht aus, einen agilen Software-Entwicklungsprozess zu etablieren und beim Management alles beim Alten zu lassen. Auch Sie müssen sich der Dynamik der heutigen Software-Entwicklung anpassen.

Was macht agile Projekte erfolgreich?

Wenn Sie sich in der Praxis umschauen und nachforschen, was bestimmte Projekte erfolgreicher macht als andere, dann werden Sie schnell auf folgende Erfolgsrezepte stoßen.

Projektmanager von erfolgreichen Projekten:

Maximen agiler Projektmanager

- schätzen ein motiviertes Team höher ein als perfekt ausgeklügelte Regeln;
- legen mehr Wert auf gute Kommunikation im Team als auf ein formalisiertes Berichtswesen;
- achten darauf, dass ein erreichtes Ergebnis mehr zählt als die sture Abarbeitung einer vorgeschriebenen Aufgabe;
- akzeptieren kontinuierliche Änderungen im Projekt und halten nicht an Planvorgaben starr fest;
- wenden für die Verbesserung des Vertrauens im Team mehr Zeit auf als für Kontrollverfahren;
- schätzen die Erfahrungen aus vorigen Projekten wertvoller ein als die Aussagen in Prozessmodellen oder Lehrbüchern (inklusive diesem ☺);
- geben angemessenen Vorgehensweisen den Vorzug gegenüber extremem Handeln;
- managen aktiv die Risiken Ihres Projekts statt Krisen zu bewältigen.

Erfolgreiche Manager leben diese Maximen – auch wenn vielen dabei der Begriff Agilität nicht unbedingt bewusst ist.

Das Team muss stimmen

Agile Manager wissen, dass motivierte Menschen der Schlüssel zum Erfolg sind, und handeln danach. Sie vermeiden Frust im Team, erzeugt durch Ballast, den keiner braucht. Das Team steht im Mittelpunkt ihres Handelns. Sie fördern Motivation durch eine klare Ausrichtung auf ein gemeinsames Ziel, Delegation von Verantwortung, Freiräume für eigenverantwortliches Handeln, ehrliches, rasches Feedback und Identifikation. Dies führt in Summe zu einer neuen Projektkultur, die mehr auf Vertrauen und selbstständiges Handeln setzt als auf Vorgaben und Kontrolle.[1] Kurzum: Agile Projekte haben Charakter!

Nur motivierte Menschen sind leistungsbereit

Das Ergebnis zählt

Wann ist für Sie ein Projekt erfolgreich? Wenn Budget und Termin stimmen und das vorgeschriebene Vorgehensmodell ordnungsgemäß angewendet wurde? Oder wenn Ihr Kunde zufrieden ist, Ihr Ergebnis akzeptiert wird und Ihr Team am Ende des Projekts noch „gesund" ist? Für agile Manager sind Kundenzufriedenheit und motivierte Teams das wichtigste Kriterium für Erfolg! Sie wissen, am Ende zählt nur das erreichte Ergebnis. Selten interessiert das Management und noch seltener den Kunden nach Abschluss des Projekts die präzise Einhaltung eines exakten Plans oder eines theoretischen Prozessmodells. Als agiler Manager legen Sie daher mehr Augenmerk auf situationsgerechtes pragmatisches Handeln als auf einen bis ins letzte Detail vorgegebenen Projektablauf, in dem die Ausführenden nur noch Marionetten sind.

Mitdenken statt „Dienst nach Vorschrift" und Dogmen!

Angemessenheit

Haben Sie auch manchmal das Gefühl, dass im Projekt die falschen Dinge gemacht werden? Tätigkeiten, deren Ergebnis keiner wirklich braucht. Dass etwas gemacht wird, weil irgend jemand dies zu einem längst vergangenen Zeitpunkt einmal für sehr wichtig gehalten hat? Oder dass viele Regeln einfach „in" sind? Oder dass man meint, mit der Einführung eines Vorgehensmodells sind automatisch auch Erfolg und Qualität verbunden. Mein Tipp dazu: Weniger ist mehr!

Zu viele Regeln?

Viele IT-Projekte scheitern, weil eher zu viel als zu wenig getan wird und dann noch trotz des „Vielen" nicht unbedingt das, was eigentlich erforderlich ist. Das Ergebnis: frustrierte Projektmanager, kaputte Teams, nicht erreichte Projektziele, überzogene Budgets, verpasste Termine. Vieles ist Folge von unangemessenem Vorgehen, von zu wenig Orientierung auf das Wesentliche und von fehlendem Pragmatismus. Wenn etwas im Projekt schief läuft, versucht man mit einer neuen, zusätzlichen Richtlinie entgegen zu steuern. Ist das

Viel ist nicht immer gut!

---

[1] Mehr dazu finden Sie in [DeM98], [DeM99] und [DeM01]

3

wirklich der richtige Ansatz? In vielen Fällen nicht. Wieder hat das Projekt eine Regel mehr, die von einigen nicht verstanden oder akzeptiert und damit ziemlich sicher auch nicht eingehalten wird.

Keine Regeln? Keine Regelungen treffen ist allerdings auch nicht die Lösung. Bei sehr kleinen Projekten mag dies ein effizienter Managementansatz sein, bei größeren Vorhaben entsteht schnell Chaos, und die Vorteile dieser völligen Freiheit brauchen sich rasch auf. Der bessere Weg ist daher Angemessenheit:

- Versuchen Sie, das richtige Maß für Ihr Projekt zu finden!
- Stellen Sie nur die Regeln[2] auf, die Sie zum Erfolg brauchen!
- Leben Sie diese konsequent!
- Ändern Sie Ihre Regeln immer dann, wenn es notwendig ist – also potenziell jederzeit!

So wenig wie möglich! Geregelt wird bedarfsorientiert so wenig wie möglich. Nehmen wir das Beispiel Projektdokumentation. Der Einsatz von Dokumenten und Formularen orientiert sich an dem konkreten Bedarf des Projekts statt an unternehmensweiten, fix vorgegebenen Rahmenwerken. Die inhaltliche Qualität ist agilen Managern wichtiger als die Form.

Agilität heißt keineswegs, Anarchie zuzulassen, sondern mehr Spielraum für Alternativen und Kreativität schaffen. Auch agile Prozesse nutzen Vorgehensmodelle und Methoden, wie Sie in den nachfolgenden Kapiteln sehen werden. Sie kennen definierte Prozesse, Rollen, Ergebnistypen, standardisierte Werkzeuge usw., passen diese aber in Anzahl, Tiefgang und Formalismus jeweils konkret auf die Anforderungen des bevorstehenden Projekts an. Es werden also nicht alle Rollen besetzt oder alle Aktivitäten durchgeführt, die im Vorgehensmodell vorgeschlagen werden, sondern nur diejenigen, die im Projekt wirklich notwendig sind.

Risikomanagement statt Krisenmanagement

Sie wissen aus Managementseminaren oder aus Büchern, was Sie als Projektmanager tun sollten. Mit diesem Rüstzeug werden Sie Ihr Projekt bestens vorbereiten, initialisieren und durchführen. Aber was passiert, wenn der im Plan angepeilte Zuliefertermin der Hardware abgesagt wird? Wie geht es weiter, wenn Ihr Chefarchitekt sich mit einem gebrochenen Bein in einer kritischen Phase abmeldet? Wie reagieren Sie, wenn die eingesetzte Technologie nicht das hält, was Ihnen versprochen wurde? Kein Problem: Sie sind vorbereitet auf solche Pannen. Lange vor ihrem Eintreten haben Sie sich mit solchen Risiken schon auseinander gesetzt. Ihre Reaktion ist schnell, klar und gezielt, denn die Strategie für den Notfall war bereits ausgearbeitet. Sie wissen:

---

[2] Bitte fassen Sie den Begriff *Regel* nicht zu eng. Regeln stehen hier synonym für Vorgehen, Prozesse, Verfahren, Methoden, Mechanismen usw.

- Erfolgreiche Projektleiter managen Risiken rechtzeitig und warten nicht, bis es zu einer Krise kommt!

Genau das aber macht jede Managementaufgabe anspruchsvoll. Als Projektmanager müssen Sie Risiken frühzeitig erkennen und ihr Auswachsen zu Problemen verhindern.

Erfolgreiche Manager verfolgen aktiv die Risiken und tun so viel, wie nötig ist, um trotz aller Risiken ihr Projekt sicher zum Erfolg zu führen. Risikomanagement ist für sie keine theoretische Übung, die man irgendwann einmal gelernt hat, sondern eine tägliche Herausforderung. Agiles Projektmanagement schließt ein hohes Maß an Risikomanagement ein.

So viel wie nötig!

Die Antwort – agiles Projektmanagement

Agiles Projektmanagement ist eine Sammlung von Ideen und Vorgehensweisen, die sich schon vielfach im Projektalltag bewährt haben. Es ist angemessen, situationsgerecht und bedarfsorientiert und damit bereits vom Konzept her durch und durch pragmatisch.

Best Practices

Agilität ist eine Grundhaltung, keine Lehrbuchweisheit. Kundenzufriedenheit, motivierte Teams und effektives Risikomanagement stehen im Mittelpunkt agiler Prozesse! Dies alles zusammen führt zu einer Verschiebung von Grundwerten in der Projektabwicklung.

- Konzentrieren Sie Ihre Kräfte auf die Dinge, die wirklich gebraucht werden.
- Regeln Sie im Projekt nicht mehr als unbedingt erforderlich.
- Planen Sie Flexibilität von Anfang an ein.
- Haben Sie den Mut, unpassende Vorschriften über Bord zu werfen. Trennen Sie sich von Vorgehensweisen, die Ihren Erfolg behindern, auch wenn alle sagen: „Man macht das so!"
- Entscheiden Sie selber, was für den Erfolg Ihres Projekts wichtig und richtig ist. Vertrauen Sie auf Ihr Wissen und Ihre Erfahrungen!
- Gehen Sie mit Risiken positiv um! Chancen und Risiken sind untrennbar miteinander verbunden. Sehen Sie in jedem Risiko auch die Chance auf Erfolg.

INTERMEZZO: Kleines Management 1x1

Sicher wissen Sie, was Projektmanagement ist, und kennen Ihre Aufgaben als Projektmanager bestens. Um eine gemeinsame Sprache zu finden, frischen wir trotzdem einige Grundideen des Projektmanagements kurz auf. Schließlich sollte man über Dinge gut Bescheid wissen, bevor man sich daran macht, sie einzuschränken.

Welche Aufgaben hat ein Manager?

Manager koordinieren Aufgaben

Klären wir zunächst den Begriff *Management*. Unternehmen wollen Produkte gut und schnell auf den Markt bringen. An der Herstellung dieser Produkte sind im Normalfall mehrere Personen beteiligt. Diese Arbeitsteilung erfordert übergreifende Koordination. Und genau diese übergreifende Koordination, dieses Ausrichten von Einzelaktivitäten auf ein gemeinsames Ziel, ist die originäre Aufgabe des Managements. Im Einzelnen legen Manager dazu die Ziele und Strategien fest, setzen diese in Pläne um, entwickeln eine adäquate Organisation für die Umsetzung der Ziele und Pläne, überwachen die Zielerreichung, informieren und führen Mitarbeiter, wirken auf die Prozesse steuernd ein und treffen Entscheidungen. Diese acht Grundaufgaben des Managements sind in Abbildung 1.1 dargestellt. Um ihre Ausprägung geht es, wenn wir über bedarfs- und situationsgerechtes und damit agiles Management sprechen.

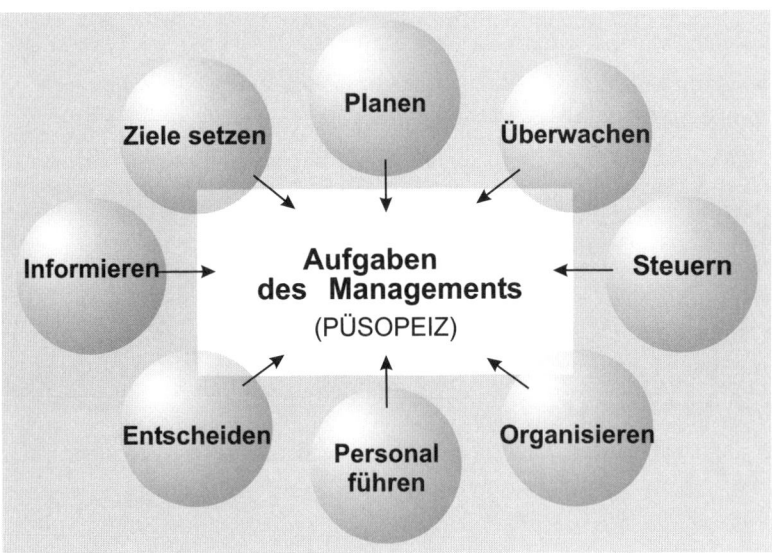

Abbildung 1.1: Die Managementaufgaben (aus [GA01])

6

Ein Projekt – was ist das?

Projekte erzeugen ein oder mehrere Produkte in einer gewünschten Qualität (messbares Ergebnis) mit begrenzten Ressourcen (fixes Budget) innerhalb einer definierten Zeitspanne (feststehender Anfangs- und Endtermin). Aufgaben, die in Form eines *Projekts* durchgeführt werden, sind gekennzeichnet durch:

- Einmaligkeit,
- konkrete Ziele,
- finanzielle, personelle und zeitliche Beschränkungen,
- erheblichen Umfang und Komplexität sowie
- interdisziplinäre Inhalte.

Projektarbeit bedeutet, etwas zu schaffen, das vorher nicht vorhanden war und das deswegen einmalig ist [PMI00]. Projekte zeichnen sich durch die Einmaligkeit ihrer Bedingungen in ihrer Gesamtheit aus [DIN 69 901]. Sie haben eine eigene, spezifische Organisation, die nur für die Dauer des Projekts existiert. Gegenüber fortlaufenden Aufgaben im Unternehmen sind sie klar abgegrenzt.

> ▸ **Definition:** Ein *Projekt* ist ein zeitlich begrenztes Vorhaben zur Schaffung eines einmaligen Produktes (oder einer Dienstleistung) [PMI00].

Projekte erledigen zeitlich begrenzte Aufgaben

Projekt

Jedes Projekt ist einmalig in seinem Inhalt sowie in der Art und Weise seiner Abwicklung und bedingt daher auch einen genau auf dieses Projekt zugeschnittenen Managementprozess.

Projektmanagement – was steckt dahinter?

Seinen Ursprung hat das Projektmanagement in der Rüstungsindustrie. Es ist von den amerikanischen Regierungsbehörden speziell für die Koordination der Rüstungs- und Raumfahrtprojekte während und nach dem Zweiten Weltkrieg entwickelt worden.

Projektmanagement ist aufgrund der zeitlich begrenzten Aufgabenstellung eines Projekts befristet und zielt darauf ab, in der Projektlaufzeit ein angemessenes Ergebnis zu erreichen. Das allgemeine Management stellt demgegenüber eine unbefristete Aufgabe dar und verfolgt als übergeordnete Zielsetzung die Existenzsicherung des Unternehmens. Für beide Bereiche gelten die grundlegenden Managementaufgaben (vgl. Abbildung 1.1) gleichermaßen. Das Projektmanagement nutzt die etablierten Managementsysteme im Unternehmen, passt diese aber auf seine speziellen Erfordernisse an. Was dies im Einzelnen bedeutet, zeigt Ihnen dieses Buch.

Projektmanager koordinieren die Projektaktivitäten

> ▸ **Definition:** *Projektmanagement* ist die Gesamtheit aller Koordinierungs- und Führungsaufgaben, die sich auf ein Projekt beziehen. Es ist die Anwendung von Wissen, Fertigkeiten, Werkzeugen und Verfahren auf Projektvorgänge, um die Bedürfnisse und Erwartungen der Stakeholder an ein Projekt zu erfüllen oder zu übertreffen [PMI00].

Projektmanagement

Welches Ziel verfolgt ein Projektmanager?

Ziel des Projektmanagements ist es, alle Aktivitäten im Projekt so zu koordinieren, dass das geforderte Produkt

- in der gewünschten Qualität und Funktionalität,
- innerhalb des gesetzten Zeitrahmens und
- ohne Überschreitung der vorgegebenen Ressourcen

erstellt wird. Diese Parameter sind Ihre Manövriermasse als Manager. Man kann sie nicht alle fixieren und dann noch managen! Grafisch lässt sich dieser Zusammenhang sehr gut als Dreieck verdeutlichen (vgl. Abbildung 1.2). Man spricht oft auch vom „Magischen Dreieck" des Projektmanagements. Wenn Sie Qualität und Funktionalität getrennt betrachten wollen, erhalten Sie ein „Magisches Viereck"[3]. Alle Managementaktivitäten kreisen letztendlich um diese drei bzw. vier Parameter.

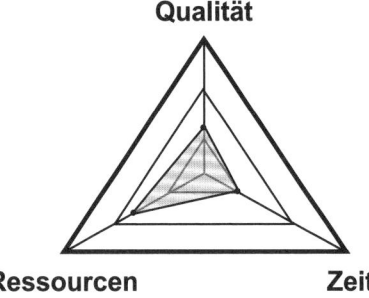

Abbildung 1.2: Das *Magische Dreieck*

Die Balance der Managementparameter

Als Projektmanager haben Sie die Aufgabe, während der gesamten Projektlaufzeit die Balance zwischen diesen drei untrennbar miteinander verbundenen Managementparametern zu halten bzw. immer wieder von Neuem den bestmöglichen Ausgleich zu finden. Insofern wird Ihnen das *Magische Dreieck* in den folgenden Kapiteln immer wieder begegnen. Es bringt die Grundaufgabe des Projektmanagements auf den Punkt.

> Fordern Sie als Projektmanager von Ihrem Auftraggeber Freiräume zum Balancieren ein!

---

[3] Mitunter wird zusätzlich noch die Kapazität als separate Zielgröße herausgestellt, wobei Qualität und Funktionalität dann wiederum als Leistung zusammengefasst werden. Auch diese Kombination der Managementparameter ergibt ein „magisches Viereck".

1.2 Ihr Weg zur Agilität

Sie wissen aus Erfahrung: Nicht jedes Projekt kann gleich gemanagt werden. Was für den einen reinste Bürokratie ist, ist für den anderen unabdingbare Notwendigkeit. Doch wie viel Management brauchen Sie? Welches sind die Indikatoren, an denen Sie den Umfang, die Art und Weise sowie die Komplexität Ihres Projektmanagements festmachen können? Anhand welcher Kriterien entscheidet man, ob etwas adäquat oder überzogen ist? Die Basis zur Beantwortung dieser Fragen legen wir in diesem Abschnitt.

Wann ist was angemessen?

So finden Sie das richtige Maß

Wenn Sie analysieren, welches die treibenden Kräfte für das Hinzufügen oder Weglassen bestimmter Techniken, Methoden, Vorgehensweisen sind, werden Sie schnell als Antwort finden: Es sind die Projekteigenschaften und Risiken. Sie wissen bereits:

Projekteigenschaften und Risiken bestimmen den Weg

- Agiles Management ist die Vereinigung von bedarfsorientiertem und risikogesteuertem Vorgehen.

Demzufolge können Sie die gestellte Aufgabe wie in Abbildung 1.3 aufgezeigt aus zwei Richtungen anpacken. Im ersten Schritt leiten Sie aus den Projekteigenschaften zunächst den „Grundtyp" Ihres Managements ab. Danach verifizieren und präzisieren Sie im zweiten Schritt über die Risiken und Chancen das ausgewählte Vorgehen. Dieser Prozess der Anpassung ist nicht einmalig, sondern erfolgt wiederholt. Sie prüfen immer wieder während der gesamten Projektlaufzeit die Angemessenheit Ihres Vorgehens bezogen auf die aktuelle Projektentwicklung.

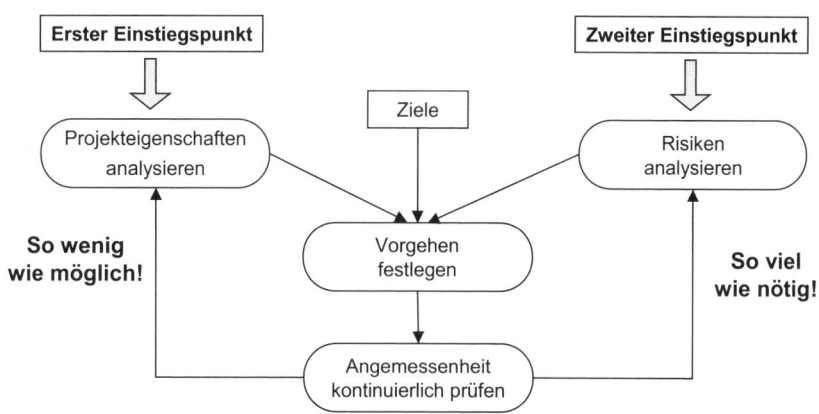

Abbildung 1.3: Der Weg zur Angemessenheit

1.2.1 Die Projekteigenschaften

Die Projekteigenschaften bestimmen also das Vorgehen. Dann ist ja alles klar: Kleine Projekte brauchen wenig, mittlere etwas mehr und große Projekte sehr viel Projektmanagement. Sie merken selbst, dies ist zu simpel! So einfach ist die Welt leider nicht. Greifen wir zum Beispiel die Größe als eine wichtige Projekteigenschaft heraus. Wann ist ein Projekt groß, wann klein? Ist ein Projekt groß, wenn es zehn Beteiligte hat oder fünfzig? Wenn es ein Jahr dauert oder vier? Wenn fünf verschiedene Software-Systeme zu entwickeln sind oder wenn alle diese Dinge gleichzeitig zutreffen? Und was machen Sie mit kleinen, aber komplexen, und mit großen, aber technisch sehr einfachen Aufgaben? Diese Fragen zeigen deutlich, dass Sie sich im ersten Schritt zunächst über Kriterien klar werden müssen, die es Ihnen ermöglichen, Ihr Projekt objektiv zu bewerten.

Welche Eigenschaften charakterisieren ein Projekt?

In der Literatur gibt es verschiedene Ansätze, Projekte zu klassifizieren. Je nachdem, welche Zielsetzung verfolgt wird, gehen die Autoren unterschiedlich vor und kommen demzufolge auch zu verschiedenen Vorschlägen, welche Eigenschaften für die Charakterisierung eines Projekts relevant sind.[4]

Sechs markante Projekt-eigenschaften

Wenden wir uns hier einer einfachen, aber sehr brauchbaren Lösung zu. In meiner Praxis haben sich die folgenden sechs Projekteigenschaften als gut geeignet und auch völlig ausreichend erwiesen, ein Projekt zu charakterisieren:

- Der *Projektinhalt*:
  Bewerten Sie den Projektinhalt anhand der Eindeutigkeit der Ziele und Ergebnisse, des Umfangs, der Komplexität sowie des Bekanntheitsgrades der Aufgabe.

- Die *Technologien*:
  Bewerten Sie den Technologieeinsatz im Projekt anhand der Anzahl und der Marktreife der eingesetzten Technologien sowie der Erfahrung im Team bezogen auf die jeweilige Technologie.

- Die *Prozesse*:
  Bewerten Sie für das ausgewählte Vorgehensmodell dessen Definiertheit, seinen Bekanntheitsgrad und seine Etabliertheit im Team.

- Die *Dauer*:
  Bewerten Sie die Laufzeit des Projekts.

- Die *Projektorganisation*:
  Bewerten Sie das Projekt anhand der Anzahl der Beteiligten, der involvierten Organisationseinheiten, der verschiedenen Standorte sowie anhand der Struktur des Teams.

---

[4] Mehr Informationen dazu finden Sie zum Beispiel in [Mör98] oder [Lit95].

■ Das *Projektumfeld*:
Ermitteln Sie für das Projektumfeld die Anzahl der Auftraggeber und projektexternen Stakeholder. Bewerten Sie die Abhängigkeit von Zulieferprodukten und von externen Dienstleistungen. Schätzen Sie seine Inhomogenität und Stabilität ein.

Auch wenn ich anfangs von einer einfachen Lösung sprach, sehen Sie schon, wie vielfältig trotzdem die Bewertungsmöglichkeiten sein können. Damit das Ganze noch handhabbar bleibt, sollten Sie maximal mit einer vierstufigen (wie in Tabelle 1.1 zu sehen), besser nur mit einer dreistufigen Ausprägung je Bewertungskriterium arbeiten. Zusätzlich sollten Sie die Bewertungsstufen auch in die Sammlung Ihrer *Best Practices* aufnehmen, damit nicht jedes Projekt sie neu erfindet. So bekommen Sie zusammen mit Ihren Kollegen nach und nach ein sicheres Gefühl dafür, wann Sie ein Kriterium eher als klein, mittel, stark oder extrem ausgeprägt einstufen. Die folgende Tabelle enthält einige Beispiele.

Eigenschaften bewerten

Tabelle 1.1: Beispiel für die Ausprägung von Bewertungskriterien

Kriterium	Ausprägung			
	wenig	mittel	stark	extrem
Eindeutigkeit der Projekt-ziele	klar	in allen wesentlichen Punkten klar (ein Ziel)	noch nicht formuliert (es gibt Haupt- und Neben-ziele)	völlig offen (viele, z.T. verdeckte Ziele oder sich widersprechende Ziele)
Komplexität der Aufgabe	gering	mittel	hoch	extrem hoch
Laufzeit	bis zu 3 Monate	6 bis 9 Monate	9 bis 24 Monate	über 2 Jahre
Beteiligte	5 bis 15	bis zu 30	bis zu 50	mehr als 50
Struktur des Teams	eingespieltes Team	neues Team	inhomogenes Team	verteiltes, inhomogenes Team

Je nach dem, wie viel Aufwand Sie betreiben möchten, können Sie die Eigenschaften und Kriterien zusätzlich noch gewichten. Sie erhalten damit ein sehr leistungsfähiges, aber nicht mehr ganz triviales Bewertungsschema für die Charakterisierung eines Projekts.

Eigenschaften gewichten

Bleiben Sie auch hier agil und arbeiten Sie diese Liste nicht stur nach Schema F ab, sondern überlegen Sie sich, welche Eigenschaften und Kriterien für Ihren Kontext am besten geeignet sind. Nicht immer wird alles gebraucht!

Die Projekteigenschaften sind Ihnen zunächst mit dem Projektauftrag[5] fest vorgegeben. Sie sind aber keineswegs fixe Randbedingungen für die gesamte

---

[5] Mehr zur Erstellung des Projektauftrages finden Sie in Kapitel 4.

Projektdauer. Zum einen können Änderungen im Projektumfeld zu veränderten Projekteigenschaften führen. (Ab sofort gibt es nur noch einen Standort für das Projekt.) Zum anderen können sich durch einen geänderten Projektauftrag neue Projekteigenschaften ergeben. (Die Entwicklung des übergreifenden Frameworks ist nicht mehr Ihre Aufgabe.)

Das Profil des Projekts

Zurück zu unserem Ausgangspunkt. Wir haben uns mit den Projekteigenschaften beschäftigt, um unser Projekt klassifizieren zu können und festgestellt, dass dies gar nicht so einfach ist: Es gibt kurze Projekte mit vielen Beteiligten an verteilten Standorten und lange Projekte mit wenigen Mitarbeitern an einem Standort, aber mit fünf verschiedenen Auftraggebern. Welches dieser Projekte verdient nun die Typbezeichnung „groß" oder „komplex"? Eine einfache Lösung wäre:

- Kleines Projekt: Alle Bewertungen fallen gering aus.
- Großes Projekt: Alle Bewertung fallen extrem oder stark aus.

Wird ein Projekttyp gebraucht?

Beides sind Extrempunkte, die in dieser Form selten auftreten. Die Schwierigkeit liegt in der zum Teil divergierenden Ausprägung der verschiedenen Projekteigenschaften. Für jedes einzelne Bewertungskriterium einer Eigenschaft fällt das Ergebnis mitunter anders aus: Das Projektumfeld ist extrem inhomogen, die Aufgabenstellung sehr einfach, der Prozess gut verstanden, die Technologie absolut neu usw. Was nun? Ganz einfach, versuchen Sie nicht das Projekt über einen abstrakten Begriff zu typisieren, sondern nutzen Sie alle Eigenschaften zur Charakterisierung Ihres Projekts. Die Betrachtung jeder einzelnen Eigenschaft zusammen mit den verschiedenen Bewertungskriterien ist völlig ausreichend für unser Ziel, nämlich die Ableitung eines angemessenes Projektmanagements. Sie können an dem oben dargestellten Beispiel sehr gut erkennen, worauf es ankommt:

- Ein geografisch verteiltes Projekt benötigt mehr Infrastruktur als ein Projekt an einem Standort, eingebettet in eine bereits vorhandene und funktionierende Umgebung.
- Viele Auftraggeber erfordern eine erprobte Methodik und mehr Aufwand bei der Erarbeitung des Projektauftrages als ein Auftraggeber.
- Das Management vieler Projektmitarbeiter erfordert mehr Formalismus als ein Team von fünf Personen usw.

Jedes Projekt hat sein eigenes Profil. Inhalt, Laufzeit, Beteiligte oder Standort sind spezifisch ausgeprägt. Im Folgenden finden Sie eine grafische Darstellungsform, die Ihnen hilft, die Ausprägung der einzelnen Projekteigenschaften zu visualisieren und Sie damit unterstützt das Profil Ihres Projekts besser zu erkennen. Erst die Summe aller bewerteten Eigenschaften und Kriterien ergibt ein Gesamtbild (Abbildung 1.4).

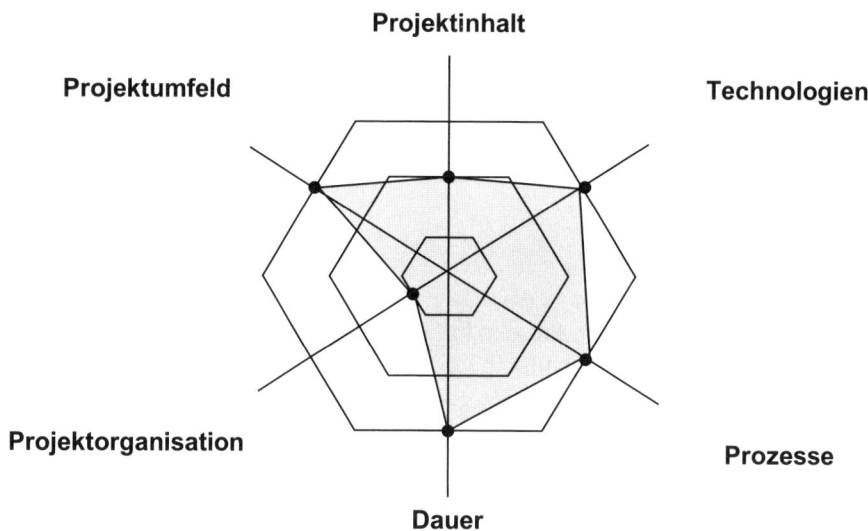

Abbildung 1.4: Das Profil des Projekts

Wie viel Management braucht Ihr Projekt?

Mit der Charakterisierung Ihres Projekts haben Sie das Ziel nur halb erreicht. Der „Grundtyp"
Im zweiten – dem wesentlich mühseligeren – Schritt geht es darum, festzulegen, welcher Managementansatz zu diesen Projekteigenschaften passt: Wann
ist mehr zu tun, wann weniger, auf was können Sie ganz verzichten? Der
„Grundtyp" Ihres Projektmanagements schält sich heraus.

Die mögliche Bandbreite ist groß:

- Die Zielsetzung können Sie z.B. kurz mündlich mitteilen oder mit einem
  vielseitigen, international abgestimmten Zieldokument kommunizieren.

- Für die Planung kann die Bandbreite von der Wandtafel, die nicht gelöscht
  werden darf und die für alle sichtbar immer aktualisiert wird, bis hin zum
  Einsatz von komplexen Projektplanungstools reichen.

- Für die Überwachung spannt sich der Bogen vom einfachen Gespräch in
  der Kaffeepause über Meetings mit vorbereiteten Statusangaben und
  schriftlichen Ergebnisprotokollen bis hin zu formalen monatlichen oder
  wöchentlichen Statusberichten.

Eines ist klar: Unabhängig von der Größe, Komplexität oder Laufzeit müssen Aufwand
Sie immer einen gewissen Aufwand in das Managen Ihres Projekts investie- und Vorgehen
ren. Jedes Projekt braucht klare Ziele, eine minimale Planung und Überwa- ändern sich
chung, einen bestimmten Grad an Steuerung, Organisation und Führung sowie
Informationsaustausch. Insofern sind in jedem Projekt die eingangs vorgestellten acht Managementaufgaben (vgl. Abbildung 1.1) stets vertreten. Was von

13

Projekt zu Projekt unterschiedlich ausfällt, ist die jeweilige Höhe des Managementaufwandes und das Vorgehen im Detail.

Nun ist Ihre Agilität gefragt! Sie müssen entscheiden, welche Ausprägung der Managementaufgaben dem herausgearbeiteten Projektprofil am besten gerecht wird. Je besser es Ihnen gelingt, allgemeingültige Projektmanagement-Richtlinien auf die speziellen Bedürfnisse des Projekts anzupassen, desto effektiver und effizienter können Sie das Projekt managen. Hier liegt die Herausforderung für Sie. Überlegen Sie, welcher Umfang und welche Art und Weise der Planung, Überwachung, Steuerung, Information und Organisation dem bevorstehenden Projekt angemessen sind (Ergebnistypen, Grad des Formalismus, Methodik, Werkzeuge, Rollen usw.).

Keine globale Entscheidung! Für jede einzelne Managementaufgabe kann Ihre Analyse zu einem anderen Ergebnis führen, also ein anderer Aufwand notwendig und ein anderes Vorgehen optimal sein. Sie stellen zum Beispiel fest, dass Sie viel Zeit für die Zielanalyse brauchen, aber eine normale Planung, wenig Überwachung, dafür aber wieder viel „Hirn" und Aufwand ins Informationsmanagement stecken müssen usw. Treffen Sie daher Ihre Entscheidung nicht global, sondern immer konkret, bezogen auf die jeweilige Managementaufgabe und immer abgestimmt auf die entsprechende Managementebene. Bedenken Sie dabei: Nicht jedes Bewertungskriterium hat Einfluss auf jede Managementaufgabe! Sehen wir uns zwei Beispiele an.

Beispiel 1

Projekttyp 1: Kurzes Projekt (3 Monate) mit wenigen Beteiligten (4 Personen) an einem Standort

Dazu passendes Projektmanagement:[6]

- *Kurze, schnelle Zielfindung (Zielfindungs-Workshop mit Dokumentation)*
- *Einfache, unkomplizierte Planung (nur eine Planungsebene)*
- *Spontane Aufgabenzuweisung im Team*
- *Einfache Statuserfassung und Steuerung durch wöchentliche Meetings (Kurzprotokoll und Aktionsliste)*
- *Fortschrittskontrolle über Reviews*
- *Vorhandene Tools einsetzen (Word, Excel oder Flipchart ausreichend), keine spezifischen Verfahren entwickeln*

Beispiel 2

Projekttyp 2: Langes Projekt (16 Monate) mit vielen Beteiligten (50 Personen) an verteilten Standorten

Dazu passendes Projektmanagement

- *Fundierte Projektvorbereitung (mehrere Workshops und Abstimmungen)*
- *Mehrstufige Planung, Planungsverfahren regeln*
- *Mehrere Teilprojekte erforderlich*

---

[6] Die Aufzählung ist nur exemplarisch und deckt nicht das gesamte Aufgabenspektrum ab.

- *Flexible Organisation, Rahmen mit selbstständig agierenden Teams*
- *Formalisiertes Berichtswesen etablieren*
- *Eskalation regeln*
- *Spezifische Verfahren und Tools für das Projekt bereitstellen*

Jedes Software-Projekt führt aufgrund der Einmaligkeit seiner Aufgabenstellung zu einer individuellen Vorgehensweise, sowohl aus Sicht der Entwicklung als auch der des Managements. Deshalb gibt es viele gute Tipps, wie man Projekte effizient managen kann, aber kein allgemeingültiges Projektmanagement für Software-Projekte jeder Art. Vergleichen Sie agiles Management nicht mit einem einzelnen Rezept, sondern eher mit einem ganzen Kochbuch. Bei einem einzelnen Rezept erfahren Sie ziemlich genau, was Sie der Reihe nach tun sollen. Im Kochbuch hingegen finden Sie eine ganze Sammlung von Tipps, wie Sie z.B. mit Fisch oder Fleisch umgehen, was Sie beim Dünsten oder Braten berücksichtigen müssen und wie Sie Vorspeisen oder Desserts zubereiten. Also Tipps und Tricks für jede Herausforderung in der Küche. So ist auch agiles Projektmanagement eine Sammlung gut durchdachter und in der Praxis erprobter Vorgehensweisen, aus denen Sie einen optimalen Managementansatz für Ihr spezielles Projekt ableiten können.

So wenig wie möglich tun!

Best Practices

Fassen wir noch einmal zusammen, wie Sie die Eigenschaften eines Projektes zu einem bedarfsorientierten Management führen:

Checkliste Projekteigenschaften

- Überlegen Sie sich als Erstes, anhand welcher Eigenschaften Sie Ihr Projekt charakterisieren wollen.
- Legen Sie für jede Eigenschaft einzelne Bewertungskriterien fest und bewerten Sie Ihr Projekt anhand dieser Kriterien.
- Ermitteln Sie den Grad an Flexibilität, den Sie aus Sicht der Projekteigenschaften benötigen.
- Leiten Sie das Profil Ihres Projekts ab.
- Wählen Sie einen zu diesem Profil passenden Managementansatz. Entscheiden Sie für jede Managementaufgabe getrennt, welches Vorgehen angemessen ist.
- Prüfen Sie kontinuierlich im Projektverlauf die Angemessenheit Ihrer Entscheidung.

1.2.2 Die Risiken

Ihr Projekt ist unterschiedlichsten Einflüssen ausgesetzt. Die negativen davon sind die Risiken. Um zu vermeiden, dass kritische Entwicklungen zu wirklichen Problemen werden, sollten Sie Gefahren rechtzeitig erkennen und entsprechend aktiv werden. Noch besser ist es, wenn Sie bereits im Vorfeld bestimmte Folgen von Risiken umgehen können. Beides setzt voraus, dass Sie

So viel wie nötig tun!

sich intensiv mit den Risiken Ihres Projekts auseinander setzen. Auf der anderen Seite können Sie nicht jedem Risiko nachgehen. Sie sollten soviel Aufwand in Ihr Management investieren, dass Sie trotz aller Risiken Ihr Projekt zielsicher zum Erfolg führen können.

Über die Projekteigenschaften haben Sie das Profil Ihres Projekts und davon abgeleitet den „Grundtyp" Ihres Projektmanagements bestimmt. Anhand der Risiken verifizieren Sie das ausgewählten Vorgehen und nehmen die Feinjustierung vor (vgl. Abbildung 1.3).

Ein Risiko – was ist das?

Ein Risiko ist ein potenzielles Problem!

Ein *Risiko* ist ein Ereignis, dessen Eintreten den geplanten Projektverlauf entscheidend behindern kann. Oder anders formuliert: Es ist das Potenzial, dass etwas im Projekt schief geht. Der Erfolg Ihres Projekts hängt jedoch davon ab, dass bestimmte Dinge nicht zum Problem werden, also bestimmte Risiken nicht eintreten.

Risiken lassen sich nicht beschränken. Sie können sich auf das Projekt als Ganzes beziehen – wenn z.B. das Projektziel gefährdet ist – oder auf ausgewählte Aufgaben im Projekt – „Technologie ‚xyz' kann nicht angewendet werden". Insofern ist ihre Wirkung bzw. ihre Bedeutung sehr unterschiedlich, und damit natürlich auch das Spektrum möglicher Reaktionen. Was für den einen zur Katastrophe führt, ist für den anderen noch völlig in Ordnung. Die Kunst besteht darin, sich auf die richtigen Risiken zu konzentrieren. Doch welche sind dies?

Die „Top-10"

→ Kapitel 5

Eine Antwort finden Sie, indem Sie Ihre Risiken klassifizieren. Jedes Risiko besitzt eine Eintrittswahrscheinlichkeit und löst einen Schaden aus, wenn es eintritt. Über diese beiden Kriterien können Sie die identifizierten Risiken bewerten und aus der Vielzahl möglicher Risiken die für Sie wirklich bedeutungsvollen herausfiltern.

Welche Aufgaben hat das Risikomanagement?

Inhalt des Risikomanagements

Jedes Projekt hat andere Risiken und fordert deshalb auch einen anderen Umgang mit ihnen. Die prinzipielle Vorgehensweise ist aber für alle Projekte gleich. Das Risikomanagement fasst alle Aktivitäten zusammen, die damit zu tun haben, Risiken im Projekt

- zu identifizieren,
- zu analysieren,
- zu bewerten,

→ Kapitel 4, 5 und 6

- entsprechende Gegenmaßnahmen vorzubereiten und einzuleiten sowie
- deren Wirkung zu überwachen.

Die erste Herausforderung für alle Projektbeteiligten besteht darin, ein Risiko überhaupt als solches zu erkennen. Ein Teil der Risiken lässt sich bereits vor Projektbeginn identifizieren. Ihre Auswirkungen sind von Anfang an abschätzbar. Es gibt aber auch viele versteckte Risiken, die erst im Laufe des Projekts oder überhaupt nicht zu Tage treten.

Der zweite, oft genauso anspruchsvolle Schritt ist das Definieren von Maßnahmen, die die Eintrittswahrscheinlichkeit eines Risikos senken oder seine Schadenswirkung reduzieren. Die dritte Herausforderung besteht im Durchsetzen der richtigen Maßnahmen, wenn ein Risiko eingetreten ist.

Erfolgreiches Risikomanagement setzt eine gute Kenntnis der Organisation, klare Kompetenzen, effiziente Kommunikation, Engagement und Mut voraus. Ohne eine offene, vertrauensvolle Atmosphäre werden Sie nicht weit kommen. Erfolgreiches Risikomanagement hat daher vor allem etwas mit Kultur im Projekt zu tun.

Kultur ist entscheidend

Wann beschäftigen wir uns mit Risiken im Projekt?

Erfolgschancen optimal nutzen, Risiken so weit wie möglich reduzieren! – Lassen Sie sich von diesem Grundsatz bei allen Ihren Handlungen leiten, unabhängig davon, ob es um das Planen einer neuen Aufgabe, die Auswahl des richtigen Vorgehens oder das Einleiten von Korrekturmaßnahmen geht. Das setzt voraus, dass Sie Ihre Risikosituation immer aktuell im Blick haben. Die Risikoanalyse ist daher kein einmaliger Akt, sondern eine fortwährende Aufgabe. Führen Sie eine Risikoanalyse

Kontinuität ist wichtig!

- mindestens einmal vor Projektbeginn,
- mindestens einmal während der Projektinitialisierung,
- im Rahmen jedes weiteren Planungszyklus und
- immer dann, wenn Sie steuernd in das Projektgeschehen eingreifen müssen,

→ Kapitel 4
→ Kapitel 5

→ Kapitel 6

durch. Agieren heißt aktives Risikomanagement! Auf eingetretene Probleme können Sie nur noch reagieren. Sie befinden sich dann bereits im Krisenmanagement. Daher ist es wichtig, dass Sie nach Ihrer Analyse die Risiken auch kontinuierlich über Indikatoren zur Früherkennung und Frühwarnung[7] verfolgen und in Summe alle Aufgaben des Risikomanagements als einen kontinuierlichen Prozess während der gesamten Projektlaufzeit leben.

Beschäftigen Sie sich regelmäßig mit den Risiken Ihres Projekts!

---

[7] Auf diese Aspekte gehen wir in Kapitel 5 und 6 tiefer ein.

Wie reagieren Sie?

Die Risiko-
strategie
entscheiden

Das Wissen um die Risikosituation des Projekts ist viel wert. Interessant wird es jedoch erst, wenn Sie dieses Wissen auch zielgerichtet einsetzen, um Ihr Projekt in die richtige Richtung zu bewegen. Dabei stehen Ihnen drei Wege offen:

- Die Strategie der *Risikovermeidung*: Das Projekt wird so organisiert, dass das Risiko für das Projekt nicht mehr relevant ist. Eine erkannte Schwachstelle wird z.B. im Vorfeld des Projekts behoben.

- Die Strategie der *Risikoreduzierung*: Die Eintrittswahrscheinlichkeit und/oder der mögliche Schaden bei Eintritt werden durch geeignete Maßnahmen gesenkt.

- Die Strategie der *Risikoakzeptanz*: Das Risiko wird akzeptiert. Es werden Maßnahmen vorbereitet, die im Bedarfsfall zur Anwendung kommen.

In der Regel werden Sie im Projektalltag einen Mix dieser Möglichkeiten anwenden, da jedes Risiko eine individuelle Behandlung erfordert. Möchten Sie Risiken begrenzen oder umgehen, müssen Sie sich Maßnahmen überlegen und diese umsetzen. Sie können zum Beispiel auf den Einsatz einer neuen Technologie verzichten. Damit schließen Sie das Risiko von vornherein aus, dass es im Projekt Zeitverzug geben könnte, weil das Wissen und die Erfahrungen über diese neue Technologie nicht vorhanden sind. Oder Sie versuchen, das Risiko, dass Ihr Lieferant das verabredete Teilprodukt nicht rechtzeitig liefern kann, zu reduzieren, indem Sie parallel eine zweite Firma beauftragen. Bei der Auswahl der Maßnahmen sollten jedoch Aufwand und Nutzen stets im richtigen Verhältnis zueinander stehen.

Treffen Sie die Entscheidung, mit welchem Vorgehen Sie am besten der Risikosituation Ihres Projekts gerecht werden.

Das Vorgehen verifizieren und präzisieren

Die Ziele des Projekts, seine charakteristischen Eigenschaften und die bestehenden Risiken bestimmen, welches für Ihr Projekt der richtige Umfang und die passende Art und Weise der Managementaktivitäten sind. Aus den Projekteigenschaften leitet sich der minimal notwendige Aufwand für Ihr Projektmanagement ab. Die Risiken ergänzen diesen um das, was nötig ist, um nicht zu scheitern.

Analog zum Projektmanagement orientiert sich auch der Umfang des Risikomanagements an den spezifischen Eigenschaften des Projekts, wie zum Beispiel:

- an der Komplexität der Aufgabe,
- an der Reife und Anzahl der eingesetzten Technologien,
- an der Bedeutung des Projekts für das Unternehmen oder
- an der Anzahl der kritischen Stakeholder.

Ihr Handeln sollte daher stets der Maxime folgen, so viel wie nötig zu tun, um trotz bestehender Risiken Ihr Projekt zielsicher zum Erfolg zu führen. Dies setzt ein Projektmanagement voraus, das Sie in die Lage versetzt, mit den Risiken effektiv und effizient umzugehen.

So viel wie nötig!

Ein Risiko, das Sie überrascht und Ihr Projekt signifikant ins Schleudern bringt, ist ein Managementfehler!

Achten Sie daher auf ein entsprechend robustes Projektmanagement, welches Ihnen Gefahren rechtzeitig signalisiert und gleichzeitig wirkungsvolle Abwehrmechanismen bereitstellt.

Risikomanagement und Agilität sind untrennbar miteinander verbunden. Nur wer über die Risiken seines Handelns Bescheid weiß, kann auch entsprechend agieren und die richtigen Entscheidungen treffen. Agile Manager gestalten deshalb die Prozesse im Projekt unter Berücksichtigung der Risiken.

Die richtige Auswahl des Vorgehens ist keine triviale Angelegenheit. Letztendlich müssen Sie ein mehrdimensionales Optimierungsproblem lösen. Eine gute Portion Fingerspitzengefühl für das, was gebraucht wird, und Ihre Erfahrungen aus vorangegangenen Projekten helfen Ihnen jedoch mehr als alle formalen Entscheidungsmodelle. Agiles Projektmanagement steht für konsequente Konzentration auf das Notwendige, nicht für das Nutzen des Möglichen. Lassen Sie sich von dieser Maxime bei allen Ihren Entscheidungen leiten!

So wenig wie möglich!

Halten wir fest:

- Passen Sie Ihr Projektmanagement den Zielen und Risiken des Projekts an.
- Selektieren Sie je Managementaufgabe die passende Art und den angemessenen Umfang aus der möglichen Bandbreite.
- Nutzen Sie Bewährtes!
- Gestalten Sie Ihr Management so einfach wie möglich!
- Bedenken Sie: Nicht jede Eigenschaft und jedes Risiko hat Einfluss auf jede Managementaufgabe.
- Prüfen Sie regelmäßig die Richtigkeit Ihrer Entscheidungen!

Ein Fallbeispiel

Im folgenden Beispiel sehen Sie, welche Ausprägung der Managementaufgaben unter welchen Randbedingungen geeignet ist. Es leistet Ihnen eine gute Hilfe, wenn Sie erstmalig ein Projekt vorbereiten, nimmt Ihnen jedoch nicht die Aufgabe ab, den richtigen Weg für Ihr Projekt zu finden.

- *Projektziel:*
  Bis Ende des kommenden Jahres soll ein neues IT-System für die Abwicklung von Lebensversicherungen erstellt und das bestehende System voll-

ständig abgelöst werden. Eine Integration in das Gesamtversicherungssystem ist vorzunehmen.

- *Projekteigenschaften:*
    - Komplexität der Aufgabe: hoch (europaweit verteilt arbeitende Anwender, unterschiedliche Versicherungsbedingungen je Land, funktionale Anforderungen komplex)
    - Projektteam: ca. 30 bis 50 Personen, verteilte Standorte
    - Laufzeit: 16 Monate
    - Beteiligte Organisationen: 17
    - viele kritische Stakeholder
    - ein Auftraggeber: Verbund der Süddeutschen Versicherungen
    - Projektumfeld: anspruchsvoll (inhomogene Infrastruktur, unterschiedliche Sprachen)
    - Bekanntheitsgrad: mittel (Anwendung neuer Technologien vorgesehen)

Diese Schlussfolgerungen lassen sich daraus für die Ausprägung der einzelnen Managementaufgaben ableiten:[8]

- *Zielfindung:* Das Projekt erfordert eine fundierte Projektvorbereitung. Es wird ein Plan aufgestellt, der aufzeigt, wann welcher Stakeholder interviewt wird. Zur Formulierung der Ziele werden mehrere Workshops mit unterschiedlicher Beteiligung organisiert. Auf diesen Ergebnissen aufsetzend, formuliert ein kleines Team einen Vorschlag der Projektdefinition. Dieser wird schriftlich abgestimmt. In einem abschließenden Workshop mit allen essenziellen Entscheidungsträgern wird die Projektdefinition ergänzt und verabschiedet.

- *Planung:* Aufgrund der Größe und Dauer sehen Sie eine mehrstufige, iterative Planung vor. Die Erstplanung erfolgt in einem kleinen Team, bestehend aus IT- und Fach-Experten. In der zweiten Stufe planen Sie gemeinsam mit den Teamleitern die einzelnen Teilprojekte. Sie entwerfen verschiedene Planungshilfen. Der Formalismus sollte so gering wie möglich gehalten werden. Sie stimmen übergreifend nur Ergebnisse, Ressourcen und Termine ab. Alle Details überlassen Sie den Teamleitern.

- *Organisation:* Sie streben eine verteilte Organisation mit selbstständig agierenden Teams an. Es werden mehrere unabhängige Teilprojekte gebildet.

- *Überwachen und Steuern:* Es wird ein formalisiertes, toolunterstütztes Berichtswesen eingerichtet. Es erfolgt ein monatliches Statusmeeting für alle Teamleiter.

---

[8] Die Aufzählung ist natürlich nur exemplarisch. Die vollständige Definition der einzelnen Managementaufgaben umfasst mitunter mehrere Seiten und steht im Projekt-Handbuch.

- *Team:* Durch monatliche Team-Meetings in jedem Entwicklungsstandort soll die Motivation gefördert werden.
- *Information:* Sie entwickeln spezifische Verfahren und Tools zur Informationsverteilung und -pflege (Intranet, Dokumentenmanagement).
- *Qualität:* Ein eigenständiges Qualitätsmanagement wird etabliert.
- In allen Bereichen sehen Sie ein kontinuierliches Wachsen und Anpassen der Managementverfahren und Projektorganisation vor.

Für das Projekt wurden u.a. folgende Risiken identifiziert:

- Aus Sicht des Projekts:
  - Nicht genügend Zeit für die Vorbereitung
  - Schlechte kommunikative Fähigkeiten im Team
  - Prozesse unklar
- Aus Sicht des Umfeldes:
  - Schlechte räumliche Verfügbarkeit der Stakeholder
  - Hohe Zahl von Stakeholdern und divergierende Meinungen
  - Keine klare Kompetenzregelung
  - Prioritäten werden oft verschoben
- Aus Sicht des Produktes:
  - Altsystemerweiterung
  - Unbekannte Technologie
  - Großer Systemumfang und hohe Komplexität der Systemabläufe

Das Risikopotenzial des Projekts ist damit recht hoch einzustufen: Instabile Anforderungen, unbekannter Prozess, neue Technologien, komplexe Migrationsaufgabe, kritische Auftraggeber usw. Um dieser Risikosituation gerecht zu werden, präzisieren Sie Ihr ausgewähltes Vorgehen, indem Sie beispielsweise

- von Anfang an genügend Zeit für die Projektvorbereitung einplanen;
- besonderes Augenmerk auf die Regelung der Eskalationswege und Abstimmungsprozesse mit dem Auftraggeber legen;
- ein verstärktes Stakeholder-Management vorsehen;
- ein effizientes Anforderungsmanagement etablieren;
- einen iterativ-inkrementellen Entwicklungsprozess auswählen;
- zunächst nur die erste Phase planen und dann eine kontinuierliche Verfeinerung der Planung vorsehen;
- Ihr Projekt mit einem kleinen Kernteam starten, das zunächst eine fundierte, stabile Plattform für paralleles Arbeiten mehrerer Teams schafft;
- die Architekturarbeiten von Anfang an forcieren;
- kritische Systemteile möglichst früh realisieren usw.

Abschließend lässt sich sagen:

- Je komplexer Ihr Projekt, je unbekannter die Aufgabenstellung und der Prozess, je mehr Beteiligte, je neuer die Technologie, um so risikoreicher ist Ihr Projekt und um so anspruchsvoller wird auch Ihr Projektmanagement ausfallen. Sie brauchen mehr Regeln und mehr Formalismus. Damit steigt auch der Aufwand, den Sie betreiben müssen.

- Schaffen Sie einen stabilen Rahmen für Ihr Projekt. Lassen Sie aber genügend Freiräume für die Kreativität des Einzelnen und der gesamten Mannschaft. Behalten Sie das Ganze stets im Auge, reagieren Sie aber im Detail unkonventionell und flexibel. Sie versetzen sich und Ihr Team damit in die Lage, auf jede neue Situation schnell und angemessen reagieren zu können. Genau das ist es, was erfolgreiche Manager so erfolgreich macht!

- Salopp ausgedrückt: Erlaubt ist alles, was den Erfolg des Projekts fördert und sein Risikopotenzial senkt.

1.2.3 Das Projekt läuft

Bleiben Sie agil!

Als agiler Projektmanager sind Sie in zweierlei Hinsicht gefordert:

- Zum einen haben Sie die Aufgabe, ein Projektmanagement zu etablieren, das genügend Freiräume für Kreativität und selbstständiges Handeln lässt.

- Zum anderen müssen Sie jeden Tag im Projekt Ihre Agilität wieder neu unter Beweis stellen, indem Sie bereit sind auf Veränderungen flexibel zu reagieren.

In regelmäßigen Abständen, mindestens jedoch zu Beginn einer jeden Projektphase, überprüfen Sie die Angemessenheit Ihres bisherigen Vorgehens und richten es auf die aktuelle Projektsituation wieder neu aus.

1.3 Agiles Handeln braucht Wissen

Agilität bewusst trainieren und als Kultur im Projekt etablieren

Agilität fordert von allen Beteiligten eine hohe Qualifikation und Professionalität. Wer Agilität anstrebt, kann nicht anderen das Denken überlassen, sondern muss stets selbst Farbe bekennen und die Verantwortung für das Geschehen im Projekt übernehmen. Dies gilt nicht nur für den Projektmanager! Jeder muss den Prozess und seinen Platz innerhalb des Projekts gut kennen, verstehen und auch akzeptieren. Nur wer sicher weiß, wie die einzelnen Räder ineinander greifen, hat auch die Kompetenz und den Mut, über das Weglassen oder Hinzufügen von Schritten, Regeln, Dokumenten, Werkzeugen usw. zu entscheiden. Wissen und Agilität bilden eine untrennbare Einheit.

Agile Prozesse setzen auf die Verantwortung des Einzelnen und eine offene, kreative Kultur im Ganzen:

- Ersetzen Sie Kontrolle durch Verantwortung!
- Ermutigen Sie selbstständiges Handeln!
- Fördern Sie kreatives Denken!
- Vertrauen Sie Ihrem Team!
- Verwalten Sie Ihr Projekt nicht, sondern agieren Sie!

Sprechen Sie nicht nur davon, sondern delegieren Sie auch Verantwortung ins Team. Geben Sie jedem Einzelnen die Möglichkeit mitzugestalten. Voraussetzung dafür sind klare Ziele. Vereinbaren Sie daher stets eindeutige und realistische Ergebnisse mit Ihrem Team.

> Regeln durch Freiheit ersetzen, ohne die Kontrolle zu verlieren

Als Manager sollten Sie eines immer im Hinterkopf behalten: Manager koordinieren, sie arbeiten nicht inhaltlich am Produkt! Ihre Aufgabe ist es, eine Umgebung zu schaffen, in der Ihr Projekt optimal ablaufen kann. Bei kleineren Projekten kann es natürlich passieren, dass Sie neben Ihren Managementaufgaben auch einmal als Entwickler aushelfen müssen. Trennen Sie diese beiden Aufgaben jedoch immer sauber, sonst werden Sie beiden nicht gerecht.

> Manager entwickeln nicht!

1.4 Kennen Sie Ihren Weg?

Machen Sie gerne Dinge zuviel? Ich nicht! Daher versuche ich, wo immer es geht, meine Aufgaben mit möglichst geringem Aufwand zu erledigen. Auch Ihr Projektmanagement sollte diesem Grundsatz folgen. Versuchen Sie, ein angemessenes Management zu etablieren. Überlegen Sie sich sehr genau – und zwar im Vorfeld des Projektes –, wie viel Sie an Planung, Steuerung, Organisation usw. wirklich benötigen, welches Vorgehen und welcher Aufwand Ihrer Projektaufgabe angemessen sind. Ihr Weg dorthin ist klar vorgezeichnet:

- Charakterisieren Sie Ihr Projekt und leiten Sie aus seinem Profil ein bedarfsorientiertes Projektmanagement ab.
- Bestimmen Sie die Risiken des Projekts und überlegen Sie, wie Sie sich verhalten müssen, um sie optimal zu beherrschen.
- Treffen Sie eine Entscheidung, welcher Managementansatz am besten Ihre Projektziele unterstützt.
- Verifizieren Sie die Richtigkeit Ihrer Entscheidung beständig im Projektalltag.

> Ihr Weg zur Agilität

Agilität heißt: Ganzheitliches Denken, offen sein für Neues, flexibles Reagieren auf Veränderungen, angemessenes Handeln, Anwenden von Best Practices, konsequentes Orientieren auf die Risiken und Chancen des Projekts und Entscheidungen zum richtigen Zeitpunkt. Agiles Management ist die bewusste Entscheidung für das Wesentliche. Und damit schließt sich der Kreis. Agilität

> Denken im Ganzen – Entscheiden im Kleinen

setzt Wissen voraus, um Entscheidungen treffen zu können. Wissen, das wir in den folgenden Kapiteln aufbauen werden.

Nur wer seinen Weg kennt, kann ihn effektiv und effizient gestalten.

Checkliste: Agiles Projektmanagement

Für ein erfolgreiches Projekt:

- ist ein motiviertes Team wichtiger als perfektes Management;
- ist selbstständiges Denken und Handeln entscheidender als ein bis ins Detail vorgegebenes Prozessmodell;
- ist eine funktionierende Kommunikation im Team und mit dem Kunden bedeutsamer als ein formalisiertes Berichtswesen;
- sind kontinuierliche Anpassungen an veränderte Situationen wichtiger als das Festhalten an Planvorgaben;
- sind wenige, für jeden verständliche und überschaubare Regeln hilfreicher als umfangreiche, ellenlange Vorgehensvorschriften;
- ist das Wissen um die Sache eine wesentliche Voraussetzung.

> „Bevor Ihr euch streitet,
> klärt die Begriffe.“
>
> *Konfuzius*

2

Produkte, Projekte und Prozesse

Fragen, die dieses Kapitel beantwortet:

- Wie sieht der Lebenszyklus eines Produktes aus?

- Welche Phasen durchläuft ein Projekt?

- Was unterscheidet Produkt- von Projektphasen?

- Wie bilden sich Phasen der Software-Entwicklung auf Projektphasen ab?

Produkte, Projekte und Prozesse – Was verbindet diese drei Dinge? In diesem Kapitel sind es die Phasen. Ihr Projekt bezieht sich auf eine oder mehrere Lebensphasen eines IT-Systems und nutzt das eine oder andere Vorgehensmodell der Software-Entwicklung. Als erfolgreicher Projektmanager sollten Sie die Abhängigkeiten und das Zusammenwirken dieser Prozesse kennen, um zielgerichtet im Projektalltag agieren zu können.

Dieses Kapitel zeigt das Zusammenspiel der verschiedenen Prozessmodelle auf. Bevor wir im Abschnitt 2.5 die unterschiedlichen Phasenbegriffe miteinander in Bezug setzen und untersuchen, was ihre Gemeinsamkeiten sind und wo gravierende Unterschiede bestehen, wird in den Abschnitten 2.2 bis 2.4 einleitend ein typisches Phasenmodell für den jeweiligen Bereich vorgestellt.

2.1 Phasen, Phasen und nochmals Phasen

Phasen
organisieren
komplexe
Prozesse

Ob Sie Produkte realisieren, Projekte durchführen oder Prozesse organisieren, es geht dabei oft um die Betrachtung von größeren Zeiträumen verbunden mit komplexen Aufgabeninhalten. Jedem fällt es schwer, die Übersicht zu behalten, wenn der Zeithorizont mehrere Monate oder Jahre umfasst. Immer dann, wenn wir vor der Aufgabe stehen, wenig überschaubare Dinge bewältigen zu müssen, versuchen wir, die Komplexität durch Aufteilung in kleinere Einheiten zu verringern und damit in den Griff zu bekommen. Steht bei der Aufteilung der Inhalt im Vordergrund, spricht man im Projektkontext von Teilprojekten, Aufgabenbereichen oder Arbeitspaketen. Damit beschäftigt sich Kapitel 5 ausführlich. Geht es mehr um die zeitliche Strukturierung eines Prozesses, benutzt man oft den Begriff „Phase" für die gebildeten Zeitabschnitte. Wir teilen den Lebenszyklus eines Produktes, die Abwicklung eines Projekts und den Prozess der Software-Entwicklung in Phasen auf.

> ▶ **Definition:** Eine *Phase* ist ein Zeitabschnitt innerhalb eines Prozesses, in dem verschiedene Aktivitäten mit dem Ziel durchgeführt werden, ein oder mehrere vorher eindeutig definierte Endergebnisse zu erreichen.

In den folgenden Abschnitten werden Sie Phasen aus drei verschiedenen Blickwinkeln heraus kennen lernen:

■ die Lebensphasen eines Produktes (Produkt-Lebenszyklus),

■ die Ablaufphasen eines Projekts (Projekt-Lebenszyklus) und

■ die Phasen innerhalb des Software-Entwicklungsprozesses.

In allen drei Bereichen haben Phasenmodelle eine lange Historie. Auf eine eingehende Erläuterung und Wertung dieser verschiedenartigen Modelle möchte ich an dieser Stelle verzichten. Exemplarisch werden wir uns einige Vertreter anschauen, um uns mit ihrer Hilfe das grundlegende Zusammenspiel

■ von Produkt-Lebenszyklus und IT-Projekt sowie

■ von Software-Entwicklungsprozess und Projektphasen

verdeutlichen zu können.

2.2 Der Lebenszyklus eines Produktes

Was ist ein
Produkt?

Beginnen wir zunächst mit der Klärung des Produktbegriffes. Ein Produkt ist etwas, wofür jemand bereit ist Geld auszugeben. Es hat aus der Sicht des Kunden eine eindeutig beschreibbare Funktionalität und Qualität.

26

> **Definition:** Ein *Produkt* ist ein in sich abgeschlossenes Gut oder eine Dienstleistung (materiell/immateriell) mit einem Nutzen für den Zielmarkt (Kunde/Abnehmer).

Produkte durchleben verschiedene Phasen auf ihrem Weg von der Idee bis zum Kunden. Diese einzelnen Produkt-Lebensphasen sind in Abhängigkeit vom jeweiligen Kontext zum Teil unterschiedlich benannt und verschiedenartig tief gegliedert, aber überall finden Sie am Anfang eine Produktidee, gefolgt von verschiedenen Stufen des Entwurfs und der Realisierung, dann die Phase des Produkteinsatzes und als letzten Schritt die Entsorgung.

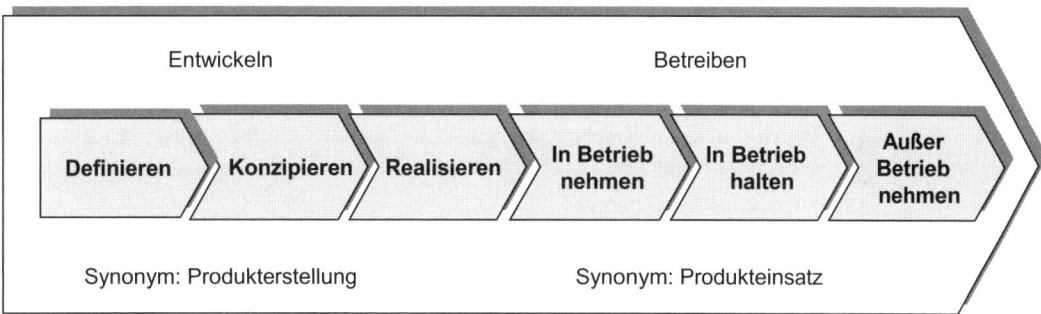

Abbildung 2.1: Ein typischer Produkt-Lebenszyklus für ein IT-System

Den folgenden Erläuterungen liegt das in Abbildung 2.1 dargestellte Phasenmodell zugrunde, bestehend aus:

Ein typischer Produkt-Lebenszyklus

- *Definitionsphase:* Das gewünschte Produkt wird anhand seiner Funktionalität und Qualitätseigenschaften spezifiziert.
- *Konzeptionsphase:* Das definierte Produkt wird konzeptionell entworfen.
- *Realisierungsphase:* Das konzipierte Produkt wird realisiert.
- *Inbetriebnahmephase:* Das realisierte Produkt wird in Betrieb genommen.
- *Betriebsphase:* Das Produkt befindet sich im produktiven Einsatz.
- *Verwertungsphase:* Das Produkt wird aus dem Betrieb genommen und entsorgt.

Der Lebenszyklus eines Produktes erstreckt sich in der Regel über mehrere Jahre, wobei die Betriebsphase im Mittelpunkt des Ganzen steht, denn hier entsteht der Nutzen sowohl für den Kunden als auch für den Hersteller. Projekte beziehen sich in der Regel nur auf Ausschnitte aus dem Produkt-Lebenszyklus.

Nur Produkte im Einsatz bringen Nutzen!

In diesem Buch beschäftigen uns nicht alle möglichen Produkte dieser Welt, sondern IT-Systeme bzw. noch spezieller Software-Systeme und der Prozess ihrer Entstehung.

2.3 Der Ablauf eines Projekts

Projektarbeit bedeutet etwas zu schaffen, das vorher nicht vorhanden war. Projekte lösen komplexe Aufgaben und bergen aufgrund ihrer Einmaligkeit einige Unsicherheiten. Es liegt auf der Hand, dass jeder Manager versuchen wird, diesen Risiken durch die Unterteilung des Gesamtablaufes in einzelne überschaubare Projektphasen entgegenzuwirken. Unabhängig von seinem konkreten Inhalt und Umfang durchlebt jedes Projekt mehr oder weniger ausgeprägt mindestens die in Abbildung 2.2 dargestellten vier Phasen:

- *Projektvorbereitung*
  Im Mittelpunkt der Projektvorbereitung steht die Festlegung der Ziele und Grenzen des Projekts. Inhalt und Umfang werden geklärt sowie ein erster Lösungsansatz überlegt. Die grundsätzliche Machbarkeit des Projekts wird geprüft und die Umsetzung entschieden. Das Projekt wird definiert, formell beauftragt und eingerichtet.

- *Projektinitialisierung*
  Mit der Initialisierung nimmt das erste Team seine Arbeit auf. Auf der Grundlage des genehmigten Projektauftrages wird der Plan für die Durchführung entwickelt und die Organisation für das Projekt geregelt. Die Projektinfrastruktur wird beschafft und aufgebaut sowie das geplante Personal angefordert. Alle wichtigen Prozesse sind definiert.

- *Projektdurchführung*
  In der Durchführungsphase werden die im Projektplan vereinbarten Ergebnisse entwickelt. Die Projektorganisation ist jetzt vollständig etabliert, das Projektmanagement kontinuierlich aktiv. Bei größeren Projekten wird die Durchführungsphase selbst wieder als eine Folge von (Teil-)Phasen[1] organisiert. Wie viele Teilphasen gebildet werden, hängt von dem jeweiligen Bedürfnis nach Überschaubarkeit und Steuerungsmöglichkeiten ab. Jede Teilphase beinhaltet eine Reihe von festgelegten Arbeitsergebnissen. Über diese Ergebnisse kann der Grad der Steuerbarkeit bestimmt werden.

- *Projektabschluss*
  Die Abschlussphase sorgt für ein definiertes Ende des Projekts. Der Projekterfolg wird bewertet, Erfahrungen festgehalten, die Dokumentation abgeschlossen und die bestehende Organisation aufgelöst. Das Projekt wird formell beendet.

Alle Projektphasen sind durch ihre Ergebnisse direkt miteinander verbunden. Der Übergang von einer Projektphase in die nächste erfolgt nicht automatisch, sondern durch bewusste Freischaltung vom Auftraggeber. Die Ergebnisse der zurückliegenden Phase werden von ihm freigeben, bevor die Aktivitäten der

---

[1] Die Teilphasen der Durchführung und der Begriff Projektphase werden oft auch synonym verwendet. Dies führt dazu, dass der Lebenszyklus des Projektes nicht nur die vorgestellten vier, sondern wesentlich mehr Phasen umfasst.

nächsten Phase beginnen. Gemeinsam prüfen Auftraggeber und Projektmanager, ob die Qualität der Ergebnisse ausreichend ist, um die Arbeit in der nächsten Projektphase sinnvoll fortsetzen zu können. Diese Entscheidung kann bedeuten, dass:

- die vorgelegten Ergebnisse qualitativ ausreichend sind und damit als Basis
  für die nächste Phase akzeptiert werden,

- einzelne Ergebnisse modifiziert, ergänzt, verringert oder präzisiert werden
  müssen, bevor sie als Basis für die nächste Phase dienen können, oder

- das Projekt abgebrochen wird.

Abbildung 2.2 zeigt neben dem Ablauf auch die Aufwandsverteilung zwischen
den vier Projektphasen.

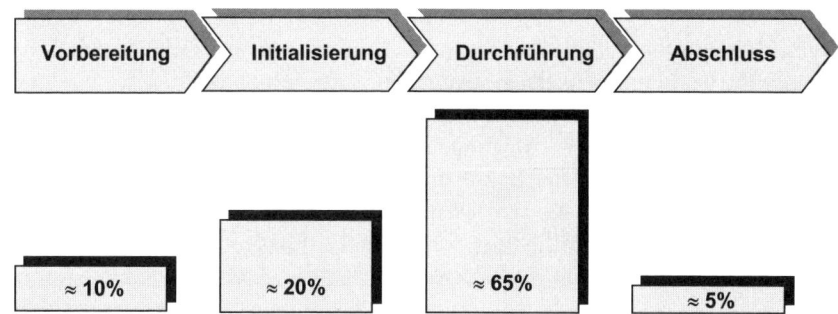

Abbildung 2.2: Die Phasen eines Projekts

Alles in allem folgen Projekte damit einem ähnlichen Zyklus wie Produkte.
Vielen ist dies nicht bewusst, da im Projektalltag die Abschlussphase oft über-
gangen wird und sofort ein neues Projekt ohne explizite Vorbereitung startet.
Damit werden die Übergänge zwischen den Projektphasen verwischt.

Die vier kennen gelernten Projektphasen werden uns in diesem Buch intensiv
beschäftigen. Sie bilden den roten Faden für die Kapitel 4 bis 7.

2.4 Der Software-Entwicklungsprozess

Auch im Bereich der Software-Entwicklung wird die zeitliche Reihenfolge
von Aufgaben über Phasen definiert. Im Laufe der letzten Jahre wurden viele
verschiedene Phasenmodelle entwickelt. Bekanntester Vertreter der konventi-
onellen Schule ist das Wasserfallmodell. Es gliedert den Software-Entwicklungsprozess in einige sequentiell aufeinander folgende Phasen (vgl. Abbildung 2.3). Die Aufgaben der Software-Entwicklung (Analysieren, Designen,
Implementieren, Testen) werden 1:1 den Phasen zugeordnet. Man erhält damit
eine sehr klare Strukturierung des Entwicklungsprozesses, allerdings um den
Preis einer geringen Flexibilität.

Wasserfallmodell

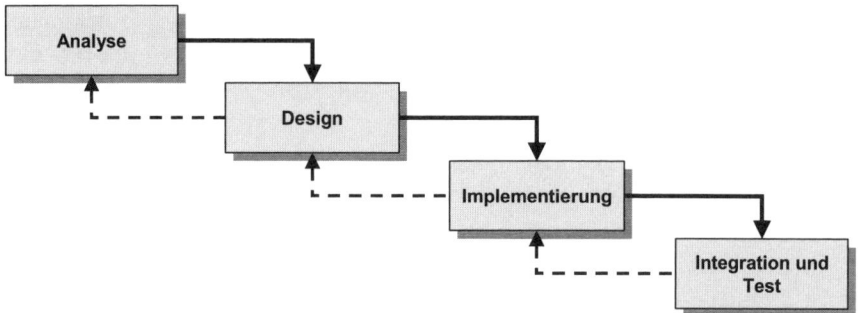

Abbildung 2.3: Typische Phasen des Wasserfallmodells

Rational Unified
Process (RUP)

Demgegenüber folgen objektorientierte Projekte vorwiegend einem iterativ-inkrementellen Vorgehen. Ein bekannter Vertreter ist das in Abbildung 2.3 dargestellte Phasenmodell des Rational Unified Process (RUP). Auch hier wird der Entwicklungsprozess in vier aufeinander folgende Phasen eingeteilt – allerdings haben diese Phasen im Vergleich zum Wasserfallmodell eine grundlegend andere inhaltliche Auslegung. In der Inception-Phase steht nicht mehr allein das Verständnis des Problems und die Spezifikation der Systemanforderungen im Vordergrund, sondern es werden bereits erste Lösungsansätze anhand von Prototypen geprüft. In der Elaboration-Phase konzentrieren sich die Aktivitäten parallel zu den Anforderungen auf die Architektur des Systems. Diese wird durch die Implementierung ausgewählter Teile untermauert. Anforderungsanalyse und Systementwurf werden so durch die Realisierung ausgewählter Funktionen unterstützt. In der Construction-Phase werden vor der Implementierung des Codes zunächst die Anforderungen im Detail geklärt sowie ein Feindesign ausgearbeitet.

Der wesentliche Unterschied zum Wasserfallmodell besteht darin, dass zwar innerhalb der einzelnen Phasen inhaltliche Schwerpunkte gesetzt werden, aber nicht mehr verlangt wird, dass eine Disziplin der Software-Entwicklung, beispielsweise die Anforderungsanalyse, vollständig abgeschlossen sein muss, bevor mit der nächsten Phase begonnen werden darf. Die Entwicklungsphasen beziehen sich inhaltlich auf einzelne Stufen der Produkterstellung und nicht mehr auf die Inhalte einzelner Entwicklungsaufgaben. Wie in Abbildung 2.4 zu sehen ist, liegen die Aufgaben der Software-Entwicklung orthogonal zu den gebildeten Phasen. Analyse-, Design- und Implementierungsaktivitäten werden in jeder Phase durchgeführt.

Iterationen
unterteilen
Phasen

→ Kapitel 5 & 6

Um eine weitere zeitliche Unterteilung dieser zum Teil recht umfangreichen Phasen zu erreichen, haben sich zusätzlich Iterationen innerhalb dieser Phasen etabliert. Eine Iteration besteht aus einer Menge von Aktivitäten aus den Kern- und Unterstützungs-Disziplinen, die in Abhängigkeit von der jeweiligen Phase in unterschiedlicher Intensität durchgeführt werden. Durch diese kurzen Zeitsegmente wird eine verbesserte Plan- und Steuerbarkeit des Software-Entwicklungsprozesses erreicht.

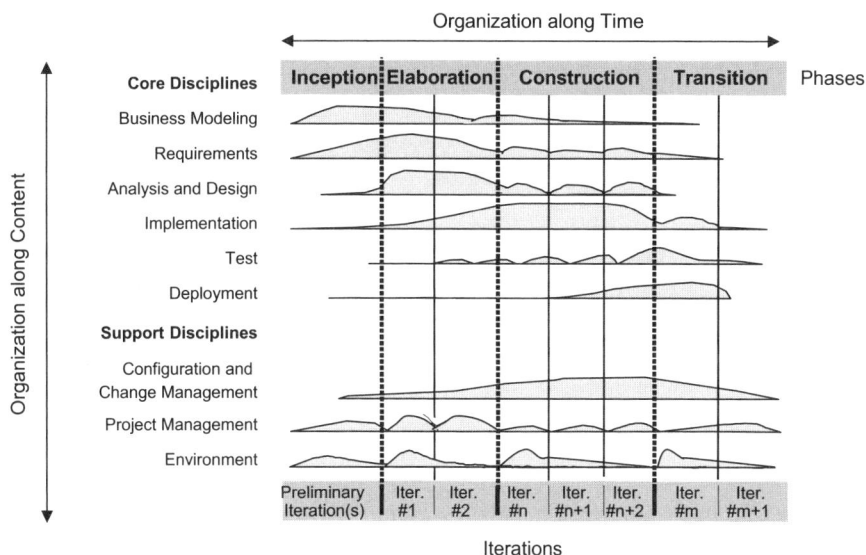

Abbildung 2.4: Das Phasenmodell des Rational Unified Process [Kru00]

2.5 Wie spielt das alles zusammen?

Sie haben jetzt Phasen aus drei unterschiedlichen Blickwinkeln heraus kennen gelernt, doch wie passen diese verschiedenen Modelle zusammen? Gibt es Abhängigkeiten? Wenn ja, was sollten Sie davon im Projektalltag beachten.

Neben dem Zusammenspiel der verschiedenen Modelle zeigt dieser Abschnitt auch auf, wie Produkte und Projekte zusammen gehören, für welche Aufgabe Sie am besten welche Arbeitsform einsetzen und was das Besondere an Software-Projekten ist.

In welchem Zusammenhang stehen Projekte und Produkte?

Das Hauptziel eines Unternehmens ist die Erzeugung von *Produkten* oder *Dienstleistungen*, die am Markt verkäuflich sind. Die Erzeugung eines Produkts erfordert eine Vielzahl von Aufgaben. Ein wesentliches Merkmal ist ihr zeitlicher Ablauf, der fortlaufend oder begrenzt sein kann. In Abhängigkeit von der Art des Produktes, der Größe des Unternehmens, der Produktionsverfahren usw. gibt es unterschiedliche Möglichkeiten, diese Aufgaben zu organisieren. Komplexe Aufgabenstellungen erfordern oft eine fach-, abteilungs- und teilweise sogar unternehmensübergreifende Koordination sowie einen konzentrierten Einsatz von Ressourcen. *Projekte* stellen eine effektive Möglichkeit der Arbeitsorganisation dar, die genau diese übergreifende Fokussierung

Projekte erzeugen Produkte

31

der Kräfte unterstützt. Die *Entwicklung von Produkten* erfolgt meist in Projektform, da es sich um abgegrenzte, einmalige Aufgabenstellungen mit einer klaren Zielstellung und definierten Start- und Endzeitpunkten handelt.

Projekte organisieren Aufgaben. Das Ziel dieser Aufgaben ist immer die Erzeugung eines bestimmten Produktes.

Ist dann jede Entwicklungsaufgabe ein Projekt?

Nein, nicht zwingend! Die Entwicklung von IT-Produkten kann auch in der ganz normalen Linienorganisation des Unternehmens (z.B. innerhalb der internen IT-Abteilung) erfolgen statt in speziell eingerichteten IT-Projekten. Ob ein Projekt die beste Arbeitsform ist oder nicht, hängt von der konkreten Situation des Unternehmens und der inhaltlichen Aufgabenstellung ab. Kleine, überschaubare und nicht über eine Linieneinheit hinausgehende Aufgaben sollten nicht als Projekte abgewickelt werden. Das „normale" Umfeld ist dafür bestens geeignet. Der Aufbau einer separaten Projektorganisation ist in diesem Fall die berühmte „Kanonenkugel, mit der auf den Spatzen geschossen wird". Müssen dagegen externe Partner eingebunden werden, sind verschiedene Fach- und IT-Abteilungen betroffen, oder handelt es sich um eine sehr komplexe und wenig überschaubare Aufgabenstellung, ist ein Projekt die bessere Lösung.

Wann ist welche Arbeitsform sinnvoll?

Größere Neuentwicklungen, umfangreichere Systemveränderungen oder auch komplexe Restrukturierungsmaßnahmen lassen sich nur schwer während des normalen Tagesgeschäftes erledigen. Oft stellen sie alle Beteiligten vor völlig neue Aufgaben. Sie erfordern ein erhöhtes Maß an Zusammenarbeit verschiedener Bereiche innerhalb und außerhalb des Unternehmens. Der Entwicklungsprozess ist unbekannt. Es sind besondere Aufgaben, die einmalig durchgeführt werden. Sie sprengen oft die bestehende Organisation und werden daher sinnvoller Weise in Form von Projekten abgewickelt. Software wird vorwiegend im Rahmen von Projekten entwickelt.

Durch Projekte können Unternehmen schnell und gezielt auf Anforderungen aus dem Umfeld reagieren. Sie ermöglichen eine Flexibilisierung der Unternehmensstrukturen und damit eine Leistungssteigerung des Unternehmens.

Ein Projekt erstellt ein Produkt?

Diese 1:1-Zuordnung ist nicht zwingend. Ein Projekt kann sich einerseits auf verschiedene Produkte beziehen, ein Produkt andererseits durch mehrere Projekte erzeugt werden. Die Realisierung einer Produktfamilie z.B. oder das Redesign eines großen Anwendungssystems kann in Form von mehreren parallelen oder aufeinander folgenden Projekten durchgeführt werden. Dagegen haben Sie vielleicht auch ein Projekt, das querschnittlich für viele Produkte ein Framework oder ein User Interface entwickelt.

Gibt es im IT-Umfeld nur Entwicklungsprojekte?

Der Produkt-Lebenszyklus ist mehr als nur die Entwicklung des Produktes. Generell können Projekte entlang des gesamten Lebenszyklus eines IT-Produktes gebildet werden und müssen sich nicht ausschließlich auf seine Realisierung beziehen:

■ *Definitionsprojekte*
Mitunter ist die Definition eines IT-Produktes so aufwendig, dass bereits hierfür die Einrichtung eines Projekts sinnvoll ist. Das Projekt umfasst nur die inhaltliche Definition des Produktes. Die Klärung der Produktidee erfolgt bei innovativen Vorhaben oft in Projektform.

■ *Konzeptionsprojekte*
Wird der Entwurf für das definierte IT-Produkt als sehr komplex und kritisch eingestuft, lohnt sich hierfür die Einrichtung eines eigenständigen Projekts.

■ *Realisierungsprojekte*
Wie oben erwähnt, ist das der Normalfall. Neue IT-Produkte werden in der Regel in Projektform entwickelt, da es sich oft um eine komplexe, zeitlich begrenzte einmalige Aufgabenstellung handelt, die das Zusammenwirken verschiedener IT- und Fach-Experten erfordert.

■ *Inbetriebnahmeprojekte*
Gestaltet sich die Inbetriebnahme des entwickelten IT-Produkts beim Anwender als sehr aufwendig, ist auch hier ein eigenständiges Projekt sinnvoll. Beispielsweise dann, wenn Sie an 25 europaweit verteilten Standorten 20 000 Arbeitsplätze neu einrichten müssen.

In der IT-Praxis werden oft die Definition, Konzeption und Realisierung eines IT-Systemes innerhalb eines Projekts abgewickelt, während für die Inbetriebnahme eigenständige Migrationsprojekte aufgesetzt werden. Insbesondere bei objektorientiertem Vorgehen sollte man die ersten drei Phasen nicht auf verschiedene Projekte aufteilen.

*Auch Misch-
formen sind
möglich*

Wie spielen Projekt- und Produktphasen zusammen?

Während der Lebenszyklus eines Produktes sich über Jahre erstrecken kann – wer will schon sein Produkt nach kürzester Zeit wieder außer Betrieb nehmen? – sollten Projekte auf eine Laufzeit von 6 bis 18 Monate beschränkt sein. Um so wichtiger ist es, eine klare Abgrenzung zwischen Produkt und Projekt zutreffen. Erfahrungen aus der Praxis zeigen, dass die Vermischung dieser bei-

*Projekt: konkret
& befristet*

*Produkt: visionär
& langfristig*

33

den Dimensionen immer wieder zu unklaren Projektzielen, fließenden Aufgabeninhalten (vgl. Kapitel 4) und damit zu massiven Schwierigkeiten im Projektmanagement führen. Projekt- und Produktlebenszyklen unterscheiden sich
insbesondere hinsichtlich

- der *Dauer*: Projekte haben einen kürzeren Zeithorizont als Produkte.
- der *Definiertheit*: Start und Endzeitpunkt sind vor Beginn des Projekts klar
  fixiert, bei Produkten nicht.
- der *Planbarkeit*: Produktplanungen sind längerfristig ausgelegt und erfolgen periodenorientiert. Projektplanungen sind zeitlich begrenzt auf die
  Laufzeit des Projekts.
- den *Inhalten*: Projektphasen haben einen anderen Scope als Produktphasen.

Wer Projekt und Produkt gleichsetzt, tut sich keinen Gefallen. Produkte verfolgen langfristige Ziele, während Projekte auf kurzfristige, operative Ziele
orientiert sind. Zu ihrer Beschreibung werden andere Methoden und Notationen genutzt (Projekt: Textdokument vs. Produkt: Modell in einem CASE-
Tool). Bei der Abgrenzung von Projekten interessieren die Schnittstellen zwischen dem Projekt und anderen Unternehmenseinheiten oder externen Part-
nern. Das Kontextdiagramm des Produktes hingegen zeigt die Schnittstellen
zwischen einem IT-System und seiner Umwelt (Anwender, andere Systeme).

Die konsequente Unterscheidung beider Begriffe ist wichtig:

- für eine eindeutige und klare Zielformulierung sowohl bezogen auf das
  Projekt als auch auf das Produkt (Software- bzw. IT-System),
- für ein korrektes Change Management aus Produkt- und Projektsicht,
- für die richtige Zuordnung von Aufgaben und Kompetenzen im Projekt.

Projektplanung und Produktentwicklung stehen allerdings in einem engen
wechselseitigen Verhältnis, wie Sie in den folgenden Kapiteln sehen werden.

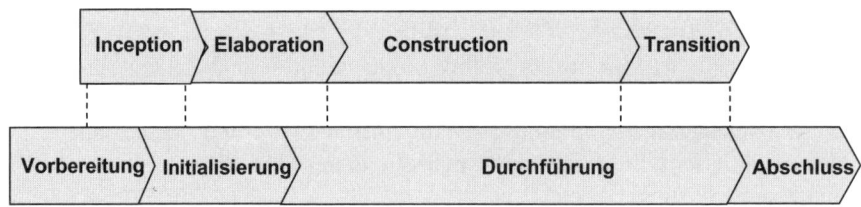

Abbildung 2.5: Entwicklungsphasen und Projektphasen

Sind Entwicklungs- gleich Projektphasen?

➔ Kapitel 4

In vielen Projekten trifft man auf diese Gleichsetzung, obwohl sie oft nicht
zutreffend ist. IT-Projekte können sich auf eine der Produkt-Lebensphasen
oder auf mehrere beziehen, je nach dem, was als „Projektprodukt" definiert
wird. Davon abhängig ist auch, welche Phasen eines Vorgehensmodells in das

Projekt gehören und welche nicht. Bei der Anwendung von Vorgehensmodellen wird dieser Aspekt in der Praxis oft übersehen, was dann zu Schwierigkeiten bei der konkreten Umsetzung der vorgegebenen Abläufe führt. Dort wird schnell versucht, das gesamte Aufgabenspektrum in das Projekt zu pressen, ohne dass vorher überlegt wurde, wie sich die Phasen wirklich aufeinander abbilden. Bezieht sich Ihr Projekt auf den gesamten Entwicklungszyklus eines neuen IT-Systems, lassen sich die beiden Phasenmodelle wie in Abbildung 2.5 dargestellt aufeinander abbilden. Ansonsten sind nur Ausschnitte des Entwicklungsprozesses Gegenstand des Projekts.

Die Projektphasen verändern sich dadurch nicht. Auch Projekte, deren Inhalt zum Beispiel ausschließlich auf die Definition eines neuen innovativen Produktes beschränkt ist, brauchen eine solide Vorbereitung sowie eine Projektinitialisierung und legen dann erst mit der inhaltlichen Durchführung, also mit der Spezifikation der Anforderungen des neuen IT-Systems, los.

Die verschiedenen Phasenbegriffe führen in der Praxis mitunter eher zur Verwirrung, als dass sie Klarheit schaffen. Achten Sie deshalb auf eindeutige Definitionen und vermeiden Sie unnötige Vielfalt.

Sind Software-Projekte etwas Besonderes?

In bestimmten Bereichen ja, in anderen nicht! Die Entwicklung von Software ist ein kreativer Prozess, der sich nur bedingt vorausbestimmen lässt, aber durch Methoden und Vorgehensmodelle heute gut strukturiert ist. Trotzdem betritt jedes Projekt Neuland. Software-Projekte bergen deshalb oft ein hohes Risiko. Die Sichtweisen der Objektorientierung gepaart mit einer inkrementellen Produktentwicklung bringen noch mehr Klarheit und Struktur in den Entwicklungsprozess und helfen damit, diese Unsicherheiten besser in den Griff zu bekommen. Im Gegenzug fordert die inkrementelle Produktentwicklung jedoch ein komplexeres Projektmanagement, vor allem in Bezug auf die Planung. Dies führt zu einer Erhöhung des Managementaufwandes vor allem zu Beginn des Projekts. Dieser erhöhte Einsatz wird allerdings durch die besseren Steuerungsmöglichkeiten während des Projektverlaufs wieder ausgeglichen. Andere Managementaufgaben, als die bereits kennen gelernten, erfordern Software-Projekte jedoch nicht. Auch Software-Projekte werden geplant, organisiert, überwacht, gesteuert und müssen sich mit den ganz normalen Managementproblemen des Projektalltags herumschlagen.

Software-Entwicklungsprojekte erstrecken sich auf kurze, überschaubare Zeiträume. IT-Systeme leben länger. Ein effektives Produktmanagement in diesem Kontext erfordert deshalb ganzheitliches Denken. Möchten Sie Komponenten wirklich wiederverwenden, müssen Sie über das einzelne Entwicklungsprojekt hinaus denken. Ein projektübergreifendes Release-Management rückt in den Vordergrund. Sie gehen damit den Weg vom Einzelprojekt zum Management ganzer Systeme.

Ganzheitliches IT-Management

2.6 Wissen Sie jetzt alles über Phasen?

Fassen wir noch einmal zusammen: Phasen sind gute Orientierungshilfen für alle Betroffenen. Sie helfen Aufgaben bzw. Abläufe übersichtlicher zu gestalten. Sie unterteilen einen Prozess in kleinere Segmente, damit er überschaubar und damit besser plan- und steuerbar wird. Für alle Beteiligten ist es damit einfacher festzustellen, wo der Prozess gerade steht. Ein schnelleres Erkennen und Reagieren auf Abweichungen wird möglich.

Definieren Sie Phasen:

■ um den Gesamtablauf einer Aufgabe in kleinere, überschaubare Etappen zu gliedern,

■ um am Ende jeder Phase ein klar definiertes Endergebnis zu erhalten,

■ um anhand dieser Ergebnisse regelmäßig Entscheidungen über die Weiterführung der Aufgabe treffen zu können.

Nach dem Lesen dieses Kapitels sollten Ihnen die Unterschiede zwischen Produkt-, Projekt- und Entwicklungsphasen transparent sein.

Überprüfen Sie für Ihr Projekt:

■ Ist Ihnen der Lebenszyklus des Produktes bekannt?

■ Wissen Sie, mit welchen Produktphasen sich Ihr Projekt beschäftigt?

■ Welches Phasenmodell liegt Ihrem Projekt zugrunde?

■ Welchem Phasenmodell folgt Ihr Entwicklungsprozess?

■ Kennen Sie den Unterschied zwischen beiden?

■ Wissen Sie, wie sich die Entwicklungs- auf die Projektphasen abbilden?

„Werte kann man nur durch Veränderung bewahren.“

Richard Löwenthal

3

Die richtigen Dinge zur richtigen Zeit

Fragen, die dieses Kapitel beantwortet:

■ Wie verteilt sich der Managementaufwand über die vier Projektphasen?

■ Wann entsteht welches Ergebnis im Projekt?

Ihre acht Grundaufgaben als Projektmanager kennen Sie bestens. Auch der grundlegende Inhalt der vier Projektphasen ist Ihnen inzwischen vertraut. Was nun noch fehlt, ist die konkrete Verbindung zwischen diesen beiden Dingen.

In diesem Kapitel erhalten Sie eine erste Antwort auf die Frage: Wann ist was zu tun? Als erstes schauen wir uns die Verteilung des Managementaufwandes über die Projektlaufzeit an. Projektphasen und Managementaufgaben werden zueinander in Bezug gesetzt. Als Ergebnis erhält man die Managementmatrix. Danach folgt im zweiten Schritt die Verfeinerung dieser Abbildung anhand der Ergebnisse. Die entstehende Ergebnismatrix zeigt, welche Aufgabe in welcher Projektphase zu welchem Ergebnis führt.

Wann ist wie viel Aufwand nötig? –
Die Managementmatrix

Iterativ-
inkrementelles
Management

In Abbildung 3.1 sehen Sie, wie sich der Aufwand, den Sie für das Managen Ihres Projekts aufbringen müssen, auf die vier Projektphasen verteilt. Die Höhe der Kurven skizziert die Intensität der jeweiligen Aufgabe. Sie können sehr gut erkennen, wie sich die Arbeitsintensität der einzelnen Managementaufgaben von Projektphase zu Projektphase ändert. Diese zweidimensionale Darstellung verdeutlicht auch, dass das Management analog zur Software-Entwicklung (vgl. Abbildung 2.4) einem iterativ-inkrementellen Ansatz folgt.

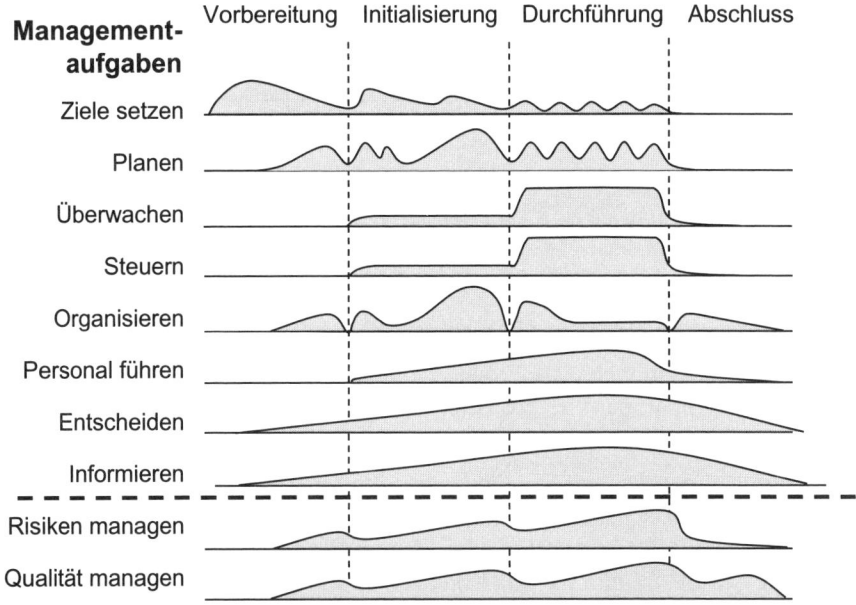

Abbildung 3.1 Aufwandsverteilung der Managementaufgaben

In der Vorbereitungsphase stehen richtigerweise die Aktivitäten zur Zieldefinition und inhaltlichen Abgrenzung des Projekts im Vordergrund. Sie müssen viel Aufwand in das Festlegen des Inhaltes und Umfangs Ihres Projekts und das Identifizieren der Stakeholder stecken. Daneben entwickeln Sie auch schon einen ersten Plan für das Projekt und befassen sich erstmalig mit Organisationsfragen. Von Steuerungs- und Führungsaufgaben sind Sie dagegen noch völlig befreit. Diese beginnen für Sie erst in der Initialisierungsphase mit Ihrem ersten Team und erreichen in der Durchführungsphase ihren Höhepunkt. Auch die Überwachung startet erst mit Beginn der Projektinitialisierung. Das Planen und Organisieren bilden den Schwerpunkt Ihrer Managementaktivitäten in der Initialisierung. Entscheidungen und Informationen sind in allen Projektphasen wichtig. In der Projektdurchführung fallen die meisten Informationen an. Der Aufwand für das Informationsmanagement erreicht demzufolge in dieser Phase seinen Höhepunkt. Auch die Risiken spielen in allen Projektphasen eine wichtige Rolle. Das Risikomanagement ist demzufolge kontinuierlich aktiv. Das Gleiche gilt für das Qualitätsmanagement. Um Qualität müssen Sie sich vom ersten Tag an intensiv kümmern.

Wann wird was erledigt? – Die Ergebnismatrix

Für agile Manager stehen die Ergebnisse im Vordergrund ihres Handelns. Der Weg tritt in den Hintergrund. Im zweiten Schritt schauen wir uns daher an, welche Managementaufgabe in welcher Projektphase zu welchem Ergebnis bezogen auf die verschiedenen Managementgegenstände führt. Die in Tabelle 3.1 dargestellte Ergebnismatrix verbindet die Aufgaben des Projektmanagements mit den Phasen des Projekts. Auch hier zeigt sich noch einmal deutlich der iterative Charakter der Managementaufgaben. Der Projektplan entsteht in der Vorbereitungsphase, wird in der Initialisierung präzisiert und während der Projektdurchführung mit jedem neuen Planungszyklus wiederholt fortgeschrieben.

Ergebnisorientiertes Management

In Software-Entwicklungsprojekten sind Entwicklungsprozess und Projektmanagement eng miteinander verzahnt. Neben den Managementergebnissen enthält die Matrix daher auch wesentliche Ergebnisse der Produktentwicklung.

Um eine bessere Übersicht zu erreichen, wurden jeweils nur die wichtigsten Ergebnisse in die Matrix aufgenommen. In den folgenden Kapiteln 4 bis 7 wird diese Übersicht aus Sicht der jeweiligen Projektphase konkretisiert:

- Sie lernen damit nach und nach alle Ergebnisse kennen, die für ein erfolgreiches Projektmanagement wichtig sind.
- Der Entstehungsweg für jedes Ergebnis wird detailliert beschrieben. D.h. die hier recht allgemein gehaltenen Managementaufgaben werden bis auf die Ebene einzelner Aktivitäten verfeinert.
- Der Ablauf und die Abhängigkeiten werden deutlich.
- Das Zusammenspiel von Projektmanagement und Software-Entwicklungsprozess wird anhand vieler Beispiele aufgezeigt.

Fassen wir zusammen:

- Die Managementmatrix zeigt die zeitliche Verteilung des Managementaufwandes über die Projektlaufzeit.
- Die Ergebnismatrix verdeutlicht, welche Managementaufgabe in welcher Projektphase zu welchem Ergebnis führt.

Tabelle 3.1: Ergebnismatrix des Projekts

Kategorien	Aufgabe/ Disziplin	Hauptergebnisse			
		Vorbereitung	Initialisierung	Durchführung	Abschluss
Projektmanagement	Ziele setzen	Projektziele Projektgrenzen Projektprodukt Stakeholder	Liefergegenstände Ziele der Teilprojekte, Aufgabenbereiche, Entwicklungsphasen und Iterationen	Iterationsziel geänderte Projektziele (Ausnahme)	Bewertung der Zielerreichung
	Planen	erster Projektplan (Projektstruktur, Aufwandskalkulation, Ressourcenbedarf, Meilensteine)	angepasstes Vorgehensmodell Entwicklungsgegenstände Projektstrukturplan Projektplan Entwicklungsplan	Teilprojektpläne Iterationspläne Teampläne fortgeschriebener Projektplan & Entwicklungsplan	Nachkalkulation (Soll/Ist) Bewertung der Planeinhaltung
	Überwachen	–	aktuelle Projekt und Risikosituation Statusberichte	aktuelle Projekt und Risikosituation Statusberichte	Projektabschlussbericht Bewertung der Abweichungen
	Steuern	–	Steuerungsmaßnahmen Aktionsliste	Steuerungsmaßnahmen Aktionsliste Entscheidung Plan- oder Projektänderung	Erfahrungen Bewertung von Problemlösungen
	Organisieren	erster Vorschlag zur Projektorganisation	eingerichtetes Kernteam definierte Prozesse Projektinfrastruktur Teamstruktur	eingerichtete Projektteams etablierte Projektorganisation Organisationsverbesserungen Projekt-Handbuch	aufgelöste Organisation
	Führen	–	motiviertes Kernteam	motivierte Projektteams	Abschlussmeeting Feedback-Gespräche
	Informieren	Projektauftrag Dokumentation der Ergebnisse Projektinformation an Stakeholder	Abschlussbericht Dokumentation der Ergebnisse Projektinformation an Stakeholder	Abschlussbericht Dokumentation der Ergebnisse Projektinformation an Stakeholder	Projektabschlussbericht vollständige Projektdokumentation

Tabelle 3.2: Ergebnismatrix des Projekts (Forts.)

Kategorien	Aufgabe/ Disziplin	Hauptergebnisse			
		Vorbereitung	Initialisierung	Durchführung	Abschluss
Projekt-management	Entscheiden	genehmigter Projektauftrag Start der Projekt-initialisierung	genehmigter Projektplan Start der Projekt-durchführung	freigegebene Liefer-gegenstände Termin-, Ressour-cen- und Fach-entscheidungen	offizielles Ende des Projekts
Risiko-management	Analysieren Überwachen Steuern	Risiken und Erfolgschancen des Projekts	Risikoliste Risiko-Portfolio Risikoindikatoren Risiko-Maßnahmen	Risikoliste Risiko-Portfolio Risikoindikatoren Risiko-Maßnahmen	Risikobilanz Erfahrungen
Qualitäts-management	Projekt-qualität managen	Qualitäts-grundsätze	Projekt-Qualitätsplan definiertes Qualitäts-management abgenommene Projektergebnisse der Initialisierung	Qualitätspläne, Prüfpläne etabliertes Qualitäts-management abgenommene Projekt-ergebnisse der Durchführung	Qualitätsbilanz Erfahrungen
	Produkt-qualität managen	erster Akzeptanz-plan	verbindlicher Akzeptanzplan	abgenommenes Projektprodukt	Feedback vom Kunden
Produkt-management	Produkt definieren	grobes Geschäfts-prozessmodell Liste der Geschäftsprozesse Produktziele und Produktvision	Release-Plan	Anforderungs-management	identifizierte wieder-verwendbare Software-Komponenten
Produkt-entwicklung	Analysieren	erster Anforderungs-katalog und -modell	erste Anforderungs-spezifikation	Anforderungs-spezifikation	vollständige Dokumentation Erfahrungen
	Designen	Lösungsweg Architekturvision	erste Systemarchitektur	System-architektur Feindesign je Komponente	vollständige Dokumentation Erfahrungen
	Implemen-tieren	evtl. Prototyp	Prototyp Durchstich	Software-Komponenten	vollständige Dokumentation Erfahrungen
	Integration und Test	–	definiertes Vorgehen	Lauffähiges System	Bewertung der Qualität Erfahrungen

Wie geht es weiter?

Wie dargestellt, geben die vier Projektphasen *Vorbereitung*, *Initialisierung*, *Durchführung* und *Abschluss* die Struktur der nächsten Kapitel vor. Es gibt nun verschiedene Möglichkeiten, den Inhalt und Umfang des Projektmanagements innerhalb einer Projektphase tiefergehend zu beschreiben. Sie könnten zum Beispiel je Projektphase auflisten:

- was alles geplant werden muss: Aufgaben, Termine, Qualität ....
- was alles organisiert werden muss: Prozesse, Aufgaben, Teams ...
- was alles gesteuert wird: Aufgaben, Risiken ... usw.

Eine andere Möglichkeit besteht darin, innerhalb der jeweiligen Projektphase alle Aufgaben, die sich auf einen Gegenstand beziehen, zusammenzufassen und demzufolge die Beschreibung entlang der Managementobjekte vorzunehmen:

- Risiken: identifizieren, bewerten, Maßnahmen definieren ...
- Organisation: definieren, entwerfen, etablieren ...

Ich habe einen Ansatz gewählt, der den Ablauf der einzelnen Managementaufgaben innerhalb einer Projektphase in den Vordergrund stellt, zum anderen aber auch berücksichtigt, dass viele Dinge parallel und wiederholt ablaufen. Dies führt zu einer Mischung der beiden oben dargestellten Prinzipien. Mitunter ist es eben sinnvoller, alle Aufgaben rund um einen Gegenstand an einer Stelle zu beschreiben (z.B. für das Risiko- und Qualitätsmanagement). Dann wieder erweist es sich als wesentlich hilfreicher, den Ablauf innerhalb einer Projektphase in den Vordergrund zu rücken (z.B. beim Planen, Überwachen, Steuern).

Dies führt zu einer pragmatischen Darstellung, die den Abläufen im Projektalltag bestens gerecht wird. Aufgaben die gemeinsam durchgeführt werden, finden Sie auch kompakt an einer Stelle beschrieben. Als guter Wegweiser für die nächsten Kapitel erweist sich die gerade kennen gelernte Ergebnismatrix.

> „Sobald der Geist auf ein Ziel gerichtet ist,
> kommt ihm vieles entgegen."
>
> *Johann Wolfgang von Goethe*

4

Von der Idee zum Auftrag – die Vorbereitung eines Projekts

Fragen, die dieses Kapitel beantwortet:

- Was alles sollte vor Beginn eines Projekts geklärt sein?
- Welchen Aufwand erfordert die Projektvorbereitung?
- Welche Rolle spielen Stakeholder?
- Wie findet man effizient die Ziele und Grenzen eines Projekts?
- Warum unterscheidet man Produkt- und Projektziele?
- Warum muss es vor Projektbeginn bereits einen Lösungsansatz geben?
- Wie sieht ein erster Projektplan aus?
- Was steht im Projektauftrag?

Auslöser für Projekte können sehr verschieden sein: Beispielsweise akquiriert der Vertrieb einen neuen Kundenauftrag oder das Projekt ist Bestandteil eines größeren Vorhabens und trägt zu dessen Umsetzung bei. Doch wie geht es dann weiter? Dieses Kapitel zeigt Ihnen den Weg von einer mitunter nur vagen Projektidee hin zu einem klar formulierten und mit allen wichtigen Beteiligten abgestimmten Projektauftrag.

Ging es in den vorangegangenen Kapiteln um Projektmanagement im Allgemeinen, so wird es jetzt konkret. Sie erfahren, auf welche Managementgegenstände Sie sich in der Vorbereitungsphase konzentrieren müssen und lernen die essenziellen Schritte bis zum eigentlichen Projektstart kennen. Bereits **vor** dem Projektbeginn legen Sie den Grundstein für Erfolg oder Misserfolg.

4.1 Inhalt und Aktivitäten der Projektvorbereitung

Erfolgreiche
Projekte haben
eine gesunde
Basis

Jedes Projekt braucht eine gesunde Basis. Dazu gehören

- ein eindeutiger Auftraggeber,
- ein klares Ziel,
- ein verbindlicher Auftrag,
- ein verantwortlicher Projektmanager und
- ein gutes Team.

Obwohl das sehr einfach klingt, erlebe ich in vielen IT-Projekten, dass dagegen verstoßen wird. Viele Entwicklungsprojekte starten mit einer vagen Zielvorstellung, ungeklärten Kompetenzen und halbherzig zugeordneten Ressourcen. Jeder weiß, dass sich ohne ein solides Fundament kein stabiles Haus errichten lässt. Lange bevor die Bauausführung beginnt, klären Bauherr, Architekt und Bauleiter alle signifikanten Randbedingungen und stimmen ihr Vorgehen ab. Bei Projekten sollte dies nicht anders sein. Gemeinsam mit Ihrem Management legen Sie in der Vorbereitungsphase das Fundament für das neue Projekt und entscheiden damit bereits vor dem eigentlichen Start über gerade oder schiefe Wände!

Ihr Auftraggeber
verantwortet die
Projektklärung!

Die Verantwortung für diese Vorlaufaktivitäten liegt noch bei Ihrem Auftraggeber – also Ihrem Management oder dem Kunden –, nicht bei Ihnen. Sie als künftiger Projektmanager verantworten das Projekt ab der nächsten Phase. Verantwortung bedeutet natürlich nicht, dass einer alles alleine machen soll. Im Gegenteil: Einen wirklich guten und von allen akzeptierten Projektauftrag erreichen Sie nur, wenn alle Seiten intensiv zusammenarbeiten. Sie bringen Ihr technisches Fachwissen, der Kunde seine Zielvorstellung und Ihr Management seinen Blick für das Gesamte ein.

Die Praxis sieht oft anders aus. Da heißt es schnell: „Schreib einfach etwas zusammen. Du kennst dich doch sowieso am besten mit der Sache aus. Wir werden dann schon weiter sehen." Und schon liegt die gesamte Verantwortung bei Ihnen. Aus der notwendigen Zusammenarbeit ist eine Einbahnstraße geworden. Oft bleibt Ihnen nichts weiter übrig, als den Ball aufzufangen. Entweder Sie klemmen sich dahinter oder es bleibt bei der vagen Zielvision und den halbherzig zugesagten Ressourcen. Machen Sie das Beste aus dieser Situation. Aber versuchen Sie immer wieder, die eigentlich Verantwortlichen aktiv in die Projektvorbereitung einzubeziehen.

Workshops
unterstützen
die Projekt-
vorbereitung

Ein effizientes Mittel dafür sind Workshops. Organisieren Sie zum Beispiel einen Definitions- und einen Planungs-Workshop zur Vorbereitung des Projekts. Bereiten Sie diese Workshops gut vor. Achten Sie darauf, dass

- Sie die richtigen Teilnehmer einladen;
- jeder weiß, was von ihm erwartet wird (Agenda vorab versenden);
- jeder genügend Zeit zur Vorbereitung hat (Dokumente vorab versenden);
- der Workshop straff durchgeführt wird.

In den meisten Fällen reichen diese zwei gemeinsamen Workshops für die Vorbereitung eines Projekts aus.

Ohne klare Zielsetzung sollte ein Projekt nicht starten!

Die Projektvorbereitung ist der Prozess der formellen Einrichtung eines neuen Projekts.[1] Sie beginnt mit der konsequenten Klärung der Produkt- und Projektziele und endet mit der Beauftragung des Projekts. Im Mittelpunkt stehen Ziele, Inhalt, Umfang und Grenzen des neuen Projekts. Diese müssen vor Beginn für alle Beteiligten verständlich und eindeutig formuliert sein. Daneben klären Sie eine Reihe weiterer wichtiger Aspekte, wie zum Beispiel den grundlegenden Lösungsansatz, die Ressourcen, die Organisation und die Art und Weise der Qualitätssicherung (vgl. Abbildung 4.1). Alle diese Überlegungen fließen in den Auftrag für das Projekt ein. Der Projektauftrag bildet die Grundlage für die Projektentscheidung und ist gleichzeitig auch die Basis für die Erfolgsbewertung des Projekts nach seinem Abschluss.

Am Anfang steht der Projektauftrag

Am Ende der Vorbereitungsphase votiert das Management klar „für" oder „gegen" die Durchführung des Projekts, natürlich nicht, ohne vorher seine Erfolgschancen und Risiken bewertet zu haben. Trifft das Management eine positive Entscheidung, steht der Einrichtung des neuen Projekts nichts mehr im Wege.

- Nicht die Dauer der Vorbereitungsphase ist entscheidend, sondern die Qualität ihrer Ergebnisse.
- Lehnen Sie als Projektmanager Projekte ohne gesunde Basis ab!

Wichtig für die Projektdefinition und Erstplanung sind fundierte inhaltliche Kenntnisse zum Produkt (zukünftiges IT-System) und über die beabsichtigte technische Realisierung. Parallel zu den Managementaktivitäten wird daher die Produktidee geklärt und eine Architekturvision erstellt. Bei komplexen Vorhaben erfolgt die Projektvorbereitung mitunter in zwei Stufen oder sogar in einem eigenständigen Projekt.

→ Abschnitt 4.8

Je nach Ausgangssituation, Größe, Komplexität und Kritikalität brauchen Sie für die in Abbildung 4.1 dargestellten Aktivitäten der Projektvorbereitung mehr oder weniger Aufwand. Es liegt bei Ihnen, sich für einen längeren oder kürzeren Weg zu entscheiden. In Kapitel 1 haben Sie gelernt, welche Faktoren diese Entscheidung beeinflussen. Jetzt wenden Sie diese Regeln konkret an.

Agile Manager tun nur das, was notwendig ist!

---

[1] Mitunter wird die Vorbereitungsphase auch als „Vorstudie" oder „Vorprojekt" bezeichnet (vgl. z.B. [Kup01]).

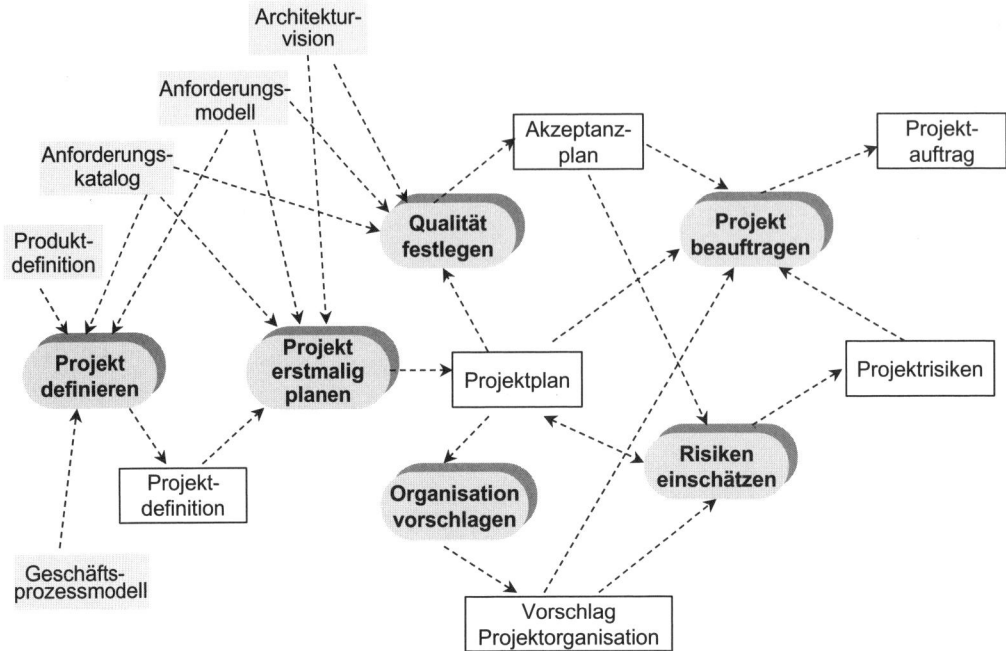

Abbildung 4.1: Aktivitäten der Projektvorbereitung

Haben Sie es zum Beispiel mit mehreren kritischen Auftraggebern zu tun, wird Ihr Aufwand zur Klärung der Projektziele und -grenzen entsprechend hoch sein und es empfiehlt sich eine iterative Projektdefinition. Handelt es sich dagegen um ein Wartungsprojekt mit bekannten Anforderungen und vorgegebener Architektur, können Sie den Definitionsschritt kurz auslegen und schnell zur Planung übergehen.

Eine feste Reihenfolge für die einzelnen Aktivitäten gibt es nicht. In der Praxis werden Sie feststellen, dass Sie viele von ihnen parallel oder auch mehrfach durchlaufen. Allerdings sollten Lösungsansätze erst dann diskutiert werden, wenn die Zielsetzungen des Produktes und Projekts einigermaßen klar sind. Die Risikoanalyse kann jedoch wieder zu Zielverschiebungen führen, so dass Sie noch einmal von vorne beginnen müssen.

Schritt für Schritt führen die nachfolgenden Abschnitte durch die Vorbereitung eines Projektes. Nicht jede Managementaufgabe wird jedoch in diesem Kapitel mit allen Details dargestellt – viele werden uns in der Projektinitialisierung und -durchführung noch einmal begegnen und erst dort ausführlich beschrieben.

Weichenstellung für den Projekterfolg

Auch wenn die Vorbereitungsphase im Vergleich zu den anderen Projektphasen eine eher kurze Phase ist, ist sie doch entscheidend für Ihren Erfolg. Gelingt es Ihnen, nur einige der folgenden Aktivitäten im Projektalltag erfolgreich umzusetzen, so hat sich der Aufwand, den Sie in das Lesen dieses Buches investiert haben, sicherlich schon gelohnt.

4.2 Projekt definieren

Oft bestehen zu Beginn eines Projekts noch keine klaren Vorstellungen über seinen Inhalt und seine Grenzen. Je nach dem, mit wem Sie sich als Projektmanager unterhalten, bekommen Sie andere und manchmal sogar widersprüchliche Dinge über Ihre zukünftige Aufgabe zu hören. Die Erwartungen liegen mitunter weit auseinander. Deshalb beginnt die Vorbereitung eines Projektes mit dem Formulieren der Ziele und dem Abgrenzen des Projektinhaltes. Eine klare und eindeutige vom Management sowie Auftraggeber getragene Zielsetzung gehört zum soliden Fundament eines Projekts. Bereits hier stellen Sie die Weichen für Ihren Erfolg! Denn wer nicht weiß, wohin der Weg führen soll, wird auch nicht am Ziel ankommen.

Ohne Ziel kein Weg!

Schaffen Sie sich eine solide Startposition, indem Sie die Ziele, den Inhalt und die Grenzen für das Projekt gemeinsam mit dem Auftraggeber und Ihrem Management vereinbaren.

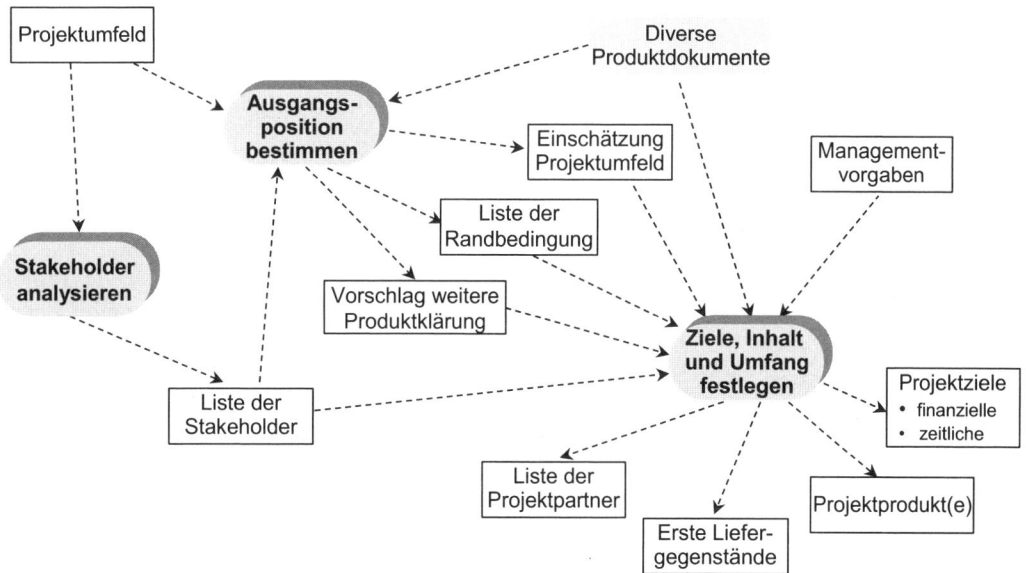

Abbildung 4.2: Aktivitäten zur Definition eines Projekts

Die Definition eines Projekts ist kein stringenter sequenzieller Prozess, an dessen Ende Inhalt und Grenzen einfach so herauspurzeln, sondern ein zum Teil sehr mühseliger Weg, in dessen Verlauf die in Abbildung 4.2 dargestellten Aktivitäten wiederholt durchgeführt werden.

4.2.1 Die Stakeholder des Projekts

Stakeholder sind vom Projekt betroffen

In Kapitel 1 haben wir festgestellt: Projekterfolg = Kundenzufriedenheit. Erfolg setzt also voraus, dass Sie die Bedürfnisse Ihres Kunden kennen. Neben Ihrem Kunden gibt es viele andere Personen, die Einfluss auf Ihr Projekt nehmen oder von ihm tangiert sind. Auf der einen Seite sind dies Einzelpersonen oder Organisationen, die aktiv am Projekt beteiligt sind, auf der anderen Seite jene, deren Interessen durch die Durchführung oder den erfolgreichen Abschluss Ihres Projekts positiv oder negativ beeinflusst werden. Alle diese Personen zusammen bezeichnen wir als die *Stakeholder* des Projekts.

Lernen Sie die Menschen kennen, die Einfluss auf Ihr Projekt und damit auf Ihren Erfolg haben – am besten so früh wie möglich!

Vor Projektbeginn brauchen Sie eine Menge an Informationen über den Inhalt, die Risiken und die Randbedingungen des Projekts sowie über die Ziele, die Grenzen und die Randbedingungen des Produktes. Die Stakeholder liefern Ihnen diese Informationen. Auch aus diesem Grund sollten Sie Ihre Stakeholder so früh wie möglich identifizieren und ihre Bedürfnisse und Erwartungen feststellen. Nicht immer ist das einfach. Ist zum Beispiel ein Mitarbeiter der Einkaufsabteilung, dessen Arbeitsplatz von dem Projekt zum Entwurf eines neuen Marketingsystems indirekt abhängt, ein Stakeholder? Im Zweifel ja, da er gegen das Projekt Position beziehen könnte.

In Software-Projekten werden viele Stakeholder im Rahmen der Systemanalyse gefunden. Vergessen werden dabei jedoch oft die eigentlichen Projekt-Stakeholder, wie zum Beispiel Lieferanten, der Einkauf, das Management, IT- und Fachabteilungen, die das Personal stellen, ein parallel laufendes IT-Projekt usw. Achten Sie daher darauf, auch die Personen in Ihre Betrachtungen einzubeziehen, die unabhängig vom Produkt das Projekt beeinflussen. Kreativitätstechniken wie Brainstorming oder Mind-Mapping können Ihre Suche gut unterstützen.

Folgende Stakeholder spielen in jedem Projekt eine wichtige Rolle:

- *Auftraggeber* – die Person oder Organisationseinheit, die das Projekt verantwortet und das Budget für das Projekt bereitstellt.
- *Trägerorganisation* – das Unternehmen oder die Organisationseinheit im Unternehmen, die die Verantwortung für die Durchführung des Projekts übernimmt und deren Mitarbeiter direkt in das Projekt eingebunden sind.
- *Kunde (Anwender)* – die Person(en) oder Organisation(en), die das Produkt des Projekts später nutzen möchte(n).
- *Projektmanager* – die Person, die die Verantwortung für die Durchführung des Projekts übernimmt.
- *Projektteam* – die Personen, die das Projekt durchführen.

Daneben gibt es noch weitere Bezeichnungen und Kategorien von Stakeholdern (vgl. auch [PMI00] oder [Rupp01]):

■ Eigner, Geldgeber, Auftragnehmer, die Familien Ihrer Mitarbeiter, Marketing, Einkauf, Betriebsrat, Standardisierungsgremien, Produktdesigner, Controlling, Trainingspersonal, staatliche Stellen, Interessenverbände usw.

Durch eine Klassifizierung können Sie feststellen, welche Personen oder Organisationen sich in welcher Rolle selbst als Stakeholder sehen, wobei sich Rollen auch überschneiden können.

Beim Identifizieren der Stakeholder dürfen Sie allerdings nicht stehen bleiben. *So viele* Für ein erfolgreiches Projekt müssen Sie auf die Erwartungen der Stakeholder *Stakeholder,* aktiv eingehen. Dies kann mitunter schwierig sein, da sie oft unterschiedliche *so viele* und zum Teil auch gegensätzliche Ziele verfolgen. Zum Beispiel erwartet die *Meinungen* auftraggebende Fachabteilung für das neue Marketingsystem eine möglichst kostengünstige Lösung. Der Systemarchitekt betont technische Perfektion. Der Entwickler möchte neue Lösungen ausprobieren und das Hauptinteresse des Managements liegt in der Maximierung des Gewinns. Die Suche nach einer angemessenen Lösung für diese divergierende Vorgaben kann zu einer der größten Herausforderungen für Sie werden.

Um die Übersicht zu behalten, sollten Sie Ihr Wissen über die Stakeholder systematisch ablegen. Nutzen Sie zum Beispiel Tabellen, um die erhobenen und bewerteten Informationen übersichtlich darzustellen, zu verwalten und zu pflegen. Tabelle 4.1 zeigt ein Beispiel.

Tabelle 4.1: Beispiel für eine Stakeholder-Liste

Rolle	Name/ Position	Organisations- einheit	Art der Information	Einfluss	Bewertung
Anwender des IT-Systems	Frau Schneider Sach- bearbeiterin	FA3/7 Tel. ...	kennt Altsystem, kennt Schwachstellen; kennt Fachgebiet im Detail; liefert Testfälle	hoch	wichtig für fachliche Abstimmung und Tests
Manage- ment	Frau Müller Leiterin	ITE2 Tel.	stellt Personal zur Verfügung	mittel	wichtig für Ressourcen- abstimmung; fachlich uninteressant
Auftrag- geber	Herr Hubert Leiter	FA3/7 Tel. ...	Zielvorgabe; verantwortlich für interne Finanzierung im Bereich Rente	hoch	nimmt das Produkt ab; stellt das Budget bereit
Service	Herr Maier Sachbearbeiter	ITS5 Tel. ...	kennt den Systembetrieb	gering	muss in die Anforderungs- analyse einbezogen wer- den

Warum sind
Stakeholder
wichtig?

Der Aufwand, den Sie in die Analyse Ihrer Stakeholder investieren, macht sich im Projektverlauf auf jeden Fall bezahlt. Bereits vor Projektbeginn lernen Sie sehr viel über das Umfeld, den Aufgabeninhalt, die Randbedingungen und vor allem über die kritischen Aspekte Ihres Projekts – vorausgesetzt, Sie können gut fragen und zuhören. Besonders wichtig sind Informationen zu den „politischen" Zusammenhängen rund um Ihr Projekt. Diese werden Ihnen leider nicht auf dem Silbertablett serviert. Sie erhalten sie in der Regel nur indirekt über Gespräche mit Projektbetroffenen. Deshalb lohnt es sich, mit vielen persönlich zu reden. Nur so können Sie die Nuancen von Pro und Kontra in den Meinungen ihrer Gesprächspartner herausfiltern.

Je kritischer ein Stakeholder für das Projekt ist, desto öfter sollten Sie mit ihm Kontakt pflegen. Binden Sie die wichtigsten Stakeholder kontinuierlich in das Projektgeschehen ein. Ein Interview vor Beginn des Projekts ist zwar hilfreich für die Formulierung des Projektauftrages, reicht aber bei weitem nicht für ein erfolgreiches Stakeholder-Management aus.

> Mit Projektfortschritt verändern sich auch die Stakeholder. Neue kommen hinzu, andere verlassen den Projektkontext. Aktualisieren Sie daher Ihre Stakeholder-Liste in regelmäßigen Abständen, beispielsweise immer zu Beginn einer neuen Projektphase.

☞ **Ergebnis:** Liste der Stakeholder

4.2.2 Ausgangsposition bestimmen

Befragen Sie
die Stakeholder

Die inhaltliche Klärung des Projekts sollte mit einer gezielten Situationsanalyse beginnen. Denn wenn Sie das aktuelle Projektumfeld, die Verankerung im Unternehmen, die Ziele des beabsichtigten Produktes, die Stellung des Auftraggebers, die Wünsche des Kunden usw. nicht kennen, ist es gewagt, ein Projekt ins Leben zu rufen und seinen Inhalt zu fixieren. Dies gilt auch für kleine Projekte! Beziehen Sie alle wichtigen Stakeholder in diese Analyse ein. Versuchen Sie gemeinsam mit ihnen die Ausgangsposition des Projekts zu bestimmen. Überlegen Sie:

Sponsoren und
Gegner

- Wer hat das Projekt initiiert?
- Wer will es haben, wer nicht?
- Für wen bringt es welche Vor- oder Nachteile?

Manchmal findet diese Bewertung nur im Kopf statt, manchmal über exakte Listen, Interviews und Auswertungen. Auf jeden Fall sollten Sie sich vor Beginn der Analyse genau überlegen, welche Informationen für Sie essenziell sind, und die dazu passenden Fragen formulieren (zum Beispiel in einem Fragenkatalog). Jedes Gespräch sollte dem gleichen „roten Faden" folgen, was aber nicht bedeutet, dass jedes Gespräch stur nach „Schema F" abgearbeitet wird. Eine gründliche Vorbereitung hilft Ihnen. Denn nur, wenn Sie wissen wohin Sie wollen, können Sie Ihr Gespräch auch locker gestalten. Bei dem einen Gesprächspartner bietet sich ein schriftlicher Fragenkatalog an, der zunächst off-line bearbeitet wird, bei dem anderen kommen Sie nur durch geschicktes Fragen im persönlichen Gespräch ans Ziel.

Ihre Situationsanalyse sollte mindestens folgende drei Fragen klären:

- Wie gut sind die Produktziele bereits formuliert?
- Wie sieht das Projektumfeld aus?
- Welche fixen Randbedingungen existieren für das beabsichtigte Projekt?

Sie verschaffen sich damit einen guten Überblick darüber, was im Vorfeld des Projekts noch zu klären ist, wo bereits eindeutige Aussagen vorliegen und wo feste Grenzen bestehen. Wichtig sind für Sie zum Beispiel:

- Informationen über den Kunden (Vertragsverhandlungen, Lastenheft, Protokolle etc.),
- Unterlagen zum geplanten Produkt (Produktvision, Produktziele, Marketingunterlagen, erste Anforderungen),
- Informationen über das Unternehmensumfeld (Marktanalysen, Konkurrenzanalysen, Preislisten usw.),
- Informationen über die Ressourcensituation des Unternehmens.

> Prüfen Sie die bereitgestellten Informationen auf Vollständigkeit und machen Sie sich ein Bild über ihre inhaltliche Qualität. Gehen Sie über Lücken nicht einfach hinweg, sondern fordern Sie fehlende Informationen ein.

Dieser Aufwand am Anfang des Projekts zahlt sich später immer wieder aus. Die Informationen, die Sie jetzt in der Situationsanalyse zusammen tragen, werden für viele andere Aktivitäten der Projektvorbereitung und Projektinitialisierung benötigt, wie zum Beispiel für die Risikoanalyse oder die Lösungssuche. Damit Sie diese später effizient nutzen können, empfiehlt es sich, wichtige Aspekte schriftlich festzuhalten. Dann können nicht nur Sie selbst, sondern auch Ihr Team, das an den ersten Schritten oft nicht beteiligt war, auf diese Informationen jederzeit gezielt zugreifen.

Informationen systematisch ablegen

Mit dieser Situationsanalyse legen Sie gleichzeitig den Grundstein für die Planung der Vorbereitungsphase. Sie wissen nun, welche Dinge vor dem Start des Projekts noch zu klären sind und können diese Aufgaben gezielt angehen.

> Als agiler Manager bewerten Sie zunächst die Situation und entscheiden dann erst, welche Richtung einzuschlagen ist.

Die Qualität der Produktziele klären

Jedes Projekt startet von einer anderen Ausgangsposition. Deshalb stehen am Anfang auch unterschiedliche Dokumente und Informationen zum IT-Produkt[2], das entwickelt werden soll, zur Verfügung.

- Bei Weiterentwicklungen ist oft eine Problembeschreibung (Change Request) der Anstoß für das Projekt.
- Handelt es sich um eine Neuentwicklung, stellen die Produktdefinition und/oder evtl. ein Anforderungskatalog und/oder formale Modelle den Ausgangspunkt dar.
- Bei Entwicklungen für externe Kunden kann ein Kundenauftrag und/oder ein Lastenheft der Einstiegspunkt für das Projekt sein.

Die mögliche Spannweite ist groß. Während in manchen Fällen die Produktziele schon bekannt und der Produktkontext stabil ist – Ihnen wurden bereits gut ausgearbeitete Analysemodelle übergeben –, existieren in anderen Fällen eher schwammige Formulierungen, die noch viele Fragen offen lassen. Prüfen Sie deshalb, welchen Reifegrad die Produktidee bereits hat:

Checkliste
Produktziele

- Sind die Produktziele bereits eindeutig und messbar formuliert? Gibt es bereits ausformulierte Anforderungen?
- Sind die Produktziele mit allen relevanten Stakeholdern abgestimmt?
- Liegt bereits ein Anforderungsmodell vor, also eine formale Beschreibung der Funktionalität des gewünschten IT-Systems?
- Gibt es schon einen ersten Lösungsansatz (Produktvision)?
- In welcher Form und Qualität liegen die Informationen vor?

Die Qualität der Dokumente bestimmt Ihr weiteres Vorgehen. Je nachdem, wie ausgereift die Produktziele und -anforderungen Ihnen bereits vorliegen, können Sie auf einzelne Aktivitäten der Systemanalyse verzichten.

 Ergebnisse: Vorschlag zur weiteren Klärung von Produktzielen und Produktinhalt

Das Projektumfeld klären

Das Umfeld
eines Projekts
bestimmt seinen
Erfolg

Viele kritische Erfolgsfaktoren für ein Projekt sind in seinem Umfeld zu suchen. Deshalb sollten Sie der ersten Analyse des Projektumfelds den richtigen Stellenwert geben und sich genügend Zeit dafür einräumen. Unruhe im Unternehmen führt auch zu Unruhe, Desorientierung und Motivationsverlust im Projektteam. Nicht erkannte Schnittstellen oder falsch eingeschätzte Interessen

---

[2] Ist als Produkt das IT-System gemeint, das realisiert werden soll, wird oft nur noch vom IT-System gesprochen. Die Begriffe IT-Produkt und IT-System werden synonym benutzt.

wichtiger Manager können ein Projekt komplett zum Kippen bringen. Ein motivierter Sponsor dagegen zieht das Projektteam mit.

Untersuchen Sie Ihr Projektumfeld auch unter dem Blickwinkel, welche Lösungsmöglichkeiten dem Projekt zur Verfügung stehen. Hier geht es z.B. darum,

- den aktuellen Stand der bestehenden IT-Infrastruktur festzustellen,
- die Fachkenntnisse der Entwicklungsmannschaft zu bewerten (Methoden-, Technologie-, Sprachkenntnisse),
- die Verfügbarkeit von Produkten am Markt realistisch einzuschätzen,
- zu klären, welche Technologien erlaubt oder gewünscht sind,
- die Leistungsfähigkeit der bestehende Entwicklungsumgebung zu prüfen,
- mögliche Vorgaben für das Zielsystem festzuhalten,
- mögliche Änderungen der IT-Infrastruktur beim Kunden zu prüfen usw.

Ihre wichtigsten Informationslieferanten sind auch in diesem Fall wieder die Stakeholder.

☞ **Ergebnis:** Einschätzung Projektumfeld

Die Randbedingungen des Projekts klären

Mit zur Definition eines Projekts gehört es auch, herauszufinden, ob und welche Art von Randbedingungen für das Projekt existieren.

> **Definition:** *Randbedingungen* sind alle Faktoren, die auf die Durchführung des Projekts einschränkend wirken und die durch das Projektteam selbst nicht verändert werden können, wie z.B. gesetzlich vorbestimmte Termine, fixe Kostengrenzen oder Personalentscheidungen.

Randbedingungen schränken Lösungsmöglichkeiten ein

Diese Faktoren sind also außerhalb des Projekts zu suchen. Viele Hinweise erhalten Sie wiederum von den Stakeholdern. Untersuchen Sie auch, inwiefern sich aus Sicht des IT-Systems Randbedingungen ergeben, die einschneidende Auswirkungen auf das Projekt haben.

Die folgende Aufzählung enthält einige Beispiele für verschiedene Arten von Randbedingungen:

- *Managementvorgaben*: Das Budget des Projekts darf 350.000 € nicht überschreiten, da sonst der Preis des Produktes zu hoch wird und es damit nicht mehr verkäuflich ist. Das Projekt muss zum 30.10. abgeschlossen sein, damit eine Markteinführung vor dem Weihnachtsgeschäft noch möglich ist.

Unternehmensziele sind für Projekte Randbedingungen

- *Technische Vorgaben*: Die bestehende Infrastruktur muss weiterhin einsatzfähig bleiben, da momentan kein Geld für neue Rechner vorhanden ist.
- *Vorgaben zum Vorgehen*: Das neue Vorgehensmodell ist anzuwenden.
- *Standards und Normen*: DIN, IT-Standards des Unternehmens.
- *Rechtliche Vorschriften*: Ergonomierichtlinien, Strahlenschutz, Entsorgung.
- *Kulturelle Faktoren*: Es handelt sich um ein internationales Projekt. Die Projektdokumentation ist in Englisch zu erstellen.
- *Organisatorische Vorgaben*: Alle Unternehmensstandorte sind in das Projekt einzubeziehen.

Sie sollten in Ihrer Dokumentation zwischen den Randbedingungen, die das zu erstellende IT-System betreffen, und denjenigen, die sich auf Ihr Projekt beziehen, unterscheiden. Beispielsweise sind die Vorgabe von Terminen oder einer Budgetgrenze typische Randbedingung für das Projekt, wohingegen die Aussage „Das System muss den aktuellen gesetzlichen Bestimmungen entsprechen" eine fachliche Vorgabe für das IT-System ist. Warum ist diese Unterscheidung sinnvoll? Ganz einfach – weil unterschiedliche Personen über die Relevanz und Verbindlichkeit entscheiden.

In der Vorbereitungsphase ist es zunächst ausreichend, bestehende Randbedingungen zu identifizieren. Spätestens mit Projektstart muss allerdings Ihr Auftraggeber eine verbindliche Entscheidung über die Gültigkeit und Relevanz der identifizierten Randbedingungen getroffen haben.

☞ **Ergebnis:** Liste der Randbedingungen

4.2.3 Ziele, Inhalt und Umfang festlegen

Erfolg braucht einen Namen

Ihre erste Frage nach Zielen, Inhalt und Umfang des Projekts führt Sie stets zu dem Produkt, das vom Projekt erwartet wird. Im Kontext der Software-Entwicklung ist dies die Frage nach den Zielen und der Funktionalität des neuen IT- oder Software-Systems. Daher behandelt dieser Abschnitt zunächst eine Aktivität der Produktentwicklung, die Sie als Manager zwar nicht selbst durchführen, deren Ergebnis Sie aber für die Definition der Projektziele und des Projektinhalts dringend brauchen. Anschließend beleuchten wir die Managementaktivitäten für die Definition eines Projektes. Beide Aufgabenbereiche werden in der Vorbereitungsphase parallel bearbeitet (vgl. Abbildung 4.3).

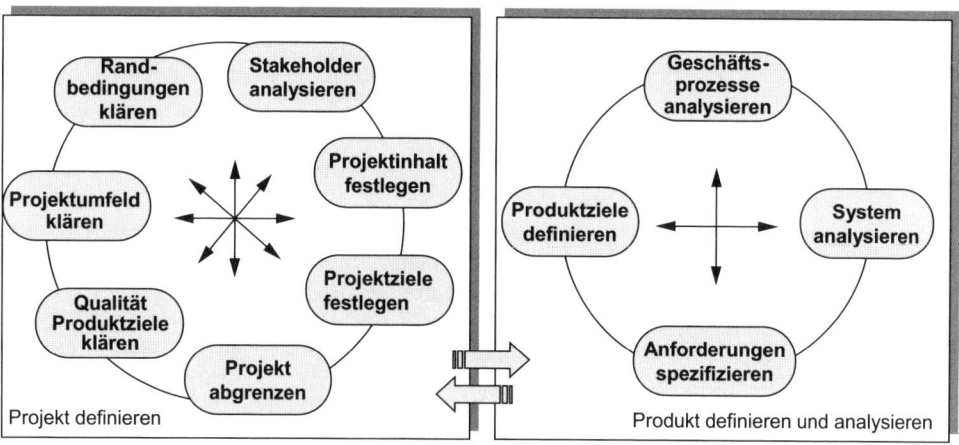

Abbildung 4.3: Die Parallelität von Management- und Entwicklungsaufgaben

Die Definition des Produktes

Sind die Ziele des zu realisierenden IT-Systems nicht bekannt oder nur unzureichend beschrieben[3], müssen Sie sich zunächst einmal mit ihrer Ausarbeitung beschäftigen. Ziele und Inhalt eines IT-Systems können über die folgenden Aktivitäten[4] bestimmt werden:

Ziele des Produktes

- Geschäftsprozesse analysieren:
    - Identifizieren und Spezifizieren der Geschäftsprozesse;
    - Ergebnis: Liste der Geschäftsprozesse, grobes Geschäftsprozessmodell

IT-Systeme spezifizieren

- Ziele für das neue IT-System definieren:
    - Art und Umfang der IT-Unterstützung entscheiden, Formulieren der Ziele für das IT-System;
    - Ergebnis: Produktziel und -vision
- Anforderungen spezifizieren:
    - Spezifizieren der Anforderungen an das IT-System;
    - Modellieren der Funktionalität des zukünftigen IT-Systems;
    - Ergebnis: Anforderungskatalog und Anforderungsmodell für das IT-System und zugehörige Beschreibungen

In Abhängigkeit von der Ausgangssituation des Projekts und der jeweiligen inhaltlichen Aufgabenstellung werden diese Aktivitäten mehr oder weniger intensiv im Vorfeld des Projekts durchlaufen. Ob dies im Rahmen der Projekt-

---

[3] Ihre Situationsanalyse hat dies bewertet.
[4] Es gibt eine Vielzahl von Vorgehensmodellen und methodischen Ansätzen für diese Aktivitäten (UML, ARIS, ...). Siehe auch [HHP00], [HK99], [HR02], [Sta02], [Oes98], [Rupp01], [Sche98].

vorbereitung oder erst mit Projektbeginn erfolgt, hängt auch davon ab, wie Sie mit Ihrem Auftraggeber die Grenzen des Projekts vereinbaren. In der Praxis ist sehr häufig die tiefergehende Produktbeschreibung, d.h. die Anforderungs- und Systemanalyse, ein Bestandteil des Projekts. Die Entscheidung trifft Ihr Auftraggeber bzw. der Kunde.

Eine minimale Vorklärung muss sein!

Das zukünftige IT-System sollte jedoch vor Projektbeginn so weit definiert sein, dass eine eindeutige und für alle essenziellen Stakeholder verständliche Fixierung des Projektinhaltes möglich ist. D.h. es sollten mindestens eine klare Zielvorstellung und eine erste grobe inhaltliche Definition vorliegen. Ist allen Verantwortlichen die gestellte Aufgabe klar, können Sie die Produktklärung beenden.

Ein Projekt vor dem Projekt

Haben Sie es mit sehr komplexen Aufgabenstellungen zu tun, liegt nur eine vage Vision vom zukünftigen Produkt vor oder ist der Kundenauftrag unklar, dann sprengt der Aufwand für die Definition des zu entwickelnden IT-Systems oft den Rahmen der Vorbereitungsphase und es empfiehlt sich ein eigenständiges „Vor"-Projekt anzusetzen. Ziel dieses Vorprojekts ist einzig und allein die konsistente Formulierung der Produktziele und Produktinhalte aus fachlicher und technischer Sicht. Kandidaten für solche Vorprojekte sind z.B. größere Redesign-Aufgaben, in denen eine langsam gewachsene Infrastruktur in einem Schritt abgelöst werden soll, oder komplexe Neuentwicklungen, bei denen die Funktionalität des zukünftigen IT-Systems noch weitgehend unbekannt ist.

Versuchen Sie auch im Fall eines unklaren Kundenauftrags, den Kunden davon zu überzeugen, dass ein Vorprojekt für beide Seiten Vorteile hat. Nutzen Sie es, um im Vorfeld der eigentlichen Auftragsvergabe die Ziele des Kunden zu hinterfragen sowie Inhalt und Umfang der Aufgabe realistisch abzuschätzen. Mit diesen Ergebnissen schaffen Sie sich eine gute Startposition für Vertragsverhandlungen.

Erst das Ziel, dann die Randbedingungen!

Bei der Formulierung von Produktzielen sollten Sie auf eine strikte Lösungsneutralität achten. Leider ist es gerade im IT-Umfeld üblich, statt oder mit dem Ziel auch gleich die Lösung vorzugeben:

„Wir möchten ein modernes SW-System, das komponentenbasiert unter Java programmiert wird und auf CORBA basiert. Als Datenbank ist ORACLE einzusetzen."

Natürlich kann es einschränkende Bedingungen geben, die auch unbedingt festgehalten werden sollten. Aber prüfen Sie sehr genau, ob es sich wirklich um verbindliche Randbedingungen oder nur um Wunschvorstellungen handelt. Der Lösungsraum wird durch die Angabe solcher Randbedingungen massiv und mitunter unzweckmäßig eingeschränkt. Ungewollt erhält der Kunde dann eine teure, nicht aber die optimale Lösung für sein Problem.

Die Ziele für das zukünftige IT-System sollten während der Projektlaufzeit stabil bleiben. Die konkreten Anforderungen an das IT-System hingegen sind vor Beginn der Systemrealisierung nicht vollständig bestimmbar und verändern sich im Laufe der Zeit.

Produktziele sind stabiler als Produktanforderungen

 Ergebnisse: Produktziele und Produktvision (z.B. Feature-Liste)

Das Ziel des Projekts

Parallel zur Produktdefinition klären Sie, welche konkreten inhaltlichen, finanziellen und terminlichen Ziele für Ihr Projekt gültig sind. Wie wir aus Kapitel 1 wissen, besteht das Hauptziel eines Projekts darin, die Projektaufgabe

Das Globalziel eines Projekts

- in der vorgegebenen Qualität,
- innerhalb der gesetzten Frist und
- ohne Überschreitung des Budgets

zu bewältigen. Damit steht das Globalziel für jedes Projekt fest. Ihre Aufgabe ist es nun, herauszufinden, welcher Inhalt hinter der übertragenen Projektaufgabe steckt – das sind die inhaltlichen Zielvorgaben – und unter welchen konkreten Randbedingungen – das sind die finanziellen und terminlichen Zielvorgaben – Sie diese Aufgabe durchführen sollen. Die inhaltlichen Ziele des Projekts klären Sie mit der Definition des Projektproduktes. Die finanziellen und zeitlichen Ziele leiten sich aus den übergeordneten Zielen des Unternehmens ab bzw. werden vom Auftraggeber vorgegeben (vgl. Abbildung 4.4).

Ein Projekt hat in der Regel wenige inhaltliche Ziele, oft aber viele Randbedingungen.

Der Inhalt eines Software-Projekts leitet sich größtenteils aus den fachlichen und technischen Zielen des zu entwickelnden IT-Systems ab. Mit der Definition des Projektproduktes legen Sie fest, welche der vom Kunden angestrebten Ziele hinsichtlich des neuen IT-Systems im Rahmen Ihres Projekts umzusetzen sind.

Ziele des Kunden

Neben dem Kunden kann auch Ihr Management dem Projekt Ziele mitgeben. Typische Beispiele sind:

Ziele des IT-Managements

- die erstmalige Anwendung eines neuen Entwicklungswerkzeugs,
- die Realisierung eines übergreifenden Frameworks für das User-Interface, das nach Abschluss des Kundenprojekts in allen weiteren Entwicklungsprojekten eingesetzt werden soll oder
- die Evaluierung einer neuen Entwicklungsplattform für Workflow-Komponenten.

In der Regel ist das Kundenprodukt das Hauptziel, während die firmeninternen Ziele eher als Nebenziele fungieren. Klären Sie allerdings genau, wie sich der Sachverhalt bei Ihrem Projekt verhält und zwar jetzt – vor Beginn des Projekts! Übergeordnete Geschäfts- und IT-Ziele sind aus Projektsicht eher Randbedingungen, die (je nach Schärfe) eingehalten werden müssen oder sollen, meist jedoch **keine** direkten Projektziele. Sie werden nicht automatisch zu Projektzielen, sondern sollten explizit bei entsprechender Priorität in die Zielvorgaben des Projekts aufgenommen werden.

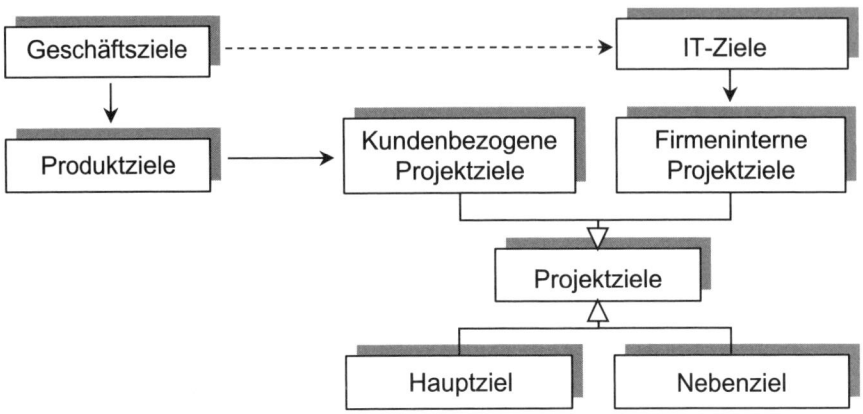

Abbildung 4.4: Ziele des Projekts

Sind im Laufe der Projektklärung Konflikte zwischen den einzelnen Projektzielen erkennbar, so ist es Aufgabe des Auftraggebers, diese vor Projektbeginn mit den betroffenen Stakeholdern zu klären. Die endgültige Entscheidung liegt bei demjenigen, der das Budget für das Projekt bereitstellt, d.h. das IT-System bezahlt bzw. das Projekt finanziert.

Jeder Bereich verfolgt eigene Ziele

Vermeiden Sie Zielkonflikte durch eine saubere Trennung der verschiedenen Zielbereiche! Unterscheiden Sie bei der Zielfestlegung konsequent zwischen den produktbezogenen Zielen des Kunden, den geschäftlichen Zielen Ihres IT-Managements und dem grundlegenden Ziel eines Projekts. Mit dem neuem IT-System verfolgt die Fachabteilung das Ziel *„Kosten senken durch ganzheitliche Fallbearbeitung"*. Ihr IT-Management möchte nach und nach *„für die Branche Versicherung ein Framework"* schaffen. Sie hingegen müssen die gestellte Projektaufgabe *„in time"*, *„in budget"* und *„in quality"* über die Bühne bringen. Die Produktziele beschreiben die gewünschten geschäftlichen Effekte (Nutzen, der entstehen soll), die der Kunde oder die interne Fachabteilung durch den Einsatz des IT-Systems erreichen möchte. Die IT-Ziele zeigen auf, welche Effekte das IT-Management mittelfristig anstrebt. Die Projektziele beschreiben, welches die inhaltliche Aufgabenstellung des vorgesehenen Projekts ist und unter welchen finanziellen und zeitlichen Randbedingungen diese Aufgabe zu erfüllen ist. Nicht mehr, aber auch nicht weniger! Zu Ihren inhaltlichen Projektzielen können neben dem Kundenprodukt auch interne Managementziele gehören. Trotzdem bleibt das Globalziel eines Projekts davon unberührt.

Im folgenden Beispiel (Abbildung 4.5) sind einige Ziele dargestellt, die eine Versicherungsfirma mit einem neuen Anwendungssystem verwirklichen möchte. Es verdeutlicht den Unterschied zwischen fachlichen und IT-orientierten Zielen und zeigt auf, wie diese konkret in die Zielsetzung des Projekts einfließen.

Ziele der Fachabteilung bezogen auf das neue IT-Produkt

- vollständige IT-Unterstützung der fachlichen Prozesse
- Senken der Bearbeitungszeit eines Versicherungsfalles um 5% (Kosten- und Personaleinsparung!)
- ganzheitliche Kundensicht, eine parallele Beratung verschiedener Versicherungen soll z.B. möglich sein
- neues Bedienkonzept als Voraussetzung für eine Steigerung der Produktivität der Fallbearbeitung um 5% und ein Senken der Fehlerquote um 10%

Ziele des IT-Managements

- Schaffen bedienfreundlicher Anwendungen, um damit mittelfristig den hohen Serviceaufwand um 15 % zu senken
- Verbesserung der Kooperation zwischen dem Projektteam und den Entwicklungsabteilungen sowie anderen parallel laufenden Projekten (Framework, Haftpflicht, ...)
- Einführung des neuen Software-Entwicklungsprozesses mit dem Ziel der Effizienzsteigerung der Entwicklung um 10%
- Verifizieren der neuen System-Landschaft
- Nutzen des neuen Frameworks (leichtere und damit kostengünstigere Wartbarkeit sicherstellen)

Inhaltliche Ziele des IT-Projektes

Kundenbezogene Projektziele

- Entwicklung eines neuen Software-Systems zur Unterstützung der Fallbearbeitung und Beratung im Rentenbereich; alle anderen Versicherungssparten werden von anderen Projekten realisiert

Firmeninterne Projektziele

- Verbesserung der Kooperation zwischen dem Projektteam und den Entwicklungsabteilungen sowie anderen parallel laufenden Projekten (Framework, Haftpflicht, ...)
- Verifizierung des neuen Software-Entwicklungsprozesses

Abbildung 4.5 Beispiel für die Ableitung von Projektzielen

Folgende Gründe sprechen dafür, Produkt- und Projektziele bewusst auseinander zu halten:

Projektdefinition vs. Produktdefinition

- Projektziele gelten nur für das einzelne Projekt, Produktziele können sich dagegen auf mehrere Projekte auswirken.
- Projektziele sind konkret und sofort umsetzbar, Produktziele dagegen oft visionär.
- Projektziele beziehen sich auf den begrenzten Zeitrahmen des Projekts, Produktziele dagegen sind oft langfristig.

Beide Zielbereiche sind miteinander verzahnt. Wir bearbeiten sie daher parallel in der Vorbereitungsphase, dokumentieren sie aber getrennt. Die Ziele des

IT-Produktes halten Sie in der Produktdefinition fest, Inhalt und Ziele des Projekts kommen in die Projektdefinition. Geschäftliche Ziele des IT-Managements gehören in entsprechende Strategiedokumente des Unternehmens.

- Produktziele sind langfristiger als Projektziele!
- Projektziele sind stabiler als Produktanforderungen!

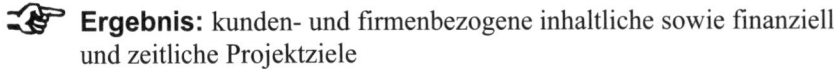 **Ergebnis:** kunden- und firmenbezogene inhaltliche sowie finanzielle und zeitliche Projektziele

Der Inhalt des Projekts

Das Projekt-
produkt definiert
den Projektinhalt

Das *Projektprodukt* beschreibt den Inhalt des Projekts als Ganzes. Obwohl für den einen oder anderen dieser Begriff vielleicht etwas ungewohnt ist, bringt er die Sache gut auf den Punkt. Es handelt sich um das, was Sie zusammen mit Ihrem Team im Rahmen des Projekts als geschlossene Einheit für Ihren Auftraggeber realisieren sollen.

> **Definition:** Das *Projektprodukt* beschreibt, ausgehend von der Produktdefinition, den Ausschnitt des Kundenproduktes, das durch das Projekt konkret realisiert werden soll.

Unterscheide
Produkt und
Projekt!

Nicht in jedem Fall sind Produkt- und Projektinhalt identisch[5]. Setzen Sie diese beide Dinge daher nicht automatisch gleich. Bei größeren Systemen erfolgt die Realisierung oft über mehrere Entwicklungsprojekte.

Gibt es mehrere
Projektprodukte?

Ob Ihr Projekt ein oder mehrere Projektprodukte umfasst, hängt von der inhaltlichen Zielsetzung Ihres Projekts ab. Nicht jedes inhaltliche Projektziel führt zwingend zu einem eigenständigen Projektprodukt. Nebenziele können über Liefergegenstände vollständig abgedeckt werden. Ein zweites Projektprodukt sollten Sie nur dann definieren, wenn zwischen beiden Projektprodukten kein direkter inhaltlicher Zusammenhang besteht, also zwei inhaltlich voneinander unabhängige Projektergebnisse zu erstellen sind. Schauen wir uns dies, bezogen auf unser Beispiel, an:

- *Die Entwicklung der neuen Software für die Fallbearbeitung im Rentenbereich liegt als Projektprodukt auf der Hand.*
- *Die Kooperation der Entwicklungsteams leben Sie täglich. Dazu werden Sie Workshops durchführen, Standardisierungen vornehmen, viele kleine Absprachen treffen usw. Natürlich werden Sie diese dokumentieren. Dies aber als Projektprodukt zu definieren, wäre über das Ziel hinaus geschossen. Anders sieht es aus, wenn diese Zusammenarbeit Software hervorbringt, die keinen direkten inhaltlichen Zusammenhang mit dem Kundenprodukt aufweist. Das wäre dann ein zweites Projektprodukt.*

---

[5] Mit diesem Zusammenhang haben wir uns schon eingehend in Kapitel 2 beschäftigt.

■ *Ob Sie die Bewertung des eingesetzten Entwicklungsprozesses als eigenständiges Projektprodukt sehen oder eher als ein Nebenziel betrachten, das über einen Liefergegenstand abgedeckt wird, ist Geschmackssache.*

▶ **Definition:** Ein *Liefergegenstand* ist ein Teilprodukt (Ergebnis) des Projekts, das nach außen geliefert wird und das für den Kunden oder Auftraggeber eine sinnvolle, prüfbare Einheit bildet. Gegen die Liefergegenstände wird der Erfolg des Projekts geprüft.[6]

Die Liefergegenstände des Projekts

Sie wissen nun, ob es ein, zwei oder drei Projektprodukte gibt. Dies alleine reicht für die Definition des Projektinhaltes nicht aus. Sie müssen auch wissen, welche Phasen des Produkt-Lebenszyklus das Projekt abdecken soll. Geht es um die Definition eines neuen IT-Systems oder nur um die Konzeption? Oder soll das Projekt von der Konzeption über die Realisierung bis hin zur Einführung alles beinhalten? Im Mittelpunkt der inhaltlichen Projektklärung stehen demzufolge drei Fragen:

■ Welche Produktziele bzw. welche Teilaspekte des Kundenproduktes sind Inhalt des Projekts? – Die Antwort führt Sie zum Projektprodukt.

Den Projektinhalt klären

■ Welche Phasen des Produkt-Lebenszyklus (Definition, Konzeption, Realisierung, Inbetriebnahme) soll das Projekt abdecken? – Die Antwort liefert Ihnen den Scope Ihres Projektproduktes.

■ Gibt es parallele Ziele aus IT-Sicht, die ggf. ein weiteres Projektergebnis erfordern? – Die Antwort sagt Ihnen, ob es weitere Projektprodukte gibt.

Sie sehen jetzt sehr deutlich, warum die Verantwortung für die Vorbereitung beim Auftraggeber und nicht bei Ihnen liegt. Sie können nicht die Entscheidung darüber treffen, ob eine bestimmte Produktfunktionalität bereits in diesem Projekt realisiert werden soll oder erst in einem späteren, und ob der Kunde auch die Einführung des Systems erwartet oder ob dafür eine eigene interne Abteilung zuständig ist.

Die folgende Liste mit den wichtigsten Fragen zur Projektklärung soll Sie dabei unterstützen, mit Ihrem Auftraggeber und Ihrem Management den Projektinhalt und -umfang effizient zu klären. Versuchen Sie im Verlauf der Diskussion gemeinsam Klarheit zu folgenden Punkten zu schaffen:

Die richtigen Fragen stellen

■ Ist nur die Entwicklung der Software Gegenstand des Projekts oder ist das gesamte IT-System inklusive der Hardware zu realisieren?

Checkliste Projektziele

■ Geht es nur um die Entwicklung oder auch um die Einführung des IT-Systems, d.h. um die Beschaffung von Hardware und Standard-Software, die Installation vor Ort, die Inbetriebnahme und die Ausbildung?

■ Wird die gesamte Funktionalität Inhalt des Projekts oder nur ein bestimmter Bereich? Bei letzterem, welche Funktionen sind dies konkret?

---

[6] Es geht an dieser Stelle noch nicht um projektinterne (Zwischen-)Ergebnisse für die interne Steuerung des Projektes.

- Sind Nachbarsysteme tangiert? Müssen Schnittstellen zu diesen Nachbarsystemen vom Projekt erstellt werden?
- Ist eine vollständige Ablösung des vorhandenen Systems vorgesehen?
- Ist eine Integration in die bestehende Systemlandschaft erforderlich oder wird es Adapter geben, die die Kommunikation der Systeme sicherstellen?
- In wie weit ist das Projekt auch für die Migration von Altsystemen verantwortlich?
- Sind Personalentwicklungsmaßnahmen auch Inhalt des Projekts und steht hierfür ein Budget zur Verfügung (Kommunikationstraining für die Entwickler oder Teambildungsmaßnahmen)?
- Soll die Verbesserung des Software-Entwicklungsprozesses auch Ziel des Projekts sein (Anwenden einer neuen Entwicklungsmethode oder Programmiersprache)?
- Gehört die Verbesserung der Entwicklungsumgebung mit zum Projektinhalt oder nicht (neue Infrastruktur)?
- Welche Ziele soll das Projekt zusätzlich aus Sicht des IT-Managements umsetzen (beispielsweise die Entwicklung eines Frameworks)?

Erfahrungen aus der Projektpraxis zeigen, dass die Durchführung eines Definitions-Workshops eine effiziente und rasch zu Ergebnissen führende Vorgehensweise ist, um Projekte inhaltlich zu klären. Achten Sie allerdings darauf, dass Sie allen Teilnehmern genügend Zeit zur Vorbereitung einräumen. In einem kritischen Kontext empfiehlt es sich, für die Moderation eine unabhängige Person auszuwählen.

Ein zweiter Tipp: Binden Sie alle wichtigen Stakeholder in die Projektklärung ein. Sie laufen sonst Gefahr, dass ganz am Ende jemand Ihr Ergebnis nicht akzeptiert und somit der gesamte Projekterfolg in Frage gestellt ist.

Ein falsch oder schlecht abgegrenztes Projektprodukt führt dazu, dass das Projekt sich in eine ungewollte Richtung bewegt. Eindeutige und erreichbare Zielvorgaben hingegen motivieren.

Mit der Definition des Projektproduktes sind Inhalt und Umfang des Projekts aus Managementsicht umrissen. Sollte dies für die Projektentscheidung nicht ausreichen, können Sie den Inhalt des Projekts durch die Definition von Liefergegenständen weiter präzisieren.

☞ **Ergebnisse:** Projektprodukt und erste Liefergegenstände

Die Grenzen des Projekts

Inhaltliche
Grenzen

Parallel zur Formulierung des Projektinhaltes bestimmen Sie seine Grenzen. Inhalt und Grenzen des Projekts sind zwei Seiten einer Medaille. Alles, was nicht direkt als Inhalt definiert wurde, liegt außerhalb des Projekts! In der Praxis hat es sich bestens bewährt, „Nichtziele" explizit aufzuzählen. Oft fällt es leichter, Dinge konkret auszuschließen, als zu einem sehr frühen Zeitpunkt Inhalte positiv zu klären.

Wesentlich schwieriger als die inhaltliche ist oft die organisatorische Abgrenzung des Projekts. Jedes Projekt ist in eine spezifische Umgebung eingebettet und hat eine Vielzahl von Schnittstellen zu anderen Projekten und/oder Organisationseinheiten innerhalb und außerhalb des Unternehmens (z.B. externe Software-Unternehmen als Zulieferer, ein Projekt *Hardware-Infrastruktur*, welches die System-Infrastruktur aufbaut, das interne Standardisierungs-Board, der Produktmanager, der Datenschutzbeauftragte usw.).

Organisatorische Grenzen

Versuchen Sie anhand der Stakeholder-Liste Ihre wichtigsten Partner zu identifizieren. Ziel ist es, den Informations- sowie Materialaustausch zwischen dem Projekt und seiner Umwelt von einem übergeordneten Standpunkt heraus zu klären. Besonders wichtig sind die Schnittstellen zu parallel laufenden Aufgaben. Auf eine detaillierte inhaltliche Beschreibung der Schnittstellen können Sie zu diesem frühen Zeitpunkt jedoch verzichten.

Ergebnis: Liste der Projektpartner

4.3 Projekt erstmalig planen

Um eine fundierte Entscheidung für oder gegen das Projekt treffen zu können, gehören zur Vorbereitung auch erste Überlegungen zur Umsetzung der gestellten Aufgabe, zum prinzipiellen Ablauf der Projektaktivitäten sowie eine erste Abschätzung von Aufwand, Kosten und Dauer. Die im Definitionsschritt erarbeiteten Produkt- und Projektinhalte werden weiter präzisiert und münden in einen schlüssigen Lösungsansatz (Produktsicht) sowie einen ersten Plan für das Projekt (Managementsicht)[7]. Managementaktivitäten und Produktentwicklung gehen wiederum Hand in Hand (Abbildung 4.6).

Bevor Sie als Projektmanager mit der inhaltlichen, finanziellen und zeitlichen Planung des Projekts beginnen, sollte eine erste technische Vision des zukünftigen Systems auf dem Tisch liegen. Sie benötigten diese erste Lösungsskizze,

Die erste Lösungsskizze

- um die Aufgaben und das Vorgehen daraus ableiten zu können,
- um die Ressourcen und den Aufwand abschätzen zu können und
- um damit die Kosten kalkulieren zu können,

kurz, um die Erstplanung des Projekts durchführen und auf dieser Basis die Eckpfeiler der Projektdurchführung mit Ihrem Auftraggeber abstimmen zu können.

---

[7] Ein Rücksprung zur Projektdefinition ist bei Bedarf jederzeit möglich.

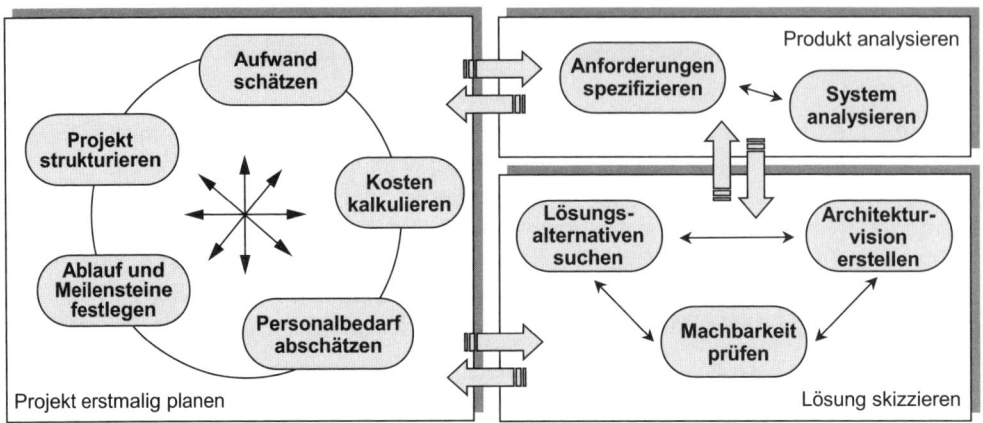

Abbildung 4.6: Inhalt und Aktivitäten der ersten Projektplanung

Kennen Sie den technischen Lösungsweg, können Sie zum Beispiel auch die Qualifikationsanforderungen für Ihr Team festlegen. Eine objektorientierte Systementwicklung verlangt Wissen in objektorientierten Programmiersprachen wie C++ oder Java, die Weiterentwicklung eines bestehenden hostbasierten COBOL-Systems hingegen Kenntnisse in der COBOL- und mitunter Assembler-Programmierung. Die Qualifikationsprofile sind eine Voraussetzung für den Teamaufbau in der Initialisierungsphase.

4.3.1 Lösung skizzieren

Breite vor Tiefe

Ist das Problem verstanden und sind die Ziele des Produktes bekannt[8], beginnen die Überlegungen zur Realisierung des gewünschten IT-Systems. In diesem frühen Stadium geht es noch nicht um die Lösung der Aufgabe, sondern um ein erstes „Gefühl" für die Richtung der Realisierung. Deshalb skizzieren Sie mögliche Lösungsalternativen zwar vollständig, aber insgesamt nur auf einem sehr groben Niveau. Jede Alternative sollte jedoch verständlich und konsistent dargestellt und hinsichtlich ihrer technischen und finanziellen Umsetzbarkeit bewertet werden. Ausgangspunkt für Ihre Überlegungen sind die in der Situationsanalyse und während der Produktdefinition gesammelten Informationen. Zusammen mit Systemarchitekten, Systemanalytikern, Ihrem Auftraggeber und anderen relevanten Stakeholdern treffen Sie erste technische Entscheidungen. Gemeinsam

■ beleuchten Sie Technologien,

■ bewerten Sie Randbedingungen,

---

[8] Ansonsten müssen Sie sich noch einmal intensiver mit den Zielen und Inhalt des Produktes beschäftigen und zur Produktdefinition zurückgehen.

- wägen Sie Realisierungsalternativen gegeneinander ab,
- prüfen Sie die Machbarkeit und
- erstellen Sie eine erste Architekturvision.

Ihr Ziel ist der Weg als Ganzes! Halten Sie sich nicht bei Details auf. Denken Sie daran: In der Projektdurchführung wird sich der konkrete Verlauf dieses nur grob skizzierten Weges noch einige Male verändern.

Bei sehr innovativen Aufgaben können Prototypen bereits zu diesem frühen Zeitpunkt, also noch vor dem eigentlichen Entwicklungsprojekt, zur Evaluierung von Lösungen zweckmäßig sein. Prüfen Sie auch hier, ob es sinnvoll ist, diese Voruntersuchungen in ein eigenständiges Vorprojekt auszulagern.

Das Projekt vor dem Projekt

Bewegen Sie sich in einem Ihnen bekannten Umfeld (Technologien, Sprache, Architektur, fachlicher Inhalt sind Ihnen bestens vertraut), können Sie sich den Umweg über Alternativen natürlich sparen.

Mit der ersten Architekturvision steht das Vorgehen in seinen Grundzügen fest. Das neue IT-System ist technisch skizziert. Grundsatzentscheidungen sind getroffen, das Vorgehen ausgewählt und der Lösungsweg als Ganzes skizziert.

 Ergebnisse: Lösungsweg und Architekturvision (verschiedene Notationen und Tiefe möglich)

4.3.2 Projekt erstmalig strukturieren

Kennen Sie Ihren Lösungsweg, kann die erste Aufgaben-, Ressourcen- und Zeitplanung starten. Je nach Ausgangssituation gestaltet sich diese Aktivität sehr unterschiedlich. Bei kleinen überschaubaren Projekten (5 bis 8 Personen, 3 bis 6 Monate) mit erprobtem Vorgehen können Sie von Anfang an sehr genau planen, bei größeren Projekten hingegen ist nur ein erster Einstieg in einen mehrstufigen Planungsprozess möglich und sinnvoll.

Bedenken Sie:
- 3 Monate lassen sich exakt planen.
- 6 Monate lassen sich gut planen.
- Mehr als 6 Monate kann man nur noch grob abschätzen.

Iterative Projektplanung

In Kapitel 5 lernen Sie die Planung in ihrer gesamten Breite kennen. Nachfolgend konzentrieren wir uns auf die Dinge, die für die Vorbereitung eines Projekts relevant sind.

Immer dann, wenn eine Aufgabe ein bestimmtes Maß an Komplexität und Größe überschreitet, ist es sinnvoll, sie zu unterteilen. Dies ist der Schlüssel zum Bewältigen der Komplexität. Die Aufteilung der Gesamtaufgabe in überschaubare Ergebnis- bzw. Aufgabeneinheiten hilft uns, die Ressourcen- und

Keine Planung auf Halde!

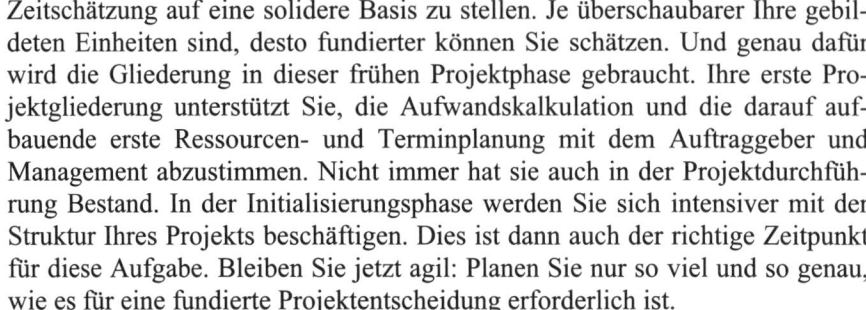

Zeitschätzung auf eine solide Basis zu stellen. Je überschaubarer Ihre gebildeten Einheiten sind, desto fundierter können Sie schätzen. Und genau dafür wird die Gliederung in dieser frühen Projektphase gebraucht. Ihre erste Projektgliederung unterstützt Sie, die Aufwandskalkulation und die darauf aufbauende erste Ressourcen- und Terminplanung mit dem Auftraggeber und Management abzustimmen. Nicht immer hat sie auch in der Projektdurchführung Bestand. In der Initialisierungsphase werden Sie sich intensiver mit der Struktur Ihres Projekts beschäftigen. Dies ist dann auch der richtige Zeitpunkt für diese Aufgabe. Bleiben Sie jetzt agil: Planen Sie nur so viel und so genau, wie es für eine fundierte Projektentscheidung erforderlich ist.

Gliedern Sie Ihr Projekt auf Top-Ebene in ca. 7 bis 10, jedoch maximal 15 größere Arbeitseinheiten (oft auch als Aufgabenbereiche oder Aufgabenblöcke bezeichnet).

Verschiedene Sichten – verschiedene Gliederungen

Haben Sie parallel zur Definition des Projektproduktes schon einzelne Liefergegenstände abgegrenzt, liegt damit bereits eine erste Gliederung des Projektinhaltes vor. Diese Gliederung ist ergebnisgetrieben und durch den Auftraggeber geprägt. Strukturieren Sie hingegen Ihr Projekt mit den Augen des Entwicklers entlang des Vorgehensmodells, führt Sie das eher zu einer funktionalen Struktur Ihrer Projektaufgaben. Als Projektmanager achten Sie auf plan- und steuerbare Einheiten. Sie wünschen sich eine Projektstruktur, die vor allem diesem Aspekt gerecht wird. Oft einigt man sich in dieser frühen Phase auf eine Gliederung, die zunächst den Managementansprüchen gerecht wird. Für Sie hat es den Vorteil, dass Sie in Ihrer Ressourcen- und Zeitschätzung optimal unterstützt werden. Ihr Auftraggeber sieht wiederum sofort jene Dinge, die ihm wichtig sind. Ein Beispiel zeigt Abbildung 4.7.

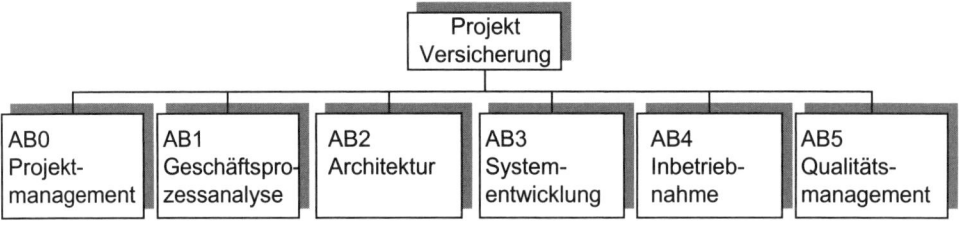

Abbildung 4.7: Beispiel für eine Projektgliederung

→ Kapitel 5

In IT-Entwicklungsprojekten bilden die fachliche und technische Struktur des IT-Systems (Anforderungsmodell, Architekturvision) und das ausgewählte Vorgehensmodell die wichtigsten Ausgangspunkte für die Strukturierung des Projekts. Bei größeren Projekten ist eine Aufteilung in Teilprojekte üblich.

Ergebnis: Erste Projektstruktur

4.3.3 Aufwand und Ressourcen abschätzen

Sie haben inzwischen viele Informationen über Ihr Projekt gesammelt. Dieses Wissen fließt nun in die Aufwands- und Kostenkalkulation ein. Gemeinsam mit Ihrem Auftraggeber und anderen relevanten Stakeholdern (zum Beispiel Fach- oder IT-Experten[9]) stellen Sie einen ersten Ressourcenplan für das Projekt auf. Für jeden gebildeten Aufgabenbereich oder jedes Teilprojekt

- schätzen Sie den Aufwand ab[10],
- kalkulieren Sie den Personal- und Budgetbedarf (Kostenkalkulation),
- klären Sie, welche Rollen gebraucht werden (Qualifikationsprofil der Teammitglieder),
- überlegen Sie sich logische Abhängigkeiten (Vorgänger, Nachfolger, Parallelität von Aufgaben) und
- bestimmen die ungefähre Dauer der Aufgaben.

Haben Sie keine Aufgabenbereiche oder Teilprojekte gebildet, orientieren Sie sich an den Liefergegenständen und den Komponenten der Architekturvision. Sie bewerten den skizzierten Lösungsweg aus finanzieller, personeller und zeitlicher Sicht.

Für eine fundierte Schätzung benötigen Sie u.a. Aussagen zur Größe des Systems, zur Anzahl der zukünftigen Anwender (Wie viele PC sind in Betrieb zu nehmen?), zur vorhandenen Infrastruktur und zu den Personalkostensätzen im Unternehmen sowie diverse Marktinformationen. In Ihre Kostenkalkulation sollten alle bereits bekannten Kostenfaktoren einfließen, wie z.B.:

- Hardware-Kosten (Aufbau der Zielumgebung),
- Software-Kosten (Lizenzen für Entwicklung und Zielumgebung),
- Personal-Kosten (intern, extern),
- Entwicklungs-Infrastrukturkosten,
- Ausbildungskosten für das Projektteam,
- Trainingskosten für Anwender (Personal, Infrastruktur, Organisation),
- Einführungskosten.

Diese grobe Projektkalkulation ist für jedes Projekt erforderlich, völlig unabhängig davon, ob Sie ein iterativ-inkrementelles, ein XP- oder ein konventionelles Vorgehen anstreben. Jeder Manager erwartet vor Projektbeginn eine Aussage zum ungefähren Zeit- und Personalbedarf, sonst wird er keine Entscheidung treffen. (Auch Sie wollen von der Werkstatt den ungefähren Preis wissen, bevor Sie die Reparatur Ihres Autos beauftragen.) Mit diesen Informa-

Überlegungen zur Wirtschaftlichkeit

---

[9] Hier könnten schon künftige Projektmitarbeiter mit am Tisch sitzen.
[10] Das Thema Aufwandskalkulation inkl. Schätzmethoden in der Software-Entwicklung wird in Kapitel 5 ausführlich behandelt.

tionen können Ihr Auftraggeber und das Management die Wirtschaftlichkeit des Projekts bewerten und über die Projektumsetzung entscheiden.

Und wieder gilt: Liegen Aussagen zur Größe des Software-Systems bereits vor – es handelt sich z.B. um die Weiterentwicklung eines bestehenden Systems in einem bekannten Umfeld –, kann bereits zu diesem Zeitpunkt eine genaue Aufwandskalkulation und Kostenplanung durchgeführt werden.

 Ergebnisse: Aufwandskalkulation und Ressourcenbedarf

Meilenstein

Stichtag
für ein wichtiges
Projektergebnis

Welche Rolle spielen Meilensteine?

Meilensteine sind ein wichtiges Hilfsmittel zur Planung, Überwachung und Steuerung von Projekten. Sie kennzeichnen wichtige Ereignisse im Projektverlauf, wie z.B.:

- den Abschluss einer Phase, einer Iteration, eines Teilprojekts, oder eines Aufgabenbereiches,
- den Zeitpunkt für eine Entscheidung oder
- das Erreichen eines wichtigen Ergebnisses

und ermöglichen damit ein regelmäßiges Verfolgen des Projektfortschrittes. In Software-Projekten sind Meilensteine oft durch das ausgewählte Vorgehensmodell vorgegeben. Jedes Phasen- oder Iterationsende entspricht einem Meilenstein.

▸ **Definition:** Ein *Meilenstein* ist ein definierter Zeitpunkt, zu dem ein vereinbartes Ergebnis in der geforderten Qualität, Detaillierung und Vollständigkeit erreicht werden soll.

Projektexterne Meilensteine

Für den Auftraggeber markieren Meilensteine verbindliche Zeitpunkte, an denen er Entscheidungen treffen muss (Abnahme eines Ergebnisses, Entscheidung zum vorgelegten Konzept). Außerdem möchte der Auftraggeber regelmäßig eine Auskunft über den Fortschritt des Projekts erhalten und legt dafür seinerseits Zwischenstops fest. Es handelt sich in beiden Fällen um von außen bestimmte Meilensteine.

Projektinterne Meilensteine

Als Projektmanager erhalten Sie mit diesen Meilensteinen eine Vorgabe, wann welches Ergebnis von Ihnen erwartet wird bzw. wann Sie welche Sache zur Entscheidung bringen können. Darüber hinaus benötigten Sie auch Meilensteine zur internen Projektsteuerung, d.h. Sie geben wiederum Ihren Teamleitern Termine vor, an denen diese Ihnen ihre Ergebnisse abliefern müssen. Erfahrungen zeigen, dass für eine kontinuierliche Ergebnisverfolgung mindestens alle 4 bis 6 Wochen projektinterne Meilensteine erforderlich sind. In iterativ arbeitenden Projekten entsprechen diese regelmäßigen Meilensteine den Iterationen.

Unabhängig davon, wer einen Meilenstein setzt, wird er immer durch folgende Eigenschaften charakterisiert:

- Termin,
- zu liefernde Ergebnisse (Umfang und Qualität),
- Abnahmekriterien für jedes geforderte Ergebnis,
- Festlegung, wer die Ergebnisse abnimmt und in welcher Art sie abgenommen werden.

Der Meilensteinplan fasst alle intern und extern definierten Meilensteine des Projekts zusammen.

4.3.4 Der erste Terminplan des Projekts

Der grobe Ablauf eines Projekts wird anhand charakteristischer Meilensteine geplant. Bei größeren Projekten kommen zusätzlich auf Top-Ebene Phasen ins Spiel. Bei kleineren Projekten reichen Meilensteine aus (vgl. Abbildung 4.8).

Je nach dem, wie Sie sich für Ihr Vorgehen im Großen entschieden haben, können Sie auf ein vordefiniertes Phasenmodell zurückgreifen oder müssen Sie sich Ihr projektspezifisches Vorgehen selbst entwickeln. Folgen Sie dem in diesem Buch vorgeschlagenem Weg, hat Ihr Projekt mindestens drei Phasen:

- die Initialisierung,
- die Durchführung und
- den Abschluss.

Bei kleinen und überschaubaren Projekten reicht diese einfache Gliederung aus. Bei größeren und komplexen Projekten ist es üblich, die Projektdurchführung nochmals in einzelne Teilphasen aufzuteilen, um so eine deutlichere Struktur in den Gesamtablauf zu bringen und damit mehr Übersichtlichkeit zu erreichen.

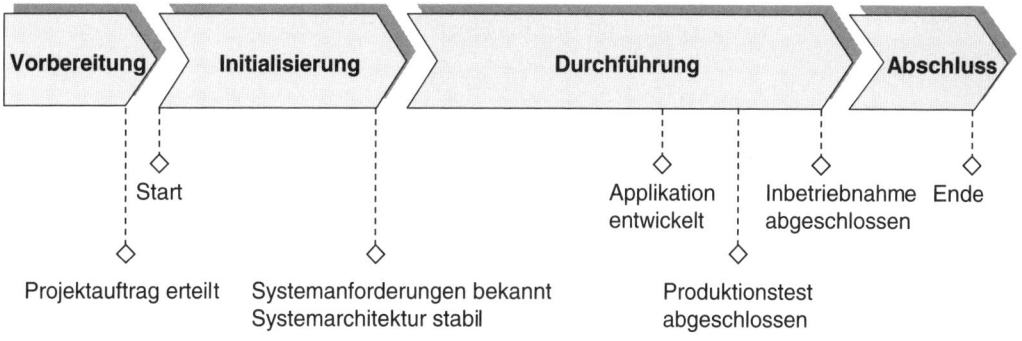

Abbildung 4.8: Beispiel für einen Meilensteinplan

Oft ist in dieser frühen Projektphase die Sicht des Auftraggebers und Kunden ausschlaggebend. Sie geben eine ihnen verständliche und auf ihre Welt zugeschnittene Einteilung des Projektablaufes anhand einiger markanter Meilensteine vor. Die Kundensicht dominiert. Für Sie als Projektmanager steht die Organisation und die Abwicklung der Entwicklungsaktivitäten im Vordergrund. Ihr Ablauf orientiert sich am Vorgehensmodell. Versuchen Sie durch die Kombination beider Sichten einen Ablauf zu finden, der beiden Ansprüchen gerecht wird.

Die gesamte Planung in der Vorbereitungshase sollten Sie nur so weit voran treiben, bis das Projekt sicher und zielorientiert starten kann. Die Zuordnung von Personen zu konkreten Aufgaben oder eine detaillierte Planung, wann welche Aufgabe erledigt wird, ist noch nicht notwendig. In der Regel ist das gemeinsame Festlegen einiger weniger, signifikanter Meilensteine zwischen Ihnen, Ihrem Auftraggeber und dem Kunden völlig ausreichend.

Planen Sie so lange und so genau, bis Sie der Überzeugung sind, dass Ihr Management die Entscheidung zur Projektdurchführung auf der Grundlage Ihrer Aussagen treffen kann und wird. Dies ist Ihr Abbruchs- und Qualitätskriterium! Alle detaillierteren Planungen können und sollten (!) später erfolgen.

 Ergebnis: erster Terminplan des Projekts

4.4 Organisation vorschlagen

→ Kapitel 5

Die Projektorganisation muss vor Projektbeginn nur so weit geregelt sein, dass das Projekt problemlos eingerichtet werden kann. Schon alleine aus Motivationsgründen sollte die interne Organisation erst aufgesetzt und geregelt werden, wenn das Team mit an Bord ist, also frühestens in der Initialisierungsphase. Besonders wichtig im Vorfeld des Projekts sind:

- die verbindliche Benennung von Projektmanager und Auftraggeber,
- die Regelung der Entscheidungskompetenzen zwischen Projektmanager, IT-Management und Auftraggeber
  - Wer entscheidet was?
  - Welche Gremien sind erforderlich (Steering Board usw.)?
- die Festlegung der Organisationsform
  - Matrix- oder autonome Organisation,
- die Festlegung des Berichtswesens nach außen
  - Wann erwartet wer welche Informationen in welcher Form?

Jedes Projekt braucht einen Sponsor!

Ihr Projekt sollte in jeden Fall einen eindeutig definierten Auftraggeber haben, also eine Person, der das Projekt so wichtig ist, dass sie sich dafür auch wirklich einsetzt und zum Beispiel für die erforderlichen Ressourcen kämpft, anstehende Entscheidungen voran treibt, das Projekt sponsort usw.

Genauso wichtig ist Ihr Kunde. Sie möchten ein System schaffen, das akzeptiert und eingesetzt wird. Deshalb sollten Sie den zukünftiger Anwender von Anfang an in das Projektgeschehen und in die Systementwicklung einbinden. Die Art und Weise und der Umfang dieser Einbindung kann von Projekt zu Projekt sehr unterschiedlich ausfallen.

☞ **Ergebnis:** Vorschlag für die Projektorganisation

4.5 Qualität festlegen

Vor Projektbeginn sollte eine klare Vereinbarung zwischen Auftraggeber, Anwender, Qualitätsmanager und Projektmanager zum Inhalt und Umfang des Qualitätsmanagements für das Projekt getroffen werden. Prüfen Sie:

- ▪ Existieren verbindliche Qualitätsvorgaben?
- ▪ Wer ist der Qualitätsbeauftragte für das Projekt?
- ▪ Gelten die unternehmensweiten Qualitätsmetriken oder müssen/sollen für das Projekt eigene aufgestellt werden?
- ▪ Wird das Projekt vom zentralen Qualitätsmanagement unterstützt?
- ▪ Erhält es von dort erforderliche Testumgebungen?

Ein Projekt sollte auf ein funktionierendes Qualitätsmanagementsystem im Unternehmen zurückgreifen können. Es ist nicht effizient, wenn jedes Projekt versucht (drastischer ausgedrückt: damit belastet wird), sein eigenes Vorgehen zu definieren.

In diesem frühen Projektstadium klären Sie zunächst nur die Grundsätze des Qualitätsmanagements. Die feinere Qualitätsplanung erfolgt mit der Projektinitialisierung.

→ Kapitel 5

Für das oder die Projektprodukt(e) und bereits definierte Liefergegenstände vereinbaren Sie allerdings schon jetzt, welche Qualitätsmaßnahmen durchzuführen sind. Im Akzeptanzplan halten Sie fest, wann welcher Liefergegenstand wem zur Prüfung vorzulegen ist und in welcher Art und Weise die Abnahme sowie Freigabe erfolgt. So stellen Sie von Anfang an sicher, dass Ihr Projekterfolg auch messbar ist.

Binden Sie auch die Prozesse und Dokumente der Projektvorbereitung bereits in das Qualitätsmanagement ein!

☞ **Ergebnisse:** erster Akzeptanzplan, Qualitätsgrundsätze für das Projekt

4.6 Risiken einschätzen

Wie Sie aus Kapitel 1 wissen, gehört das Risikomanagement zu Ihren zentralen Aufgaben und bedeutet vor allem, „vorbereitet sein". Bereits vor Beginn des Projekts beginnen Sie daher seine Risiken und Erfolgschancen zu beurteilen. Das ist eine wichtige Voraussetzung, um

- die Durchführung des Projekts entscheiden und
- das weitere Vorgehen richtig auswählen zu können.

Gibt es
k.o.-Risiken?

Die erste Risikoanalyse soll herausfinden, ob das Projekt unter den bestehenden Randbedingungen überhaupt sinnvoll durchführbar ist. Liefert sie als Ergebnis, dass das Projekt auf unüberwindbare Schwierigkeiten stoßen wird, sollten konsequenter Weise sämtliche Arbeiten der Projektvorbereitung abgebrochen und das Projekt bereits vor seinem Start zu den Akten gelegt werden.

Die Risiken
bestimmen
das Vorgehen

Der zweite wichtige Aspekt dieser ersten Risikoanalyse ist die Auswahl des richtigen Vorgehens. Wie in Kapitel 1 erläutert, sollte der Aufwand für das Projektmanagement auf die Risikoträchtigkeit des Projekts abgestimmt sein. Dies gilt in noch stärkerem Maße für die Aktivitäten der Software-Entwicklung. Technologiekritische Projekte sollten beispielsweise einem iterativ-inkrementellen Vorgehen folgen. Bedenken Sie: Ein gut gewählter Ansatz trägt wesentlich zur Reduzierung oder sogar zur Vermeidung eines Risikos bei.

> Nur wenn Sie die Risiken Ihres Projekts kennen, ist es Ihnen möglich, ein adäquates Vorgehen auszuwählen.

Die erste Risiko-
analyse

Eine detaillierte Analyse der Risiken erfolgt erst in der Initialisierungsphase. Ihre Risikosuche in der Projektvorbereitung konzentriert sich auf das Projekt als Ganzes. Im Mittelpunkt Ihrer Betrachtungen stehen die Ziele, das Projektprodukt, die Stakeholder, die Liefergegenstände, das anvisierte Vorgehen, die Randbedingungen, die bereitgestellten Ressourcen und das Projektumfeld. Klären Sie folgende Fragen:

- Was könnte die Projektziele gefährden?
- Passt das ausgewählte Vorgehen zur Zielsetzung?
- Wie risikoreich ist das Projekt aus Sicht des Lösungsansatzes?
- Passen die Ressourcen zum angestrebten Lösungsansatz?
- Wie hoch ist die Wahrscheinlichkeit, das Projekt erfolgreich abzuschließen?
- Welche Faktoren sprechen gegen ein erfolgreiches Projekt?

> Technologien, Architektur und Vorgehen bestimmen die Projektrisiken!

Wie in Kapitel 1 beschrieben, stehen Ihnen drei Möglichkeiten offen, auf die Risiken zu reagieren. Sie können Risiken

- *umgehen*, indem Sie zum Beispiel einen anderen Lösungsweg einschlagen und damit das Risiko für Ihr Projekt irrelevant wird.

- *reduzieren*, indem Sie Maßnahmen ergreifen, die die Eintrittswahrscheinlichkeit oder den Schaden senken, oder einfach

- *akzeptieren* und sich Maßnahmen überlegen, die Sie ergreifen, wenn das Risiko wirklich eintreten sollte.

In der Vorbereitungsphase stellen Sie die Weichen: Sie klären zusammen mit Ihrem Management und den maßgeblichen Stakeholdern, in welche dieser drei Kategorien Sie die identifizierten Risiken einordnen und welcher prinzipiellen Risikostrategie das Projekt folgen soll. Für alle Risiken der ersten Kategorie (Umgehen) müssen Sie gemeinsam alternative Lösungen entwickeln und diese wiederum aus Sicht ihrer Risikoträchtigkeit neu bewerten.

Konzentrieren Sie sich auf die wichtigsten Risiken. Fordern Sie von Ihrem Management bzw. Auftraggeber eine klare Position zu allen Risiken, für die Sie alleine keine Strategie festlegen können. Beschäftigen Sie sich jetzt aber noch nicht detailliert mit Risiken, für die das Projektteam selbst Lösungen finden kann. In der Vorbereitungsphase reicht es aus, sich auf jene Risiken zu fokussieren, für die bereits vor Projektbeginn etwas getan werden muss.

Wenn es am Ende der Vorbereitungsphase immer noch nicht möglich ist, die Risiken realistisch zu bewerten, müssen Sie wohl oder übel einzelne Schritte der Projektvorbereitung nochmals durchlaufen. Ohne eine von allen wichtigen Stakeholdern akzeptierte und befürwortete Risikoanalyse sollte Ihr Projekt nicht starten.

 Ergebnis: Liste der wichtigsten Risiken und kritischen Erfolgsfaktoren (max. 15)

4.7 Projekt beauftragen

Sind alle, die das Projekt verantworten, mit den bisherigen Ergebnissen der Projektvorbereitung zufrieden, kann das Projekt formell beauftragt werden. Grundlage dafür ist der gemeinsam von Auftraggeber und Projektmanager formulierte Projektauftrag. Nach seiner Genehmigung ist der Inhalt für alle Stakeholder verbindlich.

Was steht im Projektauftrag?

Der Projektauftrag sollte die wichtigsten Aspekte zu den Zielen, Grenzen, Ressourcen, Terminen und Risiken enthalten. Ziel ist ein knappes, aussagekräftiges Dokument, das mit allen Entscheidungsträgern zügig abgestimmt

Klasse vor Masse!

werden kann. Alle essenziellen Informationen zum Projekt sollten in diesem Dokument stehen – nicht mehr, aber auch nicht weniger!

Nicht der Umfang des Projektauftrages ist entscheidend, sondern seine inhaltliche Klarheit, die Qualität der Formulierung und seine Verbindlichkeit.

Bringen Sie die Dinge auf den Punkt! Nehmen Sie in den Projektauftrag nur die Quintessenz des jeweiligen Themas auf. Ergänzende Informationen, wie zum Beispiel die vollständige Stakeholder-Liste, einzelne Pläne oder die gesamten Ergebnisse der Risikoanalyse gehören in separate Ablagen.

Einfache Pflege durch separate Ablage

Mit dieser separaten Dokumentation erreichen Sie auch eine einfache Pflege und ein problemloses Fortschreiben dieser Informationen! Viele der vorgestellten Aktivitäten müssen während des Projektverlaufs immer wieder neu durchgeführt werden. Gerade die Risikoanalyse, Planung, Überwachung und Steuerung sind hochgradig iterativ. Der Umfang und die Tiefe der Informationen verändern sich also mit Projektfortschritt ständig. Dies beginnt bereits in der Initialisierungsphase, wie das nächste Kapitel zeigt. Der Projektauftrag bleibt jedoch immer gleich – es sei denn, es erfolgt eine Projektänderung.

Abbildung 4.9 zeigt exemplarisch eine Gliederung für einen Projektauftrag. Standardisierte Muster helfen Ihnen, das richtige Maß zu finden. Daneben können Sie dieses Muster auch als Checkliste verwenden, mit deren Hilfe Sie schnell und zielgerichtet Ihre Ergebnisse erzeugen. So brauchen Sie nicht bei jedem Projekt wieder neu zu überlegen, was nötig ist und was wohin gehört.

1. Inhalt
   - Ziele und Ergebnisse
   - Begründung
2. Abgrenzung
3. Lösungsansatz
4. Risiken und Erfolgschancen
5. Projektplan
   - Projektstruktur
   - Aufwandskalkulation und Ressourcenbedarf
   - Terminplan (Meilensteine)
6. Vorschlag Projektorganisation
7. Grundsätze Qualitätsmanagement
8. Akzeptanzplan

Abbildung 4.9: Muster für einen Projektauftrag

☞ **Ergebnis:** verbindlicher Projektauftrag

4.8 Die zweistufige Projektklärung

Immer dann, wenn Sie ein Projekt aufsetzen sollen,

- das Ihnen sehr komplex erscheint,
- das unklare Aufgabeninhalte in sich birgt,
- an dem sich viele verschiedene Einheiten beteiligen möchten,
- bei dem Sie eine lange Laufzeit vermuten,
- das sehr umfangreich ist oder
- das für das Unternehmen einen kritischen Erfolgsfaktor darstellt,

sollten Sie die Projektvorbereitung wie in Abbildung 4.10 dargestellt in zwei Schritte unterteilen. Im ersten Schritt geht es vordergründig um die inhaltliche Klärung des Projekts, im zweiten um die erste Planung. Der Vorteil liegt klar auf der Hand: Auftraggeber und Management können durch diese Zweistufigkeit besser steuernd in die Projektvorbereitung eingreifen. Bevor viel Zeit in die Planung gesteckt wird, kann rechtzeitig geprüft werden, ob der eingeschlagene Weg erfolgversprechend ist.

In der ersten Stufe werden Ziele, Inhalt und Grenzen des Projekts fixiert. Erste Überlegungen zu Realisierungsmöglichkeiten erfolgen. Ebenso nehmen Sie eine erste Risikoanalyse und Kostenschätzung vor. Als Ergebnisdokument entsteht die Projektdefinition. Auf dieser Basis wird das Projekt eingehend bewertet und über die Fortführung der Projektvorbereitung entschieden.

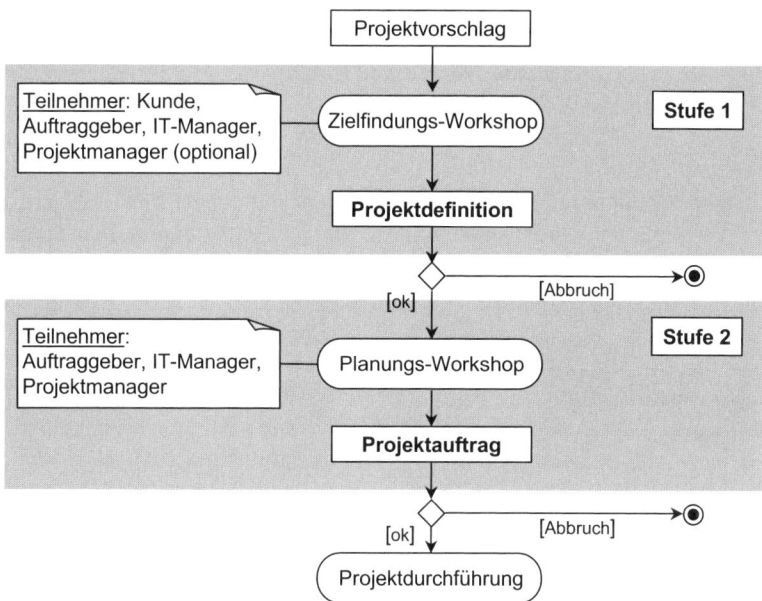

Abbildung 4.10: Das zweistufige Auftragsverfahren für kritische Projekte

Ist die Entscheidung positiv, wird in der zweiten Stufe eine erste Planung für das Projekt entworfen. Aus dem Projektprodukt werden Liefergegenstände abgeleitet, mögliche Lösungsansätze abgewogen und das grundsätzliche Vorgehen für das Projekt fixiert (Entwicklungsparadigma, Vorgehensmodell). Es erfolgt eine erste grobe Aufgaben-, Ressourcen- und Zeitplanung. Risikoanalyse und Kostenschätzung werden präzisiert, das Qualitätsmanagement geregelt sowie ein Organisationsvorschlag erarbeitet. Im Projektauftrag werden alle Ergebnisse systematisch zusammengefasst und wiederum zur Entscheidung vorgelegt.

4.9 Ist Ihr Projekt startklar?

Ohne Ziele
geht es nicht!

Verschwenden Sie bitte keine Zeit, abzuwägen, ob Sie auf den Definitionsschritt als Ganzes verzichten können oder nicht. Die klare Antwort lautet: Nein! Jedes Projekt braucht eindeutige und verbindliche Ziele.

Agile Prozesse achten

- auf *Angemessenheit* – doch woran wollen Sie diese festmachen, wenn Sie kein Ziel definiert haben?
- auf *Ergebnisorientierung* – doch vor den Ergebnissen stehen die Ziele!
- auf den *Menschen* – Verantwortung setzt eindeutige Ziele voraus.

Ihre Entscheidungen im Projekt orientieren sich an seinen Zielen. Ohne eine klare Zielsetzung können Sie weder technische oder fachliche noch personelle oder organisatorische Entscheidungen sachgerecht treffen.

Das Vorgehen zur Zieldefinition und der Umfang der Dokumentation können jedoch von Projekt zu Projekt variieren. Der investierte Aufwand sollte der Aufgabenstellung angemessen sein. Für ein dreimonatiges Projekt ist ein Tag normalerweise völlig ausreichend, bei einem sehr komplexen Projekt darf es auch einige Wochen dauern, bis Inhalt und Umfang abgestimmt auf dem Tisch liegen. Besonderes Augenmerk sollten Sie auf eine angemessene Art und Weise der Dokumentation legen. Qualität geht in jedem Fall vor Quantität!

Die inhaltliche Qualität der Projektvorbereitung bestimmt den Erfolg Ihres Projekts, nicht die Dauer.

Für das Produkt werden im Rahmen der Projektvorbereitung die Produktziele geklärt, erste Anforderungen formuliert und eine erste Architekturvision erstellt. Die wichtigsten Ergebnisse aus Managementsicht sind der Projektauftrag und ein erster Projektplan. Der Projektauftrag enthält eine Zusammenfassung der wichtigsten Projektaspekte. Gegen ihn wird der Erfolg des Projekts geprüft. Er ist gleichzeitig die Richtschnur für die projektinterne Steuerung. Bei offensichtlichen qualitativen Mängeln sollten Sie den Mut haben, die Übernahme des Projekts zurückzuweisen.

Für die Projektentscheidung ist in vielen Fällen ein detaillierter Projektplan noch nicht notwendig. Die ungefähre Projektbesetzung und der Liefertermin reichen dem Management oft aus, um eine Entscheidung zu treffen und gegenüber dem Kunden ein erstes Angebot abzugeben.

Die Verantwortung für die Projektvorbereitung liegt beim Auftraggeber und nicht bei Ihnen als Projektmanager. Allerdings sollten Sie intensiv mitarbeiten. In einigen Unternehmen werden Projekte durch Stabsstellen vorbereitet.

Ihre Agilität beweisen Sie in der Vorbereitung durch ein angemessenes Vorgehen und eine adäquate Dokumentation Ihrer Ergebnisse. In die Projektvorbereitung sollten Sie zwischen 1 bis 10% des Gesamtaufwandes stecken. Workshops stellen einen sehr effizienten Weg dar, die Ziele, Randbedingungen, Grenzen und Risiken eines Projekts zu bestimmen.

Management und Auftraggeber müssen die Projektvorbereitung mit einer klaren Entscheidung abschließen.

Checkliste: Projektvorbereitung

- Kennen Sie die Ziele Ihres Projekts und wissen Sie, wie Sie den Grad ihrer Umsetzung messen können?
- Kennen Sie alle wichtigen Schnittstellen des Projekts?
- Wissen Sie, welche Personen für den Erfolg Ihres Projekts wichtig sind?
- Sind Ihnen die Produktziele bekannt? Liegt Ihnen eine schriftliche Beschreibung der Produktziele vor? Welche Qualität hat diese Beschreibung? Haben Sie sich einen fundierten Überblick über den Produktinhalt erarbeitet?
- Haben Sie sich mit den Chancen und Risiken des Projekts vertraut gemacht?
- Haben Sie sich einen Überblick zum Vorgehen verschafft? Wissen Sie, wie Sie die Aufgaben anpacken werden? Ist der Lösungsweg durchdacht?
- Kennen Sie die Randbedingungen des Projekts?
- Wurde eine erste Aufgabengliederung für das Projekt entworfen?
- Haben Sie sich einen ersten Überblick über den Ressourcen- und Zeitbedarf verschafft?
- Liegt ein erster Organisationsvorschlag für das Projekt vor?
- Ist das Qualitätsmanagement abgestimmt?
- Sind für alle im Projektauftrag festgelegten Liefergegenstände Qualitätsmaßnahmen festgelegt?
- Gibt es einen schriftlich formulierten Projektauftrag?
- Wurden alle Ergebnisse der Vorbereitungsphase angemessen dokumentiert?

INTERMEZZO: Planung

Stellen Sie sich vor: Es ist Montag morgen. Ihr Team steht vor Ihrem Schreibtisch und will wissen, was diese Woche zu tun ist. Was antworten Sie? – Ihr Projektplan sollte die Antwort bereithalten! Jedem rationalen Handeln geht ein gedanklicher Entwurf voraus – die Planung! Sie hilft uns, den richtigen Weg, die erforderlichen Mittel, den notwendigen Zeitrahmen sowie das passende Team zu finden.

> ▶ **Definition:** Planen ist die gedankliche Vorwegnahme von künftigen Handlungen oder Unterlassungen mit dem Zweck einer optimalen Zielerreichung [GA01].

Projekte sollen ein Produkt mit definierten Eigenschaften und vorgegebener Qualität realisieren. Um dieses Produkt zu erzeugen, sind eine Reihe von Tätigkeiten erforderlich. Als Projektleiter stehen Sie vor der Aufgabe, diese Tätigkeiten zu organisieren. Was ist eigentlich alles zu tun? Wer arbeitet wie lange an einer Aufgabe? Wann erwartet der Auftraggeber welche Ergebnisse? Bei Ihnen laufen die Fäden zusammen. Sie müssen gemeinsam mit Ihren Teamleitern das Projekt aufsetzen und am Laufen halten. Dabei hilft Ihnen eine Planung, die Auskunft über die aktuell anstehenden Aktivitäten, verfügbaren Ressourcen, einzuhaltenden Termine usw. gibt.

Der Plan zeigt den Weg

Die Projektplanung verfolgt zwei wichtige Ziele:

- Sie dient erstens der Ermittlung von Einzelschritten der Projektabwicklung, d.h. sie gliedert den Projektablauf in überschaubare Etappen und teilt den Projektinhalt in plan- und steuerbare Aufgabeneinheiten auf.   *Arbeitseinheiten*

- Sie schafft zweitens Sollvorgaben bezogen auf die zu erbringende Arbeitsleistung (Termine, Ressourceneinsatz, zulässige Kosten).   *Sollvorgaben*

In den folgenden Kapiteln werden wir uns eingehend mit der Planung eines Projekts beschäftigen.[1] Sie werden sehen, dass Planung keine einmalige Aktion, sondern ein kontinuierlicher Prozess ist, der parallel zu den inhaltlichen Projektaktivitäten läuft und mit Fortschritt des Projekts an Genauigkeit gewinnt. Doch bevor wir tiefer in die Projektplanung einstiegen, fasst dieses Intermezzo einige grundlegende Dinge zusammen.

---

[1] Im Vordergrund steht das Zusammenspiel der verschiedenen Planungsaspekte. Spezielle Planungstechniken und -methoden, wie z.B. Netzplantechnik oder Gantt-Diagramme, werden nicht im Detail erläutert. Informationen dazu finden Sie z.B. in [PMI00], [Lit95], [Sch01], [Mör98].

Warum planen wir?

Den Weg finden

Dass Entwicklungen vom Plan abweichen, ist die Regel. Auf Planung deshalb zu verzichten, wäre schlichtweg unsinnig. Das Wichtigste an der Planung ist das gemeinsame Wissen über den Lösungsweg, das sich mit der Entwicklung der Pläne aufbaut, nicht die Korrektheit eines einzelnen Planwertes für Kosten oder Termine. Im Laufe des Planungsprozesses werden eine Vielzahl von Informationen gesammelt und aufbereitet, die die Ungewissheit bezüglich künftiger Entwicklungen reduzieren. Die Planung kann Risiken nicht ausschalten, aber wesentlich dazu beitragen, sie durch bewusste Risikosteuerung zu beherrschen. Ohne Planung geraten Sie leicht in die Situation, reagieren zu müssen, statt agieren zu können. Vor allem fehlt jedoch der Projektüberwachung ohne Plan der Bezug. Anhand welcher Kriterien wollen Sie entscheiden, ob das Projekt noch auf Kurs ist oder nicht, wenn Sie vorher den Kurs nicht bestimmt haben? Nur mit einer fundierten und realistischen Planung können Sie die Basis für eine ziel- und ergebnisorientierte Steuerung schaffen.

Planen Sie anspornende, aber realistische Etappenziele, denn nur erreichbare Ziele motivieren. Unrealistische Pläne helfen weder dem Team noch dem Management weiter.

Wie funktioniert Planung?

Auf eine einfache Formel gebracht, gilt für jede Planungsaufgabe:

Die Grundlogik
der Planung

„Kläre erst dein Ziel, frage dich dann, was zu tun ist, prüfe nun deine Möglichkeiten und finde schließlich den besten Kompromiss zwischen erreichbarer Qualität, verfügbaren Ressourcen und sinnvollem Termin."

Dieser simplen Logik folgen alle Planungsprozesse völlig unabhängig davon, was Sie gerade planen wollen – ein Projekt, ein Teilprojekt, eine Iteration oder den heutigen Tag. Jeder Planungsprozess lässt sich daher in die folgenden drei Grundaktivitäten gliedern [GA01]:

- die exakte Klärung von Ausgangs- und Zielposition sowie Randbedingungen (Planungsinhalt analysieren);
- die Auswahl eines Lösungsweges, mit dem die gestellte Aufgabe erledigt werden kann (Lösung definieren);
- die Erarbeitung eines konkreten Ablauf- und Terminplanes, der zu diesem Lösungsweg passt und Aufwand, Ressourcen, Termine und Qualität sinnvoll aufeinander abstimmt (Plan aufstellen).

Alle Planungsprozesse im Projekt folgen dieser Systematik (vgl. Abbildung I.1), auch wenn sie im Detail unterschiedlich ausgeprägt sind, wie Sie in den folgenden Kapiteln sehen werden.

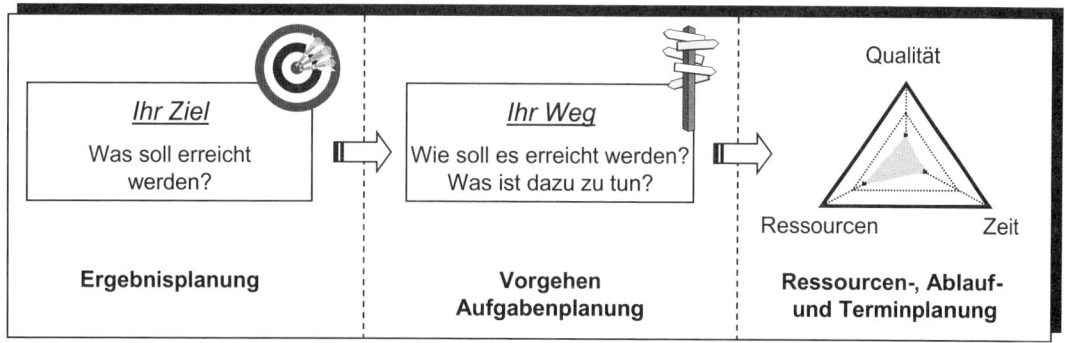

Abbildung I.1: Die Grundlogik der Planung

Ein Plan oder viele Pläne?

Die Planung eines Projekts hat verschiedene Facetten. Selten gelingt es, allen Aspekten der Projekttätigkeit in einem Planungsdokument gerecht zu werden. Sie müssen Ergebnisse definieren, Aufgaben ableiten und strukturieren, Aufwände abschätzen, Ressourcen bestimmen, sich den Ablauf überlegen sowie die erreichbaren Termine und Qualität festlegen. Ihre Planung zerfällt in verschiedene Teilaufgaben (vgl. Abbildung I.1):

Planung hat viele Facetten

■ Ergebnis-, Aufgaben-, Ressourcen-, Ablauf- und Terminplanung.

Jede dieser Aufgaben betrifft einen anderen Planungsinhalt und führt zu eigenen Planungsdokumenten. Sie beschreiben den Projektablauf im Phasenplan, nutzen für die Darstellung der Termine den Arbeitsplan und zur Verdeutlichung der Aufgabengliederung den Projektstrukturplan. Ihr Projektplan besteht deshalb aus verschiedenen Einzelteilen (vgl. Abbildung I.2).

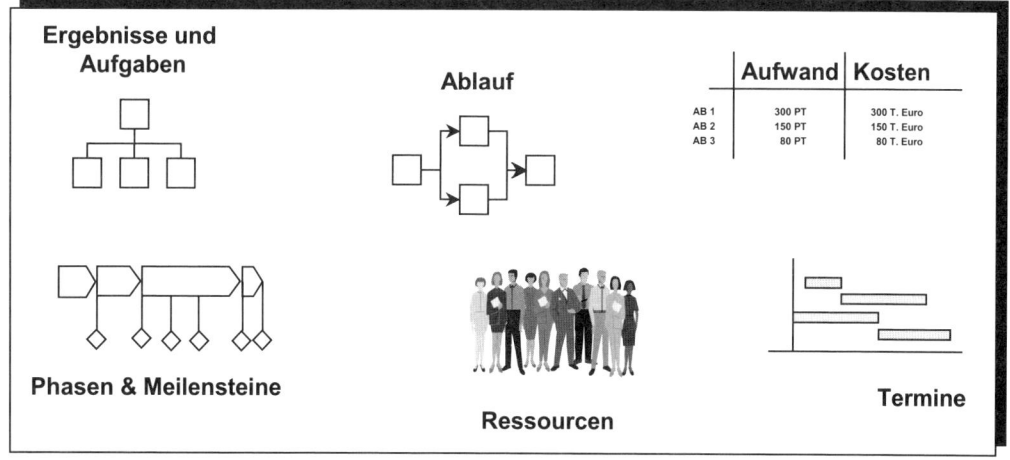

Abbildung I.2: Inhalte des Projektplans

81

Die Tiefe variiert	Planen erfolgt im Projekt auf unterschiedlichen Ebenen, bezogen auf verschiedene Inhalte und zu unterschiedlichen Zeitpunkten. Je nach Managementebene ist ein anderes Abstraktionsniveau sinnvoll. Ihr Management möchte eine andere Informationstiefe, als Sie für die interne Projektsteuerung benötigen. Ihre Teamleiter blicken nochmals genauer hin, um die Projektaktivitäten im Griff zu behalten. Auch dies führt zu unterschiedlichen Planungsdokumenten.
Angemessene Methodik	Ziel und Zweck der Planung bestimmen die Art und Weise der eingesetzten Planungstechnik und Notation. Analog zur Systementwicklung gibt es für die diversen Planungsaufgaben speziell ausgeprägte Techniken und spezifische Notationen zur Dokumentation der Ergebnisse. Diese reichen von einfachen Textdokumenten, Diagrammen oder Tabellen bis hin zu komplexen Netzplänen für die Darstellung komplizierter Abhängigkeiten oder Gantt-Charts für die Termin- und Ablaufplanung.
Die Vernetzung der Pläne	Eine weitere Dimension erhält die Planung im Projekt durch die Verbindung der verschiedenen Managementebenen (hierarchische Vernetzung). Die übergreifende Planung setzt auf den Ergebnissen der tiefer liegenden Ebene auf, und umgekehrt sind die Pläne der Gesamtprojektebene Vorgaben für die Planung der Teilprojekte, Aufgabenbereiche oder Iterationen. Die Projektplanung erfolgt damit im *Gegenstromverfahren*, d.h. es wird sowohl *top down* als auch *bottom up* geplant.

Jeder Plan hebt einen anderen Aspekt hervor und erfüllt somit eine ganz bestimmte Funktion im Gesamtgefüge der Projektplanung.

Planung ist komplex	Alle Pläne zusammen weisen ein komplexes Beziehungsgeflecht auf. Sie sind inhaltlich, zeitlich und hierarchisch miteinander vernetzt. Die Teilprojektpläne leiten sich aus dem übergeordneten Projektplan ab. Der Ressourcenplan des Projekts bezieht sich auf die einzelnen Pläne der Teams. Die Teampläne korrespondieren mit der Iterationsplanung usw. Wird ein Plan verändert, ändern sich alle beteiligten Pläne mit. Die Vielfältigkeit der einzelnen Planungsprozesse auf der einen Seite und ihr untrennbarer innerer Zusammenhang auf der anderen machen die Planung insgesamt zu einer komplexen Aufgabe.

Wie viel Aufwand sollten Sie in Ihre Planung investieren?

Aufwand steigt mit Komplexität	Der Planungsumfang steigt mit Zunahme der Bedeutung des Projekts, seiner Komplexität, seines Umfanges, seiner Dauer und des Ressourceneinsatzes. Die Planung ist ein wichtiges Kommunikationsmittel, welches der Schaffung von Wissen als gemeinsamer Diskussionsbasis innerhalb des Projekts dient, die Ressourcenbeschaffung rechtfertigt und eine Grundlage für Lernen bietet. Sie verliert demzufolge an Bedeutung, wenn alle Projektbeteiligten viel gemeinsame Erfahrung und eine gemeinsame, meist implizite Wissensbasis mitbringen. Pläne unterstützen eine effiziente Kommunikation. Planungstiefe und

Planungsumfang (und damit auch der Einsatz von Planungswerkzeugen) sollten damit nur in dem Maße steigen, wie sie die Effizienz der Kommunikation fördern und Komplexität nicht neu entstehen lassen.

Wann wird geplant?

Die Planung begegnet Ihnen wiederholt im Projektverlauf. Sie planen immer dann, wenn

- eine Aufgabe neu beginnt oder
- eine gravierende Änderung eine Korrektur der bestehenden Planung erforderlich macht.

Die Basisplanung zieht sich durch die ersten drei Phasen des Projekts. Sie beginnt in der Vorbereitung mit dem ersten Projektplan und endet in der Durchführung mit der Planung einer Iteration. Jede Neuplanung schließt auch das Fortschreiben der betroffenen Pläne mit ein.

Planen auf Vorrat ist wenig sinnvoll. Beginnen Sie daher immer erst dann mit der Feinplanung, wenn die jeweilige Aufgabe konkret ansteht!

5

Das Projekt beginnt

Fragen, die dieses Kapitel beantwortet:

- Welche Aufgaben sind in der Initialisierungsphase zu erledigen?

- Wie viel Aufwand müssen Sie in die Initialisierung stecken?

- Welche Rolle spielen Architektur und Anforderungen in dieser Phase?

- Welche Pläne werden in dieser Phase erstellt?

- Welche Besonderheiten der Planung ergeben sich im Kontext der objektorientierten Software-Entwicklung?

- Wie läuft eine Risikoanalyse im Detail ab?

- Wie organisieren Sie Ihr Projekt?

- Was ist aus Sicht des Qualitätsmanagements zu tun?

Ihr Management hat „Ja" gesagt. Der Projektauftrag wurde genehmigt. Für Sie als Projektmanager wird es jetzt ernst. Ihr erstes Team geht an Bord. Gemeinsam mit ihm schaffen Sie die Grundlagen für einen reibungslosen Ablauf der Projektdurchführung. Was dies im Einzelnen bedeutet, zeigt Ihnen dieses Kapitel. Sie werden lernen, wie Liefergegenstände und Entwicklungsgegenstände zusammengehören, was im Projektplan, was im Release-Plan, was im Entwicklungsplan steht, warum eine Projektstruktur wichtig ist, wie man Risiken aufspürt und klassifiziert, um sie dann in eine Rangfolge bringen zu können, was hinter dem Begriff Qualitätsmanagement steckt und wie Sie Ihren Qualitätsplan aufstellen, und auch, was man beim Organisieren eines Projektes berücksichtigen sollte.

Das Fundament haben Sie mit der Projektvorbereitung gelegt, nun geht es darum, einen soliden Rohbau hochzuziehen. Den Innenausbau können Sie dann der Projektdurchführung überlassen.

5.1 Inhalt und Aktivitäten der Projektinitialisierung

Das Projekt ist gestartet. Bei einem größeren Projekt zunächst mit einem Kernteam. Bevor die gesamte Mannschaft an Bord geht und Sie in parallelen Teams die Entwicklung des IT-Systems vorantreiben, sind noch einige Dinge zu erledigen. Aus Sicht des Projektmanagements müssen Sie:

- ein angemessenes Vorgehen auswählen und etablieren,
- die Projektdurchführung planen,
- die interne Organisation für das Projekt festlegen,
- mit dem Aufbau der Projektinfrastruktur und Teams beginnen,
- mit dem Risikomanagement aktiv beginnen sowie
- das Qualitätsmanagement aufsetzen.

Dies klingt nach viel Arbeit, kann aber bei kleinen Projekten sehr schnell über die Runden gehen. Parallel zu diesen Managementaktivitäten ist die Systementwicklung aktiv. Ihre Systemanalytiker und Architekten liefern Ihnen wichtige Voraussetzungen für die Planung und Organisation des Projekts. Aus Sicht der Produktentwicklung werden:

- die wichtigsten Anforderungen an das neue IT-System spezifiziert und
- eine erste stabile Systemarchitektur entworfen und verifiziert.

Wir konzentrieren uns in diesem Buch weiterhin auf Ihre Aufgaben als Projektmanager und streifen die Aktivitäten Ihrer Entwickler nur dann, wenn deren Ergebnisse für die Managementaufgaben bedeutsam sind. Abbildung 5.1 zeigt die Hauptaktivitäten der Initialisierungsphase zusammen mit ihren wichtigsten Ergebnissen.

Wie intensiv sollten Sie sich welcher Aufgabe widmen?

Die in Abbildung 5.1 gezeigten Aktivitäten sind kein Dogma, sondern ein Vorschlag, der auf vielen Jahren Projektpraxis basiert. Natürlich brauchen Sie nicht in jedem Projekt alle Aktivitäten gleich intensiv durchlaufen. Legen Sie am Beginn der Initialisierung den Grad an Formalität fest, den Sie für die einzelnen Managementaufgaben für erforderlich halten, und treffen Sie dann die Entscheidung, welche Reihenfolge und Intensität für Ihr Projekt angemessen sind. Hilfe dazu finden Sie in Kapitel 1.

Die Initialisierung sollte insgesamt ungefähr 20 % des Gesamtaufwandes ausmachen. Auch daran können Sie sich bei Ihrer Entscheidung orientieren. Die Zeitspanne und der Aufwand wachsen bei großen Projekten überproportional zu Lasten der Durchführungsphase.

Die in Abbildung 5.1 eingetragenen Prozentangaben zeigen, wie sich innerhalb der Initialisierung das Gewicht zwischen den einzelnen Managementaufgaben in etwa verteilt.

Auch bei kleinen Projekten sollten Sie sich für die Initialisierung Zeit nehmen.
Nicht immer ist dafür jedoch ein eigenes Team erforderlich. Unabhängig von
der Projektgröße und dem investierten Aufwand erspart Ihnen eine sorgfältige
Initialisierung in der Projektdurchführung viel Ärger, vor allem aber Zeit und
Geld.

Nicht Dauer,
sondern Qualität
ist entscheidend

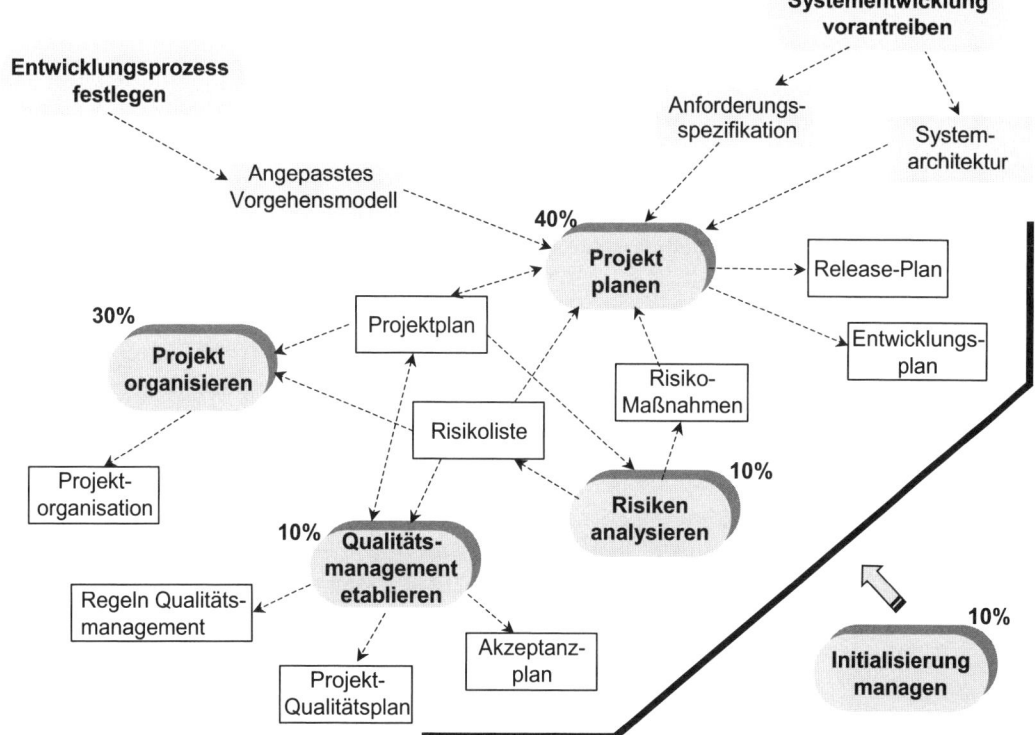

Abbildung 5.1: Die Aktivitäten der Projektinitialisierung (Übersicht)

Wenn Sie es entweder mit einem sehr großen und komplexen System oder mit
sehr unklaren Kundenanforderungen zu tun haben, ist es sinnvoll, die Initialisierungsphase selbst nochmals in zwei Schritte zu unterteilen.

Iterationen in der
Initialisierung

Planung, Planung und nochmals Planung

Wie in Abbildung 5.1 zu sehen ist, beansprucht die Planung unter den Managementaufgaben den Löwenanteil. Das liegt daran, dass Sie während der Projektinitialisierung gleich in dreifacher Hinsicht planen:

Gesamtplanung des Projekts

- *das Projekt als Ganzes* (Abschnitt 5.3)
  Der erste Schritt Ihrer Planung bezieht sich auf das gesamte Projekt. Ziel ist eine grobe Strukturierung des Projektinhaltes als Basis für die Termin- und Ressourcenplanung und als Ausgangspunkt für die Feinplanung der Initialisierung.

Feinplanung der Initialisierung

- *die Initialisierungsphase im Detail*
  Der zweite Schritt Ihrer Planung bezieht sich auf die Initialisierungsphase selbst. Ziel der Planung ist hier eine detaillierte Beschreibung der Ergebnisse der Initialisierung als Basis für die Aufgabenverteilung innerhalb des Teams. Ihre Planung umfasst:
  - das präzise Definieren der erwarteten Ergebnisse,
  - das Ableiten von Arbeitspaketen,
  - das Aufstellen des Arbeitsplans für Ihr Team und
  - das Festlegen der Qualitätsmaßnahmen für die Initialisierungsphase.

Eine Hilfe dazu bietet Ihnen Ihr Vorgehensmodell. Viele Ergebnisse und Aufgaben, die Sie für die Initialisierung eines Software-Projekts durchführen sollten, finden Sie dort bereits beschrieben. Aber verlassen Sie sich nicht nur auf die Vorgaben des Vorgehensmodells, sondern orientieren Sie sich an Ihren spezifischen Projektzielen und handeln Sie entsprechend Ihrer Erfahrung und mit Augenmaß. Nicht alles, was im Vorgehensmodell steht, wird wirklich immer gebraucht.

Grobplanung der Durchführung

- *die Durchführungsphase im Groben* (Abschnitt 5.5)
  Der dritte Schritt Ihrer Planung konzentriert sich auf die Projektdurchführung. Ziel ist nun die inhaltliche und zeitliche Gliederung der Projektdurchführung in überschaubare Einheiten als Basis für den Start der parallelen Software-Entwicklung. Jetzt denken Sie über Iterationen nach.

Die Planung der Iterationen erfolgt also erst, wenn Sie sich einen Gesamtüberblick verschafft haben und es Ihnen auf dieser Grundlage möglich ist, die Projektergebnisse weiter zeitlich zu differenzieren. Sie benötigen diesen Gesamtüberblick, um die einzelnen Iterationsziele richtig setzen zu können.

Eine Planung von Einzelheiten ist erst dann sinnvoll, wenn die Orientierung im Ganzen stimmt!

Der Präzisionsgrad nimmt zu

Die Projektplanung ist ein Prozess, der vom Groben zum Feinen fortschreitet. Sie beginnt in der Projektvorbereitung mit einem ersten Überschlag (Kapitel 4), geht dann über in die Grobplanung der Initialisierungsphase und endet im Detailplan der Projektdurchführung (Kapitel 6). Mit jedem Planungszyklus wird Ihr Wissen konkreter und somit Ihre Pläne präziser (vgl. Abbildung 5.2).

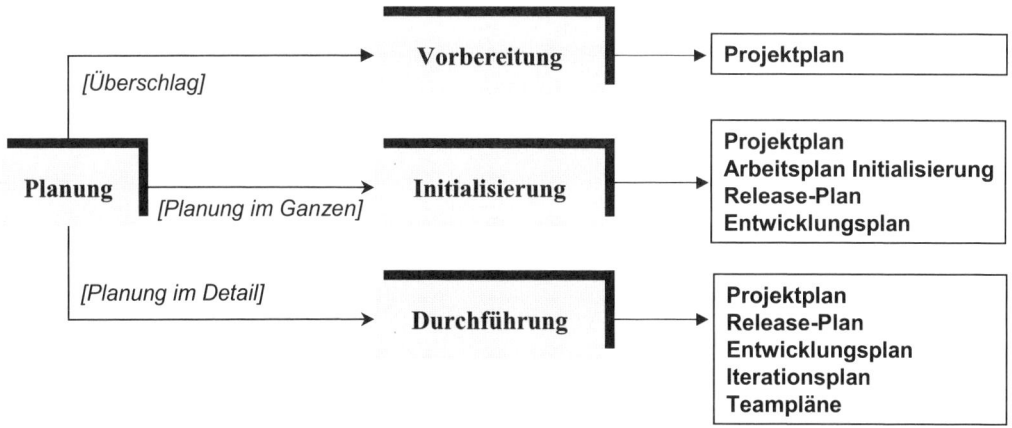

Abbildung 5.2: Planen im Projekt

Nach Genehmigung der Planung beginnt der weitere Aufbau des Projektteams und der Projektinfrastruktur sowie das Etablieren der verschiedenen Management-Verfahren. Die Initialisierung ist abgeschlossen, wenn alle für die Projektdurchführung erforderlichen Vorarbeiten erfolgreich ausgeführt wurden.

Projektinitialisierung managen

Neben den aufgezeigten inhaltlichen Aufgaben der Initialisierungsphase gibt es für Sie eine weitere wichtige Aufgabe: Ab jetzt managen Sie das Projekt. Während die Projektvorbereitung vom Auftraggeber zu verantworten war, stehen Sie als Projektleiter nun das erste Mal selbst davor, alle Managementaufgaben durchzuführen. Sie haben die Verantwortung für ein Team übernommen, müssen es also organisieren, führen und vor allem motivieren.

➜ Intermezzo
Management 1x1

Beginnen Sie ruhig mit Minimallösungen und lassen Sie die Organisation und die Infrastruktur mit den Bedürfnissen des Projekts nach und nach wachsen. Am Anfang muss noch nicht alles perfekt funktionieren. Von Vorteil ist oft die Einrichtung eines kleinen Teams, das die Projektinitialisierung vorbereitet und ggf. auch vollständig durchführt. Allerdings ist dieser Vortrupp nur bei größeren und sehr kritischen Projekten notwendig. Kleine, überschaubare Projekte können sofort mit der gesamten Mannschaft loslegen.

Das Kernteam
➜ Abschnitt 5.6.2

Risikomanagement während der Initialisierung

Risiken kommen nicht erst in der Projektdurchführung auf Sie zu. Sie müssen auch jetzt schon mögliche Risiken identifizieren und kontinuierlich überwachen. Bevor das Projekt startet, sollten Sie auf jeden Fall noch einmal seine Risiken und Erfolgschancen bewerten:

- Gibt es neue Risiken bzw. kritische Erfolgsfaktoren?
- Wie ordnen sich diese in die Bewertungsskala ein?
- Haben sich in der Zwischenzeit Veränderungen ergeben, die zu einer Neubewertung der bereits identifizierten Risiken führen?
- Gibt es unterdessen Anzeichen dafür, dass dieses Projekt nicht durchgeführt werden sollte?
- Wurden aus der Risikoanalyse die richtigen Maßnahmen abgeleitet?

Die Risikoliste der Projektvorbereitung wird damit ergänzt und präzisiert.

Einige typische Risiken der Initialisierungsphase und ihre Konsequenzen:

- Auf die Einrichtung eines Kernteams wurde verzichtet. Deshalb sind zu früh zu viele Leute an Bord. Das führt zu Problemen.
- Das Projekt ist mit einer schlechten Vorbereitung gestartet. Inhalt, Umfang und Grenzen sind unklar, die Projektklärung erfolgt erst jetzt.
- Es sitzen die falschen Leute im Kernteam. Die fehlende fachliche Kompetenz führt zu einer mangelhaften Qualität der Ergebnisse.
- Das Management steht dem Projekt unentschlossen gegenüber. Dringend benötigte Unterstützung, zum Beispiel zugesagte Ressourcen, bleibt aus.
- Der Kunde denkt, er hat seine Aufgabe erledigt, und steht für die fachliche Modellierung nicht mehr zur Verfügung. Die IT-Entwickler suchen sich selbst die Anforderungen.

Sobald ein Risiko zum Problem zu werden droht, sollten Sie steuernd eingreifen, d.h. die vorbereiteten Maßnahmen umsetzen und ihre Wirkung verfolgen. Zeigen sich die beabsichtigten Erfolge nicht, müssen Sie sich weitere risikomindernde Maßnahmen überlegen und einleiten. Bei besonders negativem Verlauf kann die bewusste Entscheidung für den Projektabbruch als einzig sinnvolle Lösung übrig bleiben. Leider scheuen manche Manager davor zurück, eine klare Position zu beziehen. Dabei ist es zu diesem frühen Zeitpunkt noch recht einfach, ein Projekt zu stoppen.

5.2 Software-Entwicklungsprozess festlegen

Was steht im Vorgehens-modell?

Vorgehensmodelle beschreiben in einer generischen Weise, welche Aktivitäten wann im Entwicklungsprozess zu welchem Ergebnis führen. Außerdem zeigen sie Abhängigkeiten zwischen den Ergebnissen und legen das „Wie" der Aufgabenerledigung in Form von Methoden und Notationen fest. Sie liefern damit drei wesentliche Aspekte:

- die inhaltliche Gliederung des Software-Entwicklungsprozesses in Ergebnisse und Aktivitäten – Was ist zu tun?

- die zeitliche Aufteilung des Software-Entwicklungsprozesses in Phasen – Wann sollte was getan werden?
- das methodische Vorgehen (konkrete Ausführungshilfen) für einzelne Aktivitäten – Wie ist es zu tun?

Durch Vorgehensmodelle können Projektleiter und Software-Entwickler auf einen vielfältigen und gut dokumentierten Wissensschatz in komprimierter Form zurückgreifen. Ein effizienter Einsatz setzt allerdings eine gute Kenntnis des Vorgehensmodells, des konkreten Projektinhaltes und des spezifischen Projektkontextes voraus.

- *Ihre Vorteile:* Vorgehensmodelle unterstützen systematisches und zielorientiertes Arbeiten im Projekt. Sie fördern die einheitliche Anwendung von Methoden und gleichen Notationen für Modelle. Ein einheitliches Vorgehen schafft Synergien und verhindert Reibungsverluste. Der Entwicklungsprozess wird systematischer und damit seine Planung, Überwachung und Steuerung wesentlich einfacher.
- *Ihre Grenzen:* Vorgehensmodelle sind mehr oder weniger abstrakt. Sie besitzen wenig Möglichkeiten, die Dynamik in Projekten abzubilden, und verhindern damit oft ein schnelles Reagieren auf Entwicklungen in kritischen Bereichen. Mitunter enthalten sie zu viele Vorgaben und sind damit zu aufwendig im Projektalltag.

Vorgehensmodelle helfen Ihnen bei der Planung Ihres Projekts, doch behalten Sie immer unseren Grundsatz im Auge: Agile Projekte nehmen sich nur so viel aus dem Vorgehensmodell, wie sie benötigen, um einen schlanken und effizienten Software-Entwicklungsprozess auf die Beine zu stellen. Sie betrachten Vorgehensmodelle nicht als starre Regularien, sondern als effiziente Hilfe. Jedes Projekt geht einen anderen Weg. Beim einen passt das Wasserfallmodell bestens (überschaubare Aufgabenstellung mit bekannter Architektur), beim anderen sollte eher ein iteratives Vorgehen angewendet werden (unklare Anforderungen, unbekannte Architektur, komplexe Aufgabe).

Entscheiden Sie sich nach Abwägen aller Vor- und Nachteile für einen Weg. Als agiles Team orientieren Sie sich an dem, was für Ihren Projekterfolg essenziell ist! Vorgehensweise, Technologien und das Wissen der beteiligten Personen müssen eine Einheit bilden. Nur dann entsteht daraus eine positive Kraft. Die eigentliche Herausforderung liegt nicht in der Auswahl *eines* Vorgehensmodells, sondern in der korrekten Anpassung *des* ausgewählten Vorgehensmodells an die spezifischen Bedürfnisse des Projekts.

Nicht jede Aufgabe erfordert ein Vorgehensmodell!

Parallel zur Festlegung des Entwicklungsprozesses, treffen Sie auch erste Entscheidungen zur Toolumgebung und beginnen mit dem Erstellen notwendiger Richtlinien.

 Ergebnis: angepasstes Vorgehensmodell

Wie gehen Sie vor – klassisch oder iterativ?

Gab es im Vorfeld des Projekts noch Diskussionen, welcher Weg der beste ist, so müssen Sie spätestens jetzt eine verbindliche Entscheidung treffen. Es ist nicht sinnvoll (und kostet Sie ganz nebenbei auch viel Geld), wenn Sie Ihr Projekt zwischen verschiedenen Ansätzen hin und her pendeln lassen.

Das klassische Vorgehen

Für überschaubare Projekte

→ Kapitel 2

Das klassische Wasserfallmodell teilt den Entwicklungsprozess in Phasen, die jeweils – mehr oder weniger ausgeprägt – nacheinander durchlaufen werden. Ausgangspunkt für diese Vorgehensweise ist die Annahme, dass alle Anforderungen zu Beginn des Software-Projekts festgelegt werden können und auch während der gesamten Entwicklungszeit stabil bleiben. Kennt man alle Anforderungen, wird darauf basierend das Design erstellt und im Anschluss daran die Implementierung vorgenommen. Für kleinere, überschaubare Projekte mit bekannter Technologie und weitgehend stabilen Anforderungen ist diese Vorgehensweise bestens geeignet. Bei größeren Projekten treten allerdings einige Handicaps zu Tage:

- Die Analysephase versucht alle Anforderungen abschließend zu erheben und dauert daher oft sehr lange.
- Das Design setzt mitunter auf veralteten Technologie-Entscheidungen auf, da sich das Umfeld inzwischen weiterentwickelt hat.
- Das Management wird unruhig, da trotz längerer Projektlaufzeit wenig greifbare Ergebnisse vorliegen.

Die sequentielle Abfolge der Phasen, gepaart mit ihrer relativ langen Dauer, lassen dem Projektleiter wenig Raum, steuernd auf die Produktentwicklung und damit den Projektverlauf Einfluss zu nehmen. Fehler der Analyse zeigen sich oft erst nach Abschluss der Realisierungsphase, wenn die Software im Einsatz ist. Änderungen der Anforderungen, Randbedingungen oder von Entwurfsentscheidungen lassen sich schwer, mitunter überhaupt nicht einbringen. Trotzdem hat das Wasserfallmodell für bestimmte Anwendungsbereiche nach wie vor seine Berechtigung.

Das iterativ-inkrementelle Vorgehen

Für risikoreiche Projekte

Im Gegensatz dazu wird bei der inkrementellen Software-Entwicklung das System schrittweise realisiert. Es wird bewusst als eine Folge von aufeinander abgestimmten Teilprodukten entwickelt.

- Das Produkt wächst *inkrementell*, weil die Funktionalität der Komponenten mit jeder Iteration zunimmt, bis schließlich die Gesamtfunktionalität des IT-Systems vorliegt.
- Das Vorgehen ist *iterativ*, da in jeder Iteration die gleichen Entwicklungsaktivitäten durchgeführt werden. Jede Iteration umfasst einen Analyse-,

Design-, Implementierungs-, Test- und Integrationsanteil sowie verschiedene querschnittliche Aufgaben.

Änderungen können dadurch in jedem Stadium der Systementwicklung kontrolliert einfließen. Das iterativ-inkrementelle Vorgehen entspricht daher eher der Realität in den meisten Projekten. Es geht davon aus, dass einerseits nicht alle Anforderungen zu Beginn des Projekts vollständig bekannt sind und andererseits selbst die bekannten Anforderungen einer kontinuierlichen Veränderung unterliegen. Insbesondere in großen bzw. länger laufenden Projekten kann diese Vorgehensweise sehr gewinnbringend eingesetzt werden.

Doch viele Manager verunsichert dieses Vorgehen: Wenn wir immer wieder von vorne beginnen, kommen wir nie zum Ende! Versteckt sich dahinter nicht ein Freibrief für unsystematisches Vorgehen („Trial and Error")? Was ist überhaupt eine Iteration und wie viele Iterationen braucht man? Ausführliche Antworten auf diese Fragen finden Sie in Kapitel 6. Betrachten wir aber hier schon einige Vorteile des iterativ-inkrementellen Vorgehens:

- Die frühe Implementierung kritischer Systemteile verringert die Risiken.
- Die regelmäßige Integration der Software nach jeder Iteration verbessert die Stabilität.
- Der frühe Testbeginn und das wiederholte Testen in jeder Iteration führt zu höherer Qualität.
- Messungen im echten Prozess vereinfachen die Aufwandskalkulation.
- Die Nachvollziehbarkeit des Projektfortschritts verbessert sich durch den Zwang zu funktionsfähigen Teilprodukten mit jeder Iteration.
- Durch die Begrenzung auf einen begrenzten Funktionsumfang innerhalb einer Iteration können Teilprodukte früher ausgeliefert werden.
- Dies führt wiederum zu größerer Akzeptanz bei den Anwendern und ihrem Management.
- Die konsequente Ergebnisorientierung und überschaubare Arbeitspakete verbessern die Motivation der Entwickler.
- Ein flexibler Umgang mit Änderungen der Anforderungen und Randbedingungen ist möglich.

Durch die konsequente Anwendung der iterativ-inkrementellen Vorgehensweise können Sie die Erfolgschancen Ihres Projekts nachhaltig positiv beeinflussen. Doch wie überall in der Praxis erreicht man diese Effekte nicht automatisch, sondern muss ganz gezielt darauf hinarbeiten, zum Beispiel durch ein geeignetes Projektmanagement. Projektplanung, -überwachung, -organisation usw. sollten den dynamischen Bedingungen in objektorientierten Software-Projekten gerecht werden. Sie haben bereits in Abschnitt 5.1 gesehen, dass wir nicht nur einmal, sondern dreistufig planen, und Sie werden in Kapitel 6 noch lesen, dass jede Iteration ihren eigenen Plan erfordert. Je nach Dauer einer Iteration planen Sie also alle vier bis acht Wochen erneut.

Dynamik am Beispiel Planung

5.3 Projekt als Ganzes planen

Die Planung in der Vorbereitungsphase wurde nur so weit vorangetrieben, dass die Entscheidung für oder gegen das Projekt fundiert getroffen werden konnte und bei größeren Projekten das Aufsetzen eines Kernteams möglich ist. Mit Beginn des Projekts wird eine präzisere Planung der Ergebnisse und Abläufe erforderlich. Auftraggeber und Management erwarten zeitnah nach Start des Projekts eine solide Projektplanung. Auch Sie brauchen schnell einen fundierten Überblick, um Ihr Team effizient steuern zu können. Dieser erste Planungszyklus beschäftigt sich mit dem Projekt als Ganzem. Sie planen Ihr Projekt so weit durch, bis

- Sie sich eine ausreichende Übersicht verschafft haben, was alles zu tun ist;
- Sie genügend darüber wissen, wie Sie die Aufgaben anpacken wollen, und
- insofern eine solide Basis für die Feinplanung der Initialisierung gegeben ist.

Mit diesem ersten Planungsschritt schaffen Sie die Grundlage für das übergreifende Management *aller* Projektaktivitäten.

Projektplanung ist ein zyklischer Prozess

Natürlich beginnen Sie nicht bei null, sondern setzen auf die Ergebnisse der Projektvorbereitung auf und führen die dort begonnene Planung systematisch weiter. Sie präzisieren die angelegten Pläne aus *top-down*-Sicht und untermauern sie dann durch eine fundierte *bottom-up*-Planung (Abschnitt 5.5). Im Einzelnen führen Sie die in Abbildung 5.3 dargestellten Aktivitäten durch.

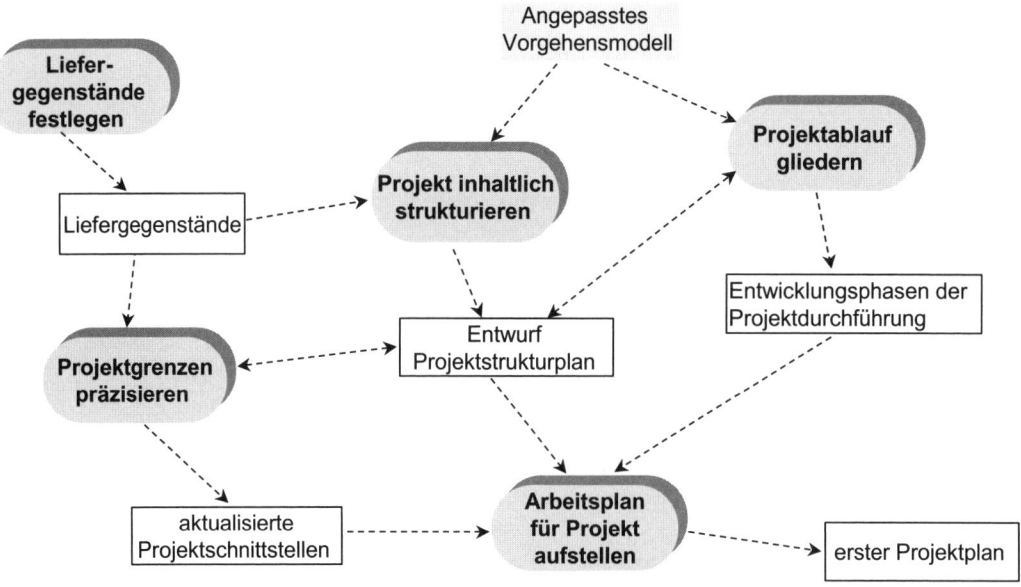

Abbildung 5.3: Die Aktivitäten der Gesamtprojektplanung

Die Projektplanung ist ein teamorientierter Prozess, in dem Projektleiter und Teamleiter eng zusammenarbeiten. So erreichen Sie Akzeptanz auf allen Ebenen, motivieren Ihr Team und schaffen damit eine solide Basis für Erfolg.

Sie planen im Team

5.3.1 Liefergegenstände festlegen

In der Vorbereitungsphase haben Sie gemeinsam mit Ihrem Auftraggeber Ziele, Inhalt und Grenzen für das Projekt erstmalig abgesteckt. Je nachdem, wie weit Produktdefinition und Projektplanung vorangetrieben wurden, gibt es bereits eindeutig abgegrenzte und inhaltlich definierte Liefergegenstände. Sind in der Projektvorbereitung noch keine Liefergegenstände vereinbart worden, müssen Sie dies spätestens jetzt tun. Die Liefergegenstände zerlegen das Projektprodukt in einzelne Ergebnisse, anhand derer der Auftraggeber bzw. Kunde den Erfolg des Projekts prüfen möchte. Zu den üblichen Liefergegenständen eines IT-Projekts gehören:

- die lauffähige Software,
- ein Benutzer-Handbuch,
- ein Online-Hilfesystem,
- die erforderliche Hardware-Infrastruktur,
- die Ausbildung der Anwender,
- die Inbetriebnahme beim Kunden und mitunter
- die Migration von Daten und Anwendungen.

Mit den Liefergegenständen wird die Messlatte für den Erfolg Ihres Projekts aufgestellt. Gleichzeitig fördert und bestätigt die Definition des Projektinhaltes anhand einzelner Liefergegenstände das gemeinsame Verständnis des Projektinhaltes unter den Stakeholdern. Deshalb sollten Sie diese sorgfältig definieren. Sie sind an dieser Stelle konkreter als in der Projektvorbereitung. Vage formulierte Zielvorstellungen können Sie sich jetzt nicht mehr leisten. Für jeden Liefergegenstand des Projekts klären Sie gemeinsam mit Ihrem Auftraggeber folgende Punkte:

- Was soll inhaltlich erreicht werden?
- Welche Qualität wird erwartet?
- Gibt es Abhängigkeiten unter den Liefergegenständen?
- Muss ein bestimmter Termin zwingend eingehalten werden?
- Existieren Annahmen oder einschränkende Randbedingungen?
- Wer nimmt die fertigen Liefergegenstände ab?
- Anhand welcher Kriterien erfolgt die Abnahme?

Checkliste Liefergegenstand

Im Normalfall gilt der Grundsatz: Alles, was nicht explizit als Liefergegenstand genannt wird, ist implizit ausgeschlossen. Wenn nötig, können Sie auf Ausschlüsse explizit hinweisen. Projektinhalt und -umfang sind damit zwischen Ihnen und Ihrem Auftraggeber verbindlich vereinbart. Die vom Projektteam erwarteten Ergebnisse liegen eindeutig, widerspruchsfrei, verständlich und vollständig beschrieben vor.

Erzwingen Sie in jedem Fall eine verbindliche Abstimmung der Liefergegenstände mit Ihrem Auftraggeber! Wenn überhaupt, ist dies Ihre letzte Chance, zu einem Liefergegenstand noch einmal nein zu sagen!

☞ **Ergebnis:** Liste der Liefergegenstände mit Abnahmekriterien

5.3.2 Projektgrenzen präzisieren

Parallel zur Projektplanung präzisieren Sie die Grenzen des Projekts. Die in der Vorbereitungsphase identifizierten Projektschnittstellen (Liste der Projektpartner) werden jetzt genauer analysiert und beschrieben: Wer liefert welche Dinge zu? In welcher Form werden die Informationen/Zulieferungen übergeben? Wie stellen Sie die Qualität von Zulieferungen sicher? Wann müssen Sie Ergebnisse an Entwicklungspartner liefern? In welcher Form? Welche Abstimmpartner hat das Projekt? Wie werden diese eingebunden? Sie führen damit die begonnenen Arbeiten systematisch fort.

Parallele
Projekte

Externe
Lieferanten

Die Ergebnisse der Stakeholderanalyse bieten Ihnen einen guten Ansatzpunkt, den Informationsfluss in das Projekt und aus dem Projekt heraus zu bestimmen (vgl. Abbildung 5.4). Konzentrieren Sie sich an dieser Stelle auf die aus Gesamtprojektsicht relevanten Informationsflüsse. Die Abgrenzung zu parallel laufenden IT-Projekten und tangierten Aufgaben der IT-Abteilungen ist besonders wichtig, da es hier schnell zu Überschneidungen und Kompetenzgerangel kommen kann. Kritisch sind oft auch die Schnittstellen zu externen Lieferanten, da diese nur bedingt steuerbar sind. Achten Sie darauf, keinen essenziellen Partner zu vergessen, sonst kann schnell der Fall eintreten, dass Ihr Projekt in Verzug gerät, weil es überraschend auf wichtige Zuarbeiten warten muss.

Weist ein Projekt sehr viele Partner auf, sollten Sie hier nur die wichtigsten Kommunikationspartner bzw. kumulierte Informationsflüsse darstellen. Mitunter müssen Sie von den konkreten Gegebenheiten abstrahieren, um eine einigermaßen vollständige und trotzdem überschaubare Abgrenzung für das Projekt zu erreichen. Beispielsweise ist es sinnvoller, hier noch von einem Lieferanten zu sprechen und nicht explizit die Firma „Maier" anzugeben, wenn die Zulieferung auch von einem anderen Lieferanten übernommen werden könnte.

→ Abschnitt 5.6

Entscheidungskompetenzen und Eskalationswege werden hier nicht geklärt. Diese legen Sie mit der Projektorganisation fest.

Es gibt verschiedene Möglichkeiten, die Projektabgrenzung zu dokumentieren, wie z.B. das Kontextdiagramm oder ein Systemzusammenhangsdiagramm, wie in Abbildung 5.4 dargestellt. Alternativ zu diesen Grafiken können Sie die Schnittstellen Ihres Projekts auch in tabellarischer Form dokumentieren.

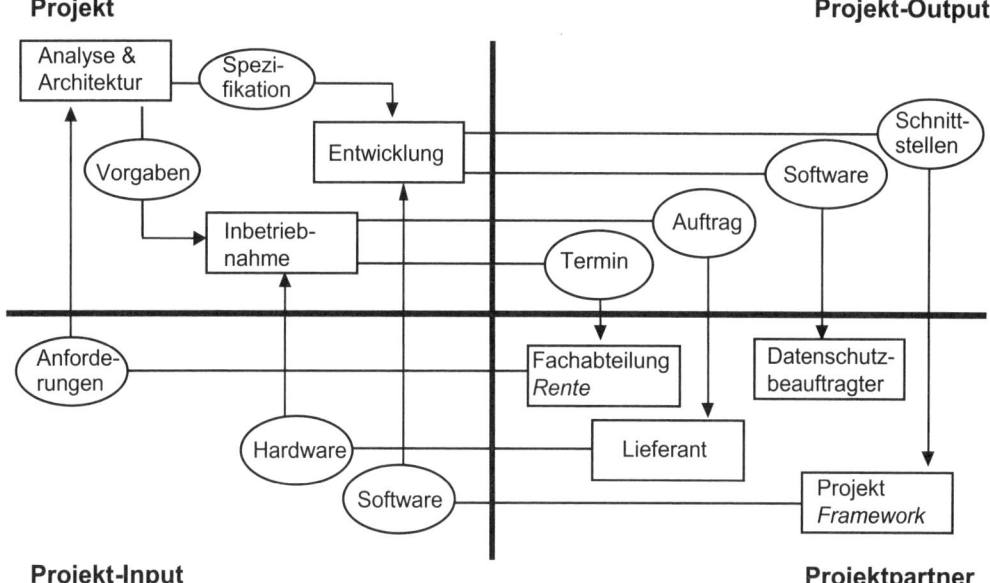

Projekt   **Projekt-Output**

Projekt-Input   **Projektpartner**

Abbildung 5.4: Systemzusammenhang als Projektabgrenzung (Ausschnitt)

Im Verlauf des Projekts werden neue Schnittstellen hinzukommen. Sorgen Sie dafür, dass Ihre Projektabgrenzung aktuell bleibt.

 Ergebnis: aktualisierte Projektschnittstellen

5.3.3 Projekt inhaltlich strukturieren

Mit den Liefergegenständen unterteilen Sie den Projektinhalt in einzelne Elemente, um sich mit den Stakeholdern und insbesondere Ihrem Auftraggeber besser auf die groben Inhalte des Projekts verständigen zu können. Nun richtet sich Ihr Blick nach innen. Sie gliedern das Projekt in kleinere Einheiten, um sich einen ersten Überblick zu verschaffen, wie die geforderten Ergebnisse erstellt werden können.

Der erste Überblick

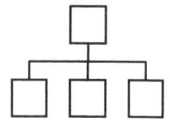

Mitunter haben Sie mit der Vorbereitung des Projekts bereits eine erste Gliederung der Projektaufgaben entworfen. Ist dies der Fall, prüfen Sie die existierende Projektstruktur mit den neu gewonnenen Erkenntnissen auf Zweckmäßigkeit und Vollständigkeit, und ergänzen diese bei Bedarf. Ansonsten stehen Sie jetzt vor der Aufgabe, einen ersten groben Projektstrukturplan zu entwerfen. Dies erreichen Sie nicht in einem Schritt. Eine gute Projektstruktur braucht Zeit zum Reifen. Mit dieser ersten Gliederung beginnen Sie diese Aufgabe.

Der Projektstrukturplan

Was ist er?

Mit dem Projektstrukturplan wird der Inhalt des Projekts in ausführbare Arbeitseinheiten überführt. Gemäß Project Management Institute (PMI) ist der Projektstrukturplan eine an den Ergebnissen (Liefer- bzw. Entwicklungsgegenständen) orientierte Anordnung von Projektelementen, die den Gesamtinhalt und -umfang des Projekts hierarchisch strukturiert und definiert [PMI00]. Er darf nicht mit dem Projektorganigramm gleichgesetzt werden. Die im Projektstrukturplan enthaltenen Hierarchiestufen sind meist viel detaillierter und mit den Ebenen der Projektorganisation nicht zwingend identisch, auch wenn Ähnlichkeiten bestehen.

Der Projektinhalt lässt sich aus unterschiedlichen Sichten heraus strukturieren:

- *verrichtungsorientiert* aus der Sicht der Aufgaben, die durchzuführen sind (funktionale Gliederung des Projektinhaltes);

- *objektorientiert* aus der Sicht der Ergebnisse, die zu erzeugen sind (ergebnisorientierte Gliederung des Projektinhaltes);

- aus einer Kombination dieser beiden Ansätze, d.h. mit wechselndem Strukturierungsprinzip je Element.

In vielen Fällen erweist sich die Mischform als am besten geeignet, um den gesamten Projektinhalt korrekt abbilden zu können. Die Erfahrung zeigt, dass die höheren Ebenen am zweckmäßigsten eher objektorientiert, die unteren dagegen besser funktionsorientiert gegliedert werden. Der objektorientierte Ansatz bringt Vorteile, wenn das Projekt mit dem zu erstellenden Produkt weitgehend identisch ist, was für viele Software-Projekte gilt. Jede niedrigere Ebene des Projektstrukturplans beinhaltet eine detailliertere Beschreibung der Projektergebnisse bzw. Projektaufgaben. Die Elemente der untersten Ebene werden oft als Arbeitspakete bezeichnet [PMI00]. Die Summe aller Arbeitspakete bildet den Leistungsumfang des Projekts.

Wie wird er erstellt?

Aus Sicht des Vorgehens können Sie zwischen zwei methodischen Ansätzen wählen, den Projektstrukturplan zu entwickeln:

- Der *induktive Weg*: Sie erarbeiten Ihre Projektstruktur vom Einzelnen zum Allgemeinen gehend, also *bottom up*.

- Der *deduktive Weg*: Sie gehen vom Allgemeinen zum Konkreten vor, also *top down*.

Der induktive Ansatz ist für unbekannte Aufgabenstellungen, der deduktive für ein bekanntes Umfeld besser geeignet. Wir nutzen in der Initialisierung beide Wege.

Über die folgenden Schritte gelangen Sie zu einer guten Projektstruktur:

- *Festlegen der Hauptelemente des Projekts:*
  Gliedern Sie das Projekt immer so, wie Sie auch tatsächlich im Projekt arbeiten wollen. Alles andere ist Zeitverschwendung!

- *Zerlegen der Hauptelemente in ihre wesentlichen Elemente:*
  Das Strukturierungsprinzip kann für jeden Ast des Projektstrukturplans verschieden sein.

- *Entwurf eines vorläufigen Projektstrukturplans:*
  Durch Aufteilen oder Zusammenführen sollten Sie eine optimale Größe der Elemente anstreben.

- *Entscheiden, ob eine angemessene Schätzung der Kosten und der Dauer beim derzeitigen Detaillierungsgrad für jedes Element möglich sind:*
  Die Elemente des Projektstrukturplans können unterschiedliche Detaillierungsgrade aufweisen. Mitunter kann ein Hauptelement, das in weiter Zukunft liegt (z.B. Einführungskonzept) oder von anderen erst noch zu erstellenden Projektergebnissen abhängig ist, zu Beginn der Planung noch nicht in einzelne Elemente zerlegt werden.

- *Prüfen der Zweckmäßigkeit und Festlegen des endgültigen Projektstrukturplans:*
  Die gewählte Gliederung sollte sowohl notwendig als auch hinreichend sein, um die gestellte Projektaufgabe zu lösen.

Diese Endgültigkeit ist natürlich nur relativ. Mit Projektfortschritt werden Sie auch Ihre Projektergebnisse und -aufgaben immer weiter verfeinern und damit den Projektstrukturplan von Planungszyklus zu Planungszyklus präziser gestalten.

Welche Aufgaben werden benötigt?

Da zu Beginn der Initialisierung noch keine neuen Anforderungen und Architekturergebnisse vorliegen, entsteht die erste Gliederung des Projekts in der Regel deduktiv, also vom Allgemeinen zum Konkreten fortschreitend. Ausgehend von den vereinbarten Liefergegenständen versuchen Sie, die wichtigsten Aufgaben des Projekts zu definieren und eine erste Projektstruktur zu entwerfen. Eine wichtige Informationsquelle ist für Sie das ausgewählte Vorgehensmodell, eine noch bessere sind Ihre Erfahrungen aus vorangegangenen Projekten. *(Analysemodell und Architektur fehlen noch)*

Setzen Sie bewusst Ihr Wissen aus anderen Projekten ein! Es ist sicherlich nicht Ihr erstes Entwicklungsprojekt und Sie wissen schon einiges darüber, was alles getan werden muss und wie man die Aufgaben am besten gruppiert. Mitunter gibt es in Ihrem Unternehmen bereits ein vorgefertigtes Muster. *(Nutzen Sie Ihre Erfahrungen)*

Die zentralen Entwicklungsaufgaben in Software-Projekten sind Analysieren, Designen, Implementieren, Integrieren und Testen. Jeder kennt sie. Neben diesen Kernaufgaben fallen allerdings auch Aufgaben an, die eher begleitenden Charakter haben und sich mitunter nicht direkt aus den Liefergegenständen

Aufgaben, die mitunter vergessen werden

ableiten, wie zum Beispiel die Erstellung von Entwicklungsrichtlinien, die Definition des Qualitätsmanagements, die Kommunikation und Abstimmung mit dem Kunden, der Aufbau einer Entwicklungs- oder Testumgebung, Ausbildungsmaßnahmen, das Etablieren des Konfigurationsmanagements, das Bereitstellen der Entwicklungsumgebung usw. Sie werden gerne unterschätzt oder ganz vergessen. Genau hier liegt die Herausforderung Ihrer jetzigen Aufgabe: Sie müssen neben den allgemein bekannten Entwicklungsaufgaben herausfinden, welche zusätzlichen Aufgaben in Ihrem Projekt erforderlich sind, um das gesetzte Ziel zu erreichen.

Arbeiten Sie am Beginn des Projekts ruhig mit Platzhaltern, wenn Ihnen eine genaue inhaltliche Definition noch nicht sinnvoll erscheint.

In diesem frühen Stadium der Planung geht es noch nicht darum, jeden identifizierten Aufgabenbereich schon im Detail inhaltlich festzulegen. Das wird Ihnen auch gar nicht gelingen. Für diesen ersten Entwurf der Projektstruktur ist es völlig ausreichend, festzuhalten, dass es beispielsweise „Migration" oder „Projektinfrastruktur" als eigenständige Aufgabenbereiche gibt.

Sie sollten die Projektaufgaben so weit definieren und strukturieren, bis Sie sicher sind, alle wichtigen Aufgaben gefunden zu haben und Ihnen das Zusammenspiel zwischen diesen klar ist, d.h. bis Sie davon überzeugt sind, Ihren Weg im Großen und Ganzen zu kennen. Alles andere kommt später!

Welche Projektstruktur ist sinnvoll?

Ihre Entscheidung ist gefragt!

Wie einleitend dargestellt, können Sie den Projektinhalt objektorientiert oder funktional zerlegen. Welche dieser Sichten für Ihr Projekt passender ist, hängt von verschiedenen Faktoren ab, nicht zuletzt auch von Ihrem persönlichen Stil, Dinge zu strukturieren. Oft läuft es am Ende auf eine Kombination beider Ansätze hinaus.

Objektorientierter Ansatz

➔ Abschnitt 5.5

Wählen Sie den objektorientierten Ansatz, entsprechen Ihre Aufgabenbereiche den Liefergegenständen des Projekts. Erscheinen Ihnen diese nicht passend, fragen Sie Ihre Architekten, welches die wichtigsten Systemkomponenten sein werden, und setzen Sie letztere als Hauptelemente Ihrer Projektstruktur ein.

Funktionaler Ansatz

Liegt Ihnen der funktionale Ansatz mehr, können Sie sich am Vorgehensmodell orientieren. Ihre Hauptelemente sind dann die zentralen Entwicklungsaufgaben eines Software-Projekts: Analysieren, Designen, Implementieren und Testen. Um Sie herum gruppieren sich alle weiteren Aufgaben.

Und auch das geht!

Möchten Sie den zeitlichen Ablauf des Projekts in den Vordergrund rücken, wird Ihre Aufgabengliederung mit den Phasen des Vorgehensmodells korrespondieren. So könnten zum Beispiel die Phasen Elaboration, Construction und Transition die erste Ebene Ihrer Projektstruktur bilden, während alle anderen Ergebnisse und Aufgaben erst in der zweiten Ebene folgen.

In klassischen Software-Projekten bilden oft die Phasen des Entwicklungsprozesses die Hauptelemente (Analyse, Design, Implementierung, Test). Danach wird erst in die ergebnisorientierte Sicht gewechselt, und die Liefergegenstände bzw. Entwicklungsgegenstände folgen als Strukturelemente (Applikation, Datenbank, Benutzerschnittstelle). Objektorientierte Projekte rücken die Use Cases bzw. die IT-Komponenten, aus denen sich das IT-System zusammensetzt, in den Vordergrund.

→ Abschnitt 5.4

Als agiler Manager sollten Sie sich stärker an den Ergebnissen als an Aufgaben und Abläufen orientieren!

Werden häufig gleichartige Projekte abgewickelt, so ist die einmalige Entwicklung einer Standardstruktur sinnvoll. Aufgabenbereiche und Hauptergebnisse sind dann weitgehend bekannt. Sie schaffen sich damit – ähnlich den Vorgehensmodellen der Software-Entwicklung – ein gutes Hilfsmittel für die Strukturierung Ihrer typischen Projekte. Abbildung 5.5 zeigt ein Beispiel.

Standard-
Schablonen
helfen im Alltag

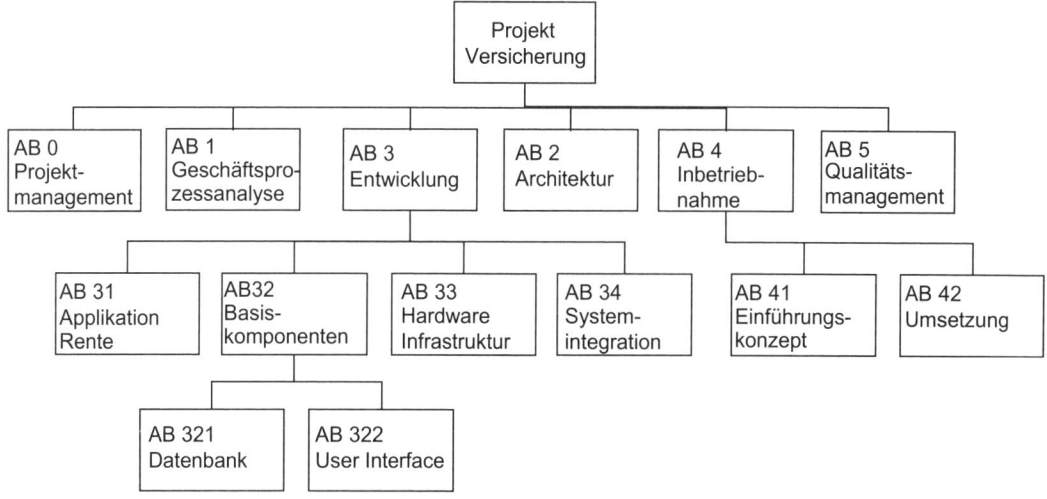

Abbildung 5.5: Beispiel für einen Projektstrukturplan (Baumstruktur)

Benutzen Sie die Standardstruktur jedoch nicht als starre Vorschrift, sondern als Orientierungshilfe, die in jedem Projekt wieder spezifisch angepasst wird.

Wie gehen Sie mit größeren Projekten um?

Wann sind Teil-
projekte sinnvoll?

Bei größeren Projekten ist es sinnvoll, einzelne Aufgabenbereiche nochmals zu Teilprojekte zusammenzufassen. Es entsteht eine zusätzliche Management-ebene im Projekt, die Ihnen die Arbeit erleichtert. Richten Sie insbesondere dann Teilprojekte ein,

■ wenn inhaltlich komplett unabhängige Projektprodukte zu realisieren sind;
■ wenn neben dem Software-System auch Hardware-Komponenten zu reali-sieren sind;
■ wenn Sie mit externer Auftragsvergabe arbeiten.

Teilprojekte können sowohl aus organisatorischer, aufgabenorientierter oder auch zeitlicher Sicht gebildet werden. Sie sollten mit der Teamstruktur korres-pondieren, d.h. es gibt einen Verantwortlichen Leiter und ein Team für jedes Teilprojekt.

Das Ergebnis – Ihr erster Projektstrukturplan

Ihr Plan ist die
Architektur Ihres
Projekts

Ihre Überlegungen fassen Sie im Projektstrukturplan zusammen. Er besteht zum einen aus der grafischen Darstellung der Projektstruktur (hierarchische Baumstruktur oder Matrix) und zum anderen aus der inhaltlichen Beschrei-bung der gebildeten Elemente. Abbildung 5.6 zeigt exemplarisch eine Aufga-benmatrix für ein Software-Projekt.

Entwicklungs-gegenstände	Entwicklungsschritte						
	Defi-nieren	Ent-werfen	Realisieren		Inte-grieren	Ein-führen	Qualität managen
User Interface Datenbank Applikation Rente Hardware Infrastruktur	AB 1 Geschäfts-prozessanalyse	AB 2 Architektur	AB 3 Entwicklung Basiskomponenten		AB 6 Systemintegration	AB 7 Inbetriebnahme	AB 8 Qualitätsmanagement
			AB 4 Entwicklung Anwendungskomponenten				
			AB 5 Realisierung Hardware				
Entwicklungs-umgebung	AB 9 Projektinfrastruktur						
Steuerung und Koordinierung	AB 0 Projektmanagement						

Abbildung 5.6: Beispiel für eine Aufgabenmatrix

102

Völlig unabhängig von der Art und Weise der grafischen Darstellung gehört zu jedem gebildeten Aufgabenbereich bzw. zu jedem Teilprojekt eine Kurzbeschreibung, die am Ende Ihrer Planung Folgendes enthalten sollte:

- Zweck des Aufgabenbereiches/Teilprojekts,
- Inhalt und Abgrenzung,
- Aufwandsschätzung,
- Vorgaben zum Vorgehen (Lösungsansatz, Randbedingungen),
- Meilensteine,
- Ressourcenbedarf.

Ihre Beschreibung sollte kurz und präzise sein und eine halbe DIN-A4-Seite nicht überschreiten.

Breite vor Tiefe!

Die Aufgabenbereiche bilden die Basis für die Aufwandskalkulation. Ihre präzisere inhaltliche Definition führt automatisch zu einer besseren Genauigkeit der Schätzung von Kosten und Terminen.

Mit dieser Gliederung des Projektinhaltes in einzelne Aufgabenbereiche bzw. Teilprojekte haben Sie den ersten Schritt für Ihre Projektstruktur getan. Der nächste erfolgt erst, wenn ein erster Architekturentwurf vorliegt und Sie auf dieser Basis die Projektdurchführung planen.

➜ Abschnitt 5.5

 Ergebnis: Entwurf Projektstrukturplan

5.3.4 Projektablauf gliedern

Jedes Projekt hat einen konkreten Start- und Endzeitpunkt. Auf diese definierte Zeitspanne ist die gesamte Planung des Projekts ausgerichtet. Bei größeren Projekten teilt man diese Zeitspanne in Phasen auf, um überschaubare Etappen zu erhalten. Sie bilden den zeitlichen Bezugspunkt für die Planung von Ergebnissen, Aufgaben und Ressourcen. Eine Projektphase ist durch ganz bestimmte Ergebnisse und Aufgabeninhalte charakterisiert. Sie schließt immer mit einem fest definierten Meilenstein ab, zu dem ein oder mehrere Liefer- bzw. Entwicklungsgegenstände des Projekts fertiggestellt sein müssen.

Der Ablauf im Großen

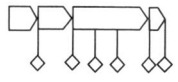

Kleine Projekte mit einer überschaubaren Aufgabenstellung können in einem Schritt geplant werden. Sie beginnen sofort mit der Planung der Iterationen. Auf Entwicklungsphasen können Sie verzichten. Bedenken Sie, wir sprechen hier über einen Zeitraum von ungefähr 6 Monaten und Teams mit 5 bis 15 Personen!

➜ Abschnitt 5.5.5

Wie viele Phasen braucht Ihr Projekt?

In der Projektvorbereitung haben Sie sich schon einmal mit dem Ablauf Ihres Projekts beschäftigt. Jetzt entscheiden Sie endgültig, ob Sie die Durchführung in einzelne, überschaubare Teilphasen[2] und damit besser plan- und steuerbare Segmente unterteilen wollen und wie viele Teilphasen Sie bilden möchten. Diese Entscheidung sollten Sie von der Größe des Projekts, der Komplexität, der Laufzeit, den Kunden und von Schnittstellen zu anderen Projekten abhängig machen.

Überschreitet Ihr Projekt eine Laufzeit von mehr als sechs Monaten und wollen Sie nicht mit Iterationen arbeiten, sollten Sie den Ablauf über Entwicklungsphasen strukturieren.

In Software-Projekten werden die Teilphasen in der Regel in Anlehnung an das gewählte Vorgehensmodell definiert. Beim klassischen Vorgehen erhalten Sie zum Beispiel die Phasen *Fachkonzept*, *DV-Konzept*, *Realisierung*, *Markteinführung* (Abbildung 5.7).

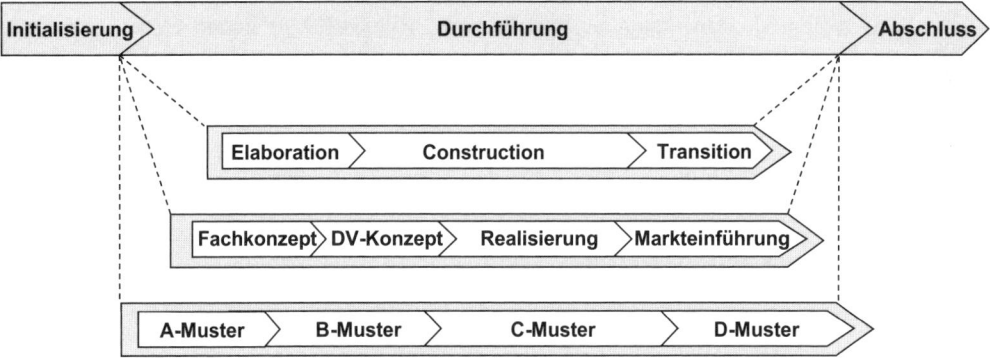

Abbildung 5.7: Beispiele für Teilphasen der Projektdurchführung

Nutzen Sie den Rational Unified Process (RUP)[3] als Vorgehensmodell, könnte sich Ihre Projektdurchführung nochmals aufteilen in die *Elaboration-*, *Construction-* und *Transition-Phase* (vgl. Abbildung 5.7). Der Inhalt und die Aufgaben der Inception-Phase sind bereits mit der Projektvorbereitung, spätestens aber mit der Initialisierung erledigt. Daher taucht sie hier nicht mehr auf. Je nachdem, wie weit Sie die Entwicklungsaktivitäten in der Initialisierung

---

[2] Die Teilphasen der Projektdurchführung werden nachfolgend auch als Entwicklungsphasen bezeichnet.

[3] Der Software-Lebenszyklus des Rational Unified Process (RUP) besteht aus vier aufeinander folgenden Entwicklungsphasen, von denen jede durch einen Hauptmeilenstein (Lifecycle Objectives Milestone, Lifecycle Architecture Milestone, Initial Operational Capability Milestone, Product Release Milestone) abgeschlossen wird. Die Phasen des RUP spiegeln gleichzeitig auch den Reifegrad des Produktes wider (vgl. Kapitel 2).

vorantreiben, liegt ebenfalls ein Teil der Ergebnisse der Elaboration-Phase bereits vor. Insofern bildet in reinen Software-Entwicklungsprojekten die Construction-Phase oft den Schwerpunkt der Projektdurchführung.

In Projekten, die sich nicht ausschließlich mit Software befassen, sondern beispielsweise in eine Geräteentwicklung eingebettet sind, werden die Phasen der Software-Entwicklung oft durch allgemeinere Begriffe ersetzt, zum Beispiel durch *A-Muster, B-Muster, C-Muster, D-Muster*. Diese Entwicklungsphasen bringen einen bestimmten Reifegrad des gesamten Geräts zum Ausdruck, in den die Software mit eingeschlossen ist (vgl. Abbildung 5.7).

Der Kunde hat das letzte Wort

Wenn Ihr Kunde feste Vorstellungen von Software-Lieferterminen hat – wie zum Beispiel ein Messetermin oder der Start der Produktion – geben Ihnen diese Meilensteine automatisch Ihre Phasen vor.

Wie Ihre Projektphasen heißen, ist letzten Endes zweitrangig. Wichtig ist, dass der erwartete Inhalt, also die Ergebnisse jeder Projektphase korrekt und für alle Betroffenen eindeutig definiert sind. Dies erreichen Sie im ersten Schritt über die Abbildung der Liefergegenstände und Aufgabenbereiche auf die Projektphasen. Mit Projektfortschritt werden Sie konkreter und ordnen Entwicklungsgegenstände, Releases und Inkremente den Teilphasen der Projektdurchführung zu.

Nicht Name, sondern Inhalt ist entscheidend

Zu diesem frühen Zeitpunkt Ihrer Planung halten Sie zunächst für die Definition einer Projektphase nur die folgenden Informationen fest:

- das Ziel;
- die erwarteten Liefergegenstände mit Abnahmekriterien
  (eine genaue Beschreibung des zu Erreichenden, z.B. über eine Feature-Liste, die umgesetzt werden muss, wenn der Liefergegenstand nicht vollständig innerhalb einer Phase fertig wird);
- die Dauer bzw. Anfangs- und Endtermin der Phase
  (kann Ergebnis der Aufwandskalkulation und Ressourcenplanung sein oder wird aufgrund äußerer Randbedingungen fix vorgegeben);
- erwartete Qualitätsmaßnahmen.

Entwicklungsphasen definieren

Später werden Sie Ihre Definition noch ergänzen:

- um die betroffenen Entwicklungsgegenstände und
- um die geplanten Ressourcen (Kosten- und Personalbedarf).

Damit liegt eine erste grobe Gliederung Ihres Projektablaufes sowohl aus zeitlicher als auch logischer Sicht vor. Gegebenenfalls ist diese Aufteilung bereits in der Projektvorbereitung erfolgt.

 Ergebnis: Teil- bzw. Entwicklungsphasen der Projektdurchführung

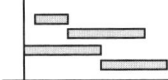

5.3.5 Arbeitsplan für das Projekt aufstellen

Während in der bisher durchgeführten Ergebnis- und Aufgabenplanung die Suche nach dem richtigen Weg und einer adäquaten Aufgabenstruktur im Vordergrund standen, geht es in diesem Planungsschritt um den Ablauf der Aufgaben und die Termine Ihres Projekts. Sie bringen im Arbeitsplan des Projekts Liefergegenstände, Ressourcen und Aufgabenbereiche auf eine grobe Zeitachse, um

- sich eine Übersicht über den Projektablauf zu verschaffen,
- die Durchführbarkeit des Projekts bewerten zu können,
- eine Basis für die Feinplanung der Initialisierung zu erhalten und
- Ihrem Auftraggeber gegenüber Rede und Antwort stehen zu können.

Wie entsteht ein Arbeitsplan?

Im Arbeitsplan werden die zu liefernden Ergebnisse und die dazu erforderlichen Aufgaben unter Berücksichtigung des geschätzten Aufwandes und der verfügbaren Ressourcen auf eine reale Zeitschiene gebracht. Er legt fest,

- wer
- wann
- welche konkreten Ergebnisse bzw. Aufgaben
- mit welchem Aufwand und Einsatzmitteln

erledigt. Unabhängig davon, mit welchem Detaillierungsgrad Sie gerade planen (für das ganze Projekt oder begrenzt auf eine Iteration), führen Sie für die detaillierte Arbeitsplanung immer folgende Schritte durch:

- Aufwand für jedes Ergebnis/Aufgabe schätzen;
- inhaltlichen Zusammenhang der Ergebnisse/Aufgaben klären und logische Reihenfolge festlegen;
- Ressourcenbedarf bestimmen und Ressourcen zuordnen;

Das Balancieren der Freiheitsgrade

- reale Dauer für jede Aufgabe ermitteln, indem Sie Qualität, Ressourcen und Termine für alle Ergebnisse ausbalancieren.

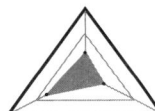

Nach Auflösen und Ausgleichen von Ressourcen- und Zeitkonflikten erhalten Sie im Ergebnis einen kapazitäts- und termintreuen Ablauf der betrachteten Aufgaben. Mit welcher Ecke des Managementdreiecks Sie Ihre Planaufstellung beginnen, bleibt Ihnen überlassen. Sie können Ihren Plan auch aufstellen, indem Sie als Erstes die Zeit, z.B. die Dauer einer Phase, vorgeben, dann die Ergebnisse bestimmen und als Letztes aus beiden die Ressourcen berechnen. Oder Sie geben Zeit und Ressourcen fix vor und legen zum Schluss die Ergebnisse fest, die sich damit erreichen lassen.

Unterstützt wird die Ablaufplanung durch die Netzplantechnik.[4] Sie bietet die Möglichkeit, auf der Basis von Abhängigkeiten zwischen den einzelnen Auf-

---

[4] Weiterführende Informationen finden Sie in [PMI00], [Lit95] oder [Sch01].

gaben den frühestmöglichen sowie den spätest notwendigen Zeitpunkt für Beginn bzw. Ende einer Aufgabe zu errechnen. Fallen diese beiden Termine zusammen, ist die Aufgabe kritisch und damit bestimmend für den Projektverlauf.

Für die Planung Ihres Projekts müssen Sie entscheiden, welche der Planungsvariablen Sie in den Mittelpunkt stellen wollen. Je nachdem beginnen Sie die Planaufstellung an einer anderen Ecke des Managementdreiecks (vgl. Abbildung 5.8). Wir gehen nachfolgend den Weg vom Aufwand über die Ressourcen zum Termin.

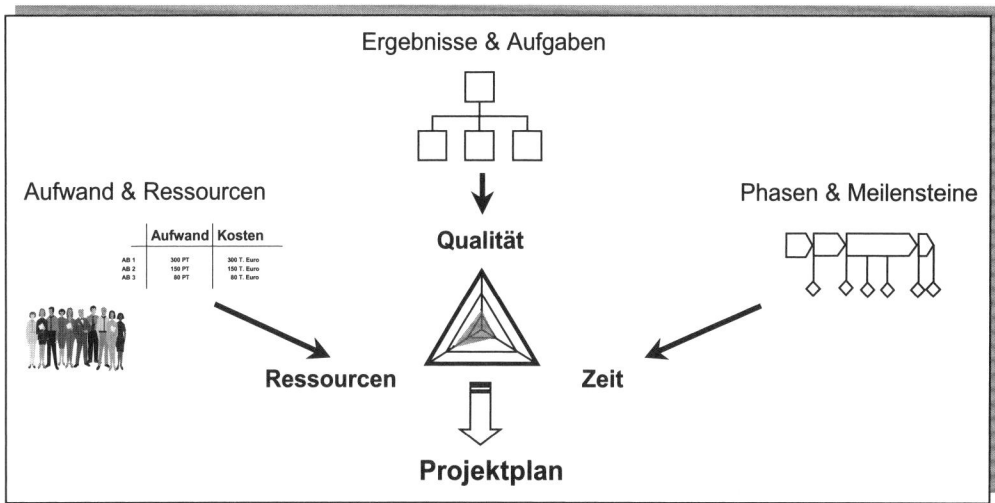

Abbildung 5.8: Das Ausbalancieren der Managementparameter

Aufwand je Aufgabenbereich ermitteln

Die Aufwandsschätzung ist ein wichtiger Baustein für die Bestimmung des Personalbedarfs und gibt ein erstes Indiz für die grobe Dauer der einzelnen Aufgabenbereiche und damit in der Summe für die vermutliche Dauer des Projekts. Ohne Aufwände können Sie weder Kosten noch Termine festlegen. Beides brauchen Sie jedoch, um bewerten zu können, ob Ihr Projekt im Ganzen funktioniert.

Ohne Aufwandsschätzung keine Terminplanung!

Aufwand	Kosten
AB 1 300 PT	300 T. Euro
AB 2 150 PT	150 T. Euro
AB 3 80 PT	80 T. Euro

Die erste Schätzung von Produktgröße und Projektaufwand erfolgte in der Projektvorbereitung. Sie ist meist noch sehr ungenau, da zu diesem Zeitpunkt weder Anforderungen noch Architektur bekannt sind. Eine Ausnahme bilden Projekte, die sich in einem bekannten Kontext bewegen, wie zum Beispiel reine Erweiterungs- und Wartungsprojekte, die auf einer stabilen Architektur und oft auch bekannten Anforderungen aufsetzen können.

Jetzt stehen Sie erneut vor der Aufgabe, eine grobe Aufwandsschätzung für Ihr Projekt durchzuführen. Auch wenn zu diesem Zeitpunkt der Planung noch keine neuen Anforderungen und Architekturkenntnisse existieren, wissen Sie inzwischen schon viel mehr über Ihr Projekt als in der Vorbereitung. Sie kennen Ihren Lösungsweg, alle zu liefernden Ergebnisse sind vollständig beschrieben und Ihre wichtigsten Aufgaben definiert und strukturiert. Da Sie das Projekt in überschaubare Aufgabenbereiche gegliedert haben und jeder Aufgabenbereich inhaltlich anhand von Ergebnissen beschrieben ist, gelingt eine Schätzung des Aufwandes jetzt schon viel besser.

Vorgabe oder
Schätzung

Trotzdem liegt zu diesem frühen Zeitpunkt die Chance, dass die Schätzung mit einer Abweichung von +/-10 % stimmt, nur bei 60 %. Es gilt das Prinzip: Je früher eine Schätzung durchgeführt wird, desto ungenauer ist sie. Führen Sie daher eine Schätzkultur im Projekt ein, die Neuschätzungen während der Projektlaufzeit – ohne Strafen! – erlaubt. Methodische Unterstützung für Ihre Schätzung finden Sie im Abschnitt 5.5.4.

Reihenfolge der Aufgabenbereiche klären

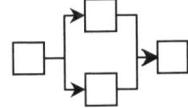

Im nächsten Schritt beschäftigen Sie sich mit der „Logik" Ihrer Aufgaben. Unabhängig von personellen und terminlichen Randbedingungen gibt es inhaltliche Abhängigkeiten zwischen den einzelnen Aufgaben. Diese müssen Sie herausfinden, bevor Sie über Termine entscheiden. Stellen Sie also fest, welche Aufgabe die Erledigung einer anderen voraussetzt. Durchdenken Sie dazu folgende Fragen:

- Welche Aufgabenbereiche müssen komplett beendet sein, bevor ein abhängiger Aufgabenbereich beginnen kann (Ende/Beginn-Beziehung)?
- Welche Aufgabenbereiche müssen gemeinsam enden (Ende/Ende-Beziehung)?
- Welche Aufgabenbereiche müssen gemeinsam beginnen (Beginn/Beginn-Beziehung)?
- Welche Aufgabenbereiche tauschen mehrmals Zwischenergebnisse untereinander aus (zyklische Beziehung)?
- Welche Aufgabenbereiche hängen unter zusätzlicher Berücksichtigung von Vorlauf- und Nachlaufzeiten voneinander ab (versetzte Ende/Beginn-, Ende/Ende- oder Beginn/Beginn-Beziehungen)?

Am sinnvollsten analysieren Sie dazu die Ergebnisse, die in den einzelnen Aufgabenbereichen entstehen. Deren Abhängigkeiten führen Sie zu den Einschränkungen im Ablauf der Aufgaben.

Projektressourcen planen

In der Vorbereitungsphase wurde eine erste grobe Kosten- und Personalschätzung für das Projekt durchgeführt. Mit dem Projektauftrag lag dieser Ressourcenbedarf dem Management zur Genehmigung vor. Die Bestätigung für den Projektauftrag beinhaltet auch die verbindliche Zuweisung des Projektbudgets. Der äußere Rahmen für das Projekt ist damit abgesteckt, die konkrete Verteilung innerhalb des Projekts allerdings noch offen. Es liegt an Ihnen, im Rahmen des vorgegebenen Personal- bzw. Kostenbudgets die beste Aufteilung zu finden. Selten gelingt dies gleich im ersten Anlauf. Aber an einer Ecke müssen Sie mit Ihrer Planaufstellung beginnen.

Projektauftrag gibt Rahmen vor

Im ersten Schritt ermitteln Sie den Personalbedarf je Aufgabenbereich und stellen ihn den Ihnen zugewiesenen Ressourcen gegenüber, um zu sehen, ob das Projekt wie bisher geplant ablaufen kann. Bereits hier kann es ein erstes Erwachen geben.

Der grobe Überschlag

Im Anschluss daran betrachten Sie Aufwand und Ressourcen etwas konkreter: Passen Aufwandsverteilung und Ressourcenverfügbarkeit zusammen? Stehen die Entwickler zur Verfügung, wenn sie gebraucht werden? Sind genügend Architekten für den zu erbringenden Entwurfsaufwand eingeplant? Sind Engpässe abzusehen? In welchen Bereichen? Wie könnten Lösungen aussehen? Steht ein Budget für externe Ressourcen zur Verfügung? In welcher Zeit lässt sich eine Lösung am Markt finden? Usw. Diese und viele andere Fragen sind zu klären. Zur Optimierung des Personaleinsatzes betrachten Sie die Verteilung des Personalbedarfs über die Projektlaufzeit und versuchen, Spitzen auszugleichen.

Die genauere Prüfung

Als Projektleiter müssen Sie dafür Sorge tragen, dass die richtigen Personen zur richtigen Zeit und im erforderlichen Umfang verfügbar sind, und das bezogen auf die gesamte Projektlaufzeit. Auch dafür benötigen Sie frühzeitig eine stabile Planung.

Der Ressourcenplan eines Projekts

Der Ressourcenplan eines Projekts setzt sich aus drei Teilplänen zusammen:

■ *Projekt-Personalplan*
Der Personalplan legt fest, welche Personen für das Projekt wann und in welchem Umfang zur Verfügung stehen. Er listet alle Projektmitarbeiter auf und ordnet sie den einzelnen Teams bzw. Teilprojekten entsprechend ihrer jeweiligen Verfügbarkeit zu.

■ *Projekt-Kostenplan*
Der Projekt-Kostenplan teilt einerseits das Projektbudget auf die einzelnen Aufgabenbereiche bzw. Teilprojekte auf. Er fasst andererseits die in den Aufgabenbereichen bzw. Teilprojekten detailliert geplanten Sach- und Personalkosten auf Gesamtprojektebene zusammen. Sie nutzen ihn zur übergreifenden Kostenverfolgung und -steuerung.

■ *Projekt-Einsatzmittelplan*
Der Einsatzmittelplan legt fest, wann das Projekt welche Hilfsmittel benötigt. Da dies Details der Projektdurchführung sind, planen Sie diese Dinge (in größeren Projekten) als Projektleiter nicht selbst! Auf Gesamtprojektebene führen Sie nur die Anforderungen Ihrer Teams in einem übergeordneten Plan zusammen, um z.B. projektextern besser agieren zu können.

Die Planung der Ressourcen erfolgt in der Regel bezogen auf die gebildeten Aufgabenbereiche, Teilprojekte bzw. Teams. Es ist allerdings auch möglich, den Ressourcenbedarf einer Phase oder Iteration zu kumulieren.

Ablauf und Termine festlegen

Mit der Vorbereitung des Projekts stimmen Sie in der Regel die wichtigsten Meilensteine für das Projekt mit Ihrem Auftraggeber bzw. Management inhaltlich und zeitlich ab. Diese Vorgaben fließen jetzt in Ihre projektinterne Ablauf- und Terminplanung als Randbedingungen ein. Wurde Ihr Projekt ohne Zeitvorgaben für Zwischenschritte ins Rennen geschickt, was bei kleineren Projekten öfter üblich ist, haben Sie freie Hand für Ihre interne Terminplanung.

Zeit, Qualität und Ressourcen ausbalancieren

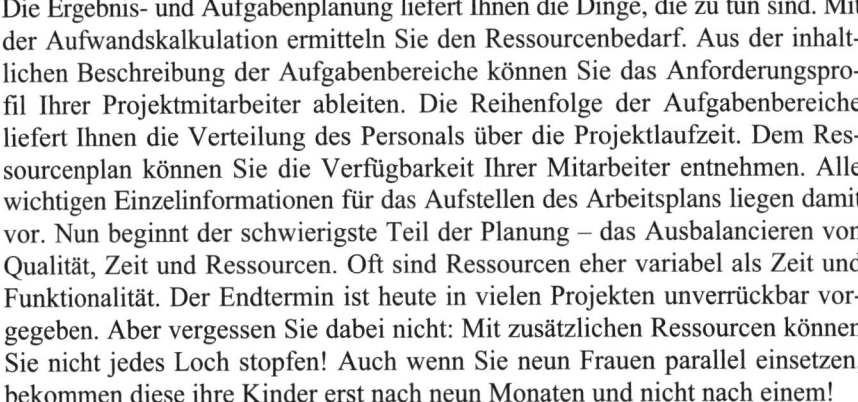

Die Ergebnis- und Aufgabenplanung liefert Ihnen die Dinge, die zu tun sind. Mit der Aufwandskalkulation ermitteln Sie den Ressourcenbedarf. Aus der inhaltlichen Beschreibung der Aufgabenbereiche können Sie das Anforderungsprofil Ihrer Projektmitarbeiter ableiten. Die Reihenfolge der Aufgabenbereiche liefert Ihnen die Verteilung des Personals über die Projektlaufzeit. Dem Ressourcenplan können Sie die Verfügbarkeit Ihrer Mitarbeiter entnehmen. Alle wichtigen Einzelinformationen für das Aufstellen des Arbeitsplans liegen damit vor. Nun beginnt der schwierigste Teil der Planung – das Ausbalancieren von Qualität, Zeit und Ressourcen. Oft sind Ressourcen eher variabel als Zeit und Funktionalität. Der Endtermin ist heute in vielen Projekten unverrückbar vorgegeben. Aber vergessen Sie dabei nicht: Mit zusätzlichen Ressourcen können Sie nicht jedes Loch stopfen! Auch wenn Sie neun Frauen parallel einsetzen, bekommen diese ihre Kinder erst nach neun Monaten und nicht nach einem!

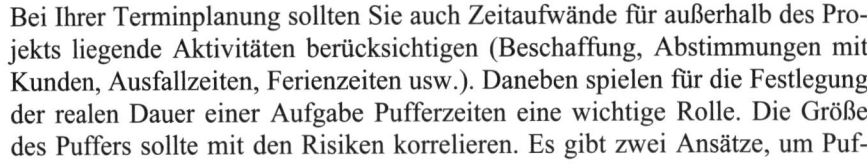

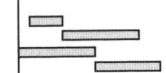

Bei Ihrer Terminplanung sollten Sie auch Zeitaufwände für außerhalb des Projekts liegende Aktivitäten berücksichtigen (Beschaffung, Abstimmungen mit Kunden, Ausfallzeiten, Ferienzeiten usw.). Daneben spielen für die Festlegung der realen Dauer einer Aufgabe Pufferzeiten eine wichtige Rolle. Die Größe des Puffers sollte mit den Risiken korrelieren. Es gibt zwei Ansätze, um Pufferzeiten einzubauen:

■ Sie bilden bei jeder Aktivität einen Puffer.

■ Sie bilden einen Puffer für alle Aktivitäten einer Phase, einer Iteration, eines Teilprojekts oder eines Aufgabenbereiches.

In der Projektdurchführung sollten Sie nach jeder Entwicklungsphase bzw. Iteration Ihren Puffer neu ausrichten.

Hinter der Aufstellung des Projektplans steckt ein mehrdimensionales Optimierungsproblem. In der Regel werden Sie mehrere Zyklen benötigen, bis alle Parameter ausgeglichen sind. Mitunter geht dieser Kreislauf noch einmal bis zum Kunden zurück, weil die erwartete Funktionalität mit dem vorgegebenen Kosten- und Zeitrahmen nicht erreichbar ist. Liegen die Ressourcen fest, führt der Kapazitätsausgleich entweder zur Verringerung der Funktionalität oder zur Verlängerung der Projektlaufzeit. Ist der Termin unverrückbar, müssen Sie entweder mit dem Kunden über weniger Funktionalität oder mit Ihrem Auftraggeber über mehr Ressourcen sprechen.

☞ **Ergebnis:** Projektplan

5.4 Systementwicklung vorantreiben

Wir schweifen für einen Moment von Ihren Aufgaben als Manager ab, um kurz die wichtigsten Aktivitäten Ihrer Systemanalytiker und Architekten in der Initialisierung anzusehen. Die Ergebnisse dieser Aktivitäten benötigen Sie für die Projektplanung, die Projektorganisation und die Risikoanalyse.

Die wichtigsten Aufgaben Ihrer Teamkollegen in der Initialisierungsphase sind die weitere Spezifikation der Systemanforderungen und die Präzisierung der Systemarchitektur, also die fachlich-inhaltliche Präzisierung der Produktziele und die Präzisierung der Lösung. Die in der Vorbereitungsphase begonnenen Arbeiten werden systematisch weitergeführt. Wie diese Aktivitäten im Detail ablaufen, hängt vom Entwicklungsparadigma und Vorgehen ab, das Sie gewählt haben. Zahlreiche Analyse- und Designmethoden stehen dafür zur Verfügung (vgl. [HR02, Sta02]).

Anforderungen spezifizieren

Konnten Sie in der Vorbereitungsphase noch mit einem ersten Anforderungskatalog und groben Geschäftsprozessmodellen auskommen, so ist nun mehr Detail gefragt. Sie sollten die Anforderungen systematisch erfragen und dokumentieren. Die fachlichen Aufgaben und Abläufe werden in Form von detaillierten Geschäftsprozessmodellen in UML oder in Aris präzisiert; Informationen, die im System verwendet werden, strukturieren Sie durch fachliche Klassenmodelle bzw. Entity-Relationship-Modelle. Zusätzlich müssen Sie die nicht-funktionalen Anforderungen und Randbedingungen vervollständigen. Zu jeder Anforderung – unabhängig von der Darstellungsform – gehören prüfbare Abnahmekriterien, um den Erfolg des Projekts bewerten zu können.

Vollständigkeit ist nicht nötig. In der Regel sollten Sie in der Initialisierung die wichtigsten 60 bis 80 % der Anforderungen spezifiziert haben, so dass

■ eine Abnahme durch den Auftraggeber möglich ist und

■ eine stabile Systemarchitektur entworfen werden kann.

☞ **Ergebnis:** Anforderungsspezifikation

Systemarchitektur entwerfen

Aus der Architekturvision der Vorbereitung, der Anforderungsspezifikation und allen bisher identifizierten technologischen und organisatorischen Randbedingungen muss nun eine stabile Architektur entstehen. Die Architekten treffen grundlegende Technologie- und Strukturentscheidungen und dokumentieren diese durch verschiedene Sichten. Sie legen fest, wie sich das IT-System in Subsysteme, Komponenten und Klassen gliedert und wie diese im Einzelnen zusammenwirken. Birgt diese Struktur technische Risiken (z.B. beim erstmaligen Einsatz neuer Technologien) oder Akzeptanzrisiken (z.B. beim Umstieg auf neue Benutzungsoberflächen), sollten Prototypen der Architektur zur Absicherung erstellt werden.

Die Systemarchitektur muss so weit detailliert werden,

■ dass Sie Ihr Team effizient strukturieren können;

■ dass eine inhaltliche Planung für die Durchführung möglich ist und

■ dass Sie (hauptsächlich technologische) Risiken identifizieren können.

Prüfen Sie, ob in Ihrem Unternehmen bereits Vorschläge für Architekturen vorhanden sind und ob diese für das Projekt genutzt werden sollten. Wenn dem so ist, müssen Sie klären, wie sich das Zusammenspiel zwischen den konkreten Architekturanforderungen des Projekts und unternehmensweiten Festlegungen gestaltet. Was passiert, wenn die Anforderungen des neuen Systems den Rahmen der bestehenden Architektur sprengen? Wer entscheidet bei Konflikten?

☞ **Ergebnis:** Systemarchitektur

Strukturvorschläge für das Management

Ihre Systemanalytiker und Architekten liefern Ihnen hierarchische Strukturen, mit denen die Komplexität des Gesamtsystems aufgebrochen wird. Aus fachlicher Sicht zerlegen sie das System in Geschäftsprozesse und diese weiter in grobe und feinere Aktivitäten. Aus technischer Sicht erhalten Sie Subsysteme und Komponenten, die wiederum aus kleineren Komponenten und Klassen aufgebaut sind.

Eine enge Zusammenarbeit zwischen Ihnen als Projektmanager und dem Entwicklungsteam macht beiden Seiten das Leben leichter. Ihre Pläne werden realitätsnah sein, wenn Sie die Strukturvorschläge der Entwickler aufgreifen. Strukturkonformität aus Management- und Entwicklersicht erleichtert auch den Informationsaustausch, weil man „über die gleichen Dinge" spricht.

5.5 Projektdurchführung planen

Ausgehend von der Gesamtplanung des Projekts strukturieren Sie nun die Projektdurchführung inhaltlich und zeitlich in überschaubare Einheiten und bewerten diese aus zeitlicher, personeller und finanzieller Sicht. Sie gliedern die Ergebnisse und Aufgaben des Projekts weiter auf, um es einfacher planen und steuern zu können, und schaffen damit gleichzeitig die Basis für die Verteilung der Verantwortung im Team bzw. bei größeren Projekten für die Teambildung.

Wie wir aus Kapitel 1 wissen, konzentrieren sich agile Manager auf die Ergebnisse. Unabhängig von Ihrem gewählten Entwicklungsansatz überführen sie daher die Liefergegenstände des Projekts in kleinere, prüfbare Einheiten – die Entwicklungsgegenstände des Projekts –, um damit

➔ Abschnitt 5.5.2

- Zusammenhänge aufzudecken und Nahtstellen einfacher definieren zu können;
- klare Verantwortungsstrukturen innerhalb des Projekts einfacher zuweisen zu können;
- die Genauigkeit der Schätzung von Aufwand, Terminen und Einsatzmittel zu verbessern sowie
- einen Basisplan für die Leistungsmessung und -verfolgung aufstellen zu können.

Die Definition der Entwicklungsgegenstände wird weitgehend durch die Systemarchitektur bestimmt. Sie beginnen mit dieser Zerlegung daher erst, wenn Anforderungsspezifikation und Architekturentwurf entsprechend weit fortgeschritten sind. Ausgehend von diesem neuen Wissen verfeinern Sie Ihre Projektstruktur und präzisieren die Aufwandsschätzung und Ressourcenplanung.

➔ Abschnitt 5.5.4

An dieser Stelle trennen sich die Wege (vgl. Abbildung 5.9):

- Wählen Sie ein iterativ-inkrementelles Vorgehen, beschäftigen Sie sich stärker mit der Definition von Releases und Iterationen. Die gebildeten Aufgabenbereiche nutzen Sie für die Teambildung, verfeinern sie aber nicht mehr weiter.

➔ Abschnitte 5.5.1 & 5.5.5

- Gehen Sie den klassischen Weg, konzentrieren Sie sich weiterhin auf die Aufgaben des Projekts. Sie präzisieren und verifizieren Ihre Planung, indem Sie die Aufgabenbereiche weiter strukturieren.

➔ Abschnitt 5.5.3

➜ Abschnitt 5.5.6

Der Projektablauf wird also zum einen durch die Bildung von Iteration, im anderen Fall durch die Definition zusätzlicher Meilensteine weiter konkretisiert. Mit der Konsolidierung der bisher erstellten Pläne schließen Sie Ihre Planungsaktivitäten ab.

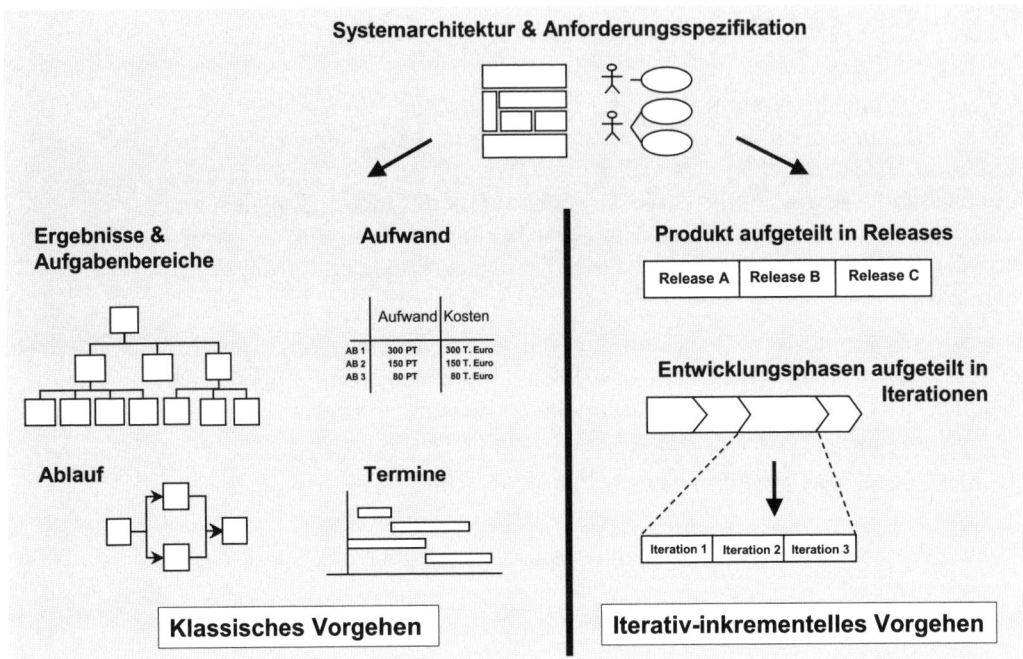

Abbildung 5.9: Die Planung der Projektdurchführung

5.5.1 Produkt-Releases bilden

Produktmanagement

Die Entwicklung größerer IT-Systeme erfolgt meist nicht in einem Schritt. Durchgesetzt hat sich inzwischen eine stufenweise Produktentwicklung, basierend auf kurzen Evolutionszyklen. Das führt weg von den großen, nicht überschaubaren Entwicklungsaufgaben hin zu kleineren, gut plan- und steuerbaren Projekten. Verkennen darf man dabei allerdings nicht, dass das Managementproblem „Größe" nur auf eine andere Ebene verlagert, nicht aber aufgehoben ist. Voraussetzung für diese Vorgehensweise ist ein ganzheitliches, über das einzelne Entwicklungsprojekt hinausgehendes Produktmanagement. Mitunter werden diese übergreifenden Managementaktivitäten auch unter dem Begriff *Program Management* zusammengefasst.

Einzelne Projekte

■ *Produktplanung im Großen (projektübergreifend):*
Das Gesamtprodukt wird in einzelne Teilprodukte zerlegt, die auf mehrere parallel oder sequentiell laufende Entwicklungsprojekte aufgeteilt werden.

Jeder Produktausschnitt wird in einem eigenständigen Projekt realisiert. Das langfristige und projektübergreifende Produktmanagement liegt außerhalb des Projekts.

■ *Produktplanung im Kleinen (projektbezogen):*
Das Produkt wird über verschiedene Zwischenstufen realisiert. Die Funktionalität nimmt mit jedem neuen Entwicklungszyklus zu. Jede Entwicklungsphase des Projekts endet mit einem neuen, an den Kunden auslieferbaren Release. Jede Iteration endet mit einer neuen Produktversion (internes Release oder Inkrement). Ob Sie dies ebenfalls an den Kunden ausliefern oder nicht, bleibt Ihnen überlassen.

Releases und Inkremente

Die Produktplanung legt fest, zu welchem Zeitpunkt (Entwicklungsphase, Iteration) welcher Produktinhalt (Feature, Funktion, Use Case, Requirement) erwartet wird. Die langfristige Produktplanung liegt außerhalb des konkreten Entwicklungsprojekts. Die projektbezogene Release-Planung ist Ihre Aufgabe, an der Sie allerdings Ihren Auftraggeber, Ihren Kunden und Ihr Team beteiligen sollten.

Tabelle 5.1: Produktgröße und Vorgehen

Produkttyp	angemessenes Vorgehen
XXL	Zerlegung des Produktes in Teilprodukte
	Jedes Teilprodukt wird innerhalb eines eigenständigen Projekts entwickelt. Diese können parallel oder sequentiell ablaufen.
L und M	Zerlegung des Produktes in mehrere Releases
	Entwicklung innerhalb eines Projekts. Unterteilung der Durchführungsphase in mehrere Entwicklungsphasen. Weitere Unterteilung der Entwicklungsphasen in Iterationen.
S	Zerlegung des Produktes in mehrere Versionen (Inkremente)
	Unterteilung der Durchführungsphase in Iterationen, Entwicklungsphasen sind nicht notwendig.

Die inhaltliche Gliederung des Produktes

Voraussetzung für die inkrementelle Produktentwicklung ist die Gliederung des Produkts in einzelne, relativ unabhängig voneinander realisierbare Teile. Das inkrementelle Wachsen des Produktes kann durch Anwendung des objektorientierten Paradigmas effizient durchgeführt werden. Es sorgt für eine konsequente Kapselung der gebildeten Subsysteme bzw. Komponenten. Definierte Schnittstellen verbinden die Subsysteme bzw. Komponenten. Dadurch kann die Realisierung inhaltlich unabhängig voneinander und zeitlich versetzt erfolgen. Jede Entwicklungsphase bzw. jede Iteration führt zu einem definierten Entwicklungsstand des Gesamtsystems.

Objektorientierung

Haben Sie sich für ein iterativ-inkrementelles Vorgehen entschieden, stehen Sie vor der Aufgabe, das Produkt in einzelne, sinnvoll aufeinander aufbauende Entwicklungsstufen zu gliedern. „Sinnvoll" hat an dieser Stelle viele Facetten:

Kleine Schritte statt ganze Einheiten

115

- aus Sicht des Anwenders: frühe Realisierung wichtiger Funktionen;
- aus Sicht des Managements: schneller Cashflow;
- aus Sicht der Entwickler: wie spielen die Komponenten zusammen;
- aus Sicht der Risiken: kritische Systemkomponenten zuerst;
- aus Sicht des Auftraggebers: was bringt die größte Akzeptanz.

→ Abschnitt 5.5.5

Vor den gleichen Überlegungen stehen Sie auch bei der Festlegung der Iterationsziele. Sie müssen den Mut haben, die Dinge wirklich nacheinander anzugehen und dies auch aktiv gegenüber Ihren Entwicklern, Ihrem Management und auch Ihrem Kunden, der oft alles sofort haben möchte, kommunizieren. Dies kann zu vielen kritischen Gesprächen führen. Es erfordert ein Umdenken auf ganzer Linie, sonst landen Sie doch wieder beim klassischen Vorgehen.

Inkrement
→ Kapitel 6

Im Software-Umfeld werden die Begriffe Release und Inkrement für die Beschreibung der fachlichen Versionierung des Software-Systems genutzt.

Release

> **Definition:** Unter einem *Release* wird eine mit dem Kunden abgestimmte Teilmenge der Gesamtfunktionalität des Produktes verstanden, die innerhalb eines definierten Zeitraums (Entwicklungsphase) vom Projekt realisiert werden soll. Ein Release ist durch einen definierten Funktionsumfang der beteiligten Komponenten gekennzeichnet.

Der Inhalt eines Releases kann über Features, Funktionen, Use Cases oder Requirements festgelegt werden. Je nachdem, wie weit Ihr Entwicklungsprozess fortgeschritten ist und auf welchem Level der Planung Sie sich bewegen, nutzen Sie eine dieser Möglichkeiten. In der Regel beginnen Sie die Release-Bildung mit dem Zusammenfassen einzelner Features zu einer funktionalen Einheit. Später verfeinern Sie Releases anhand von Funktionen, Use Cases oder konkreten Requirements.

Relase-Plan

Der *Release-Plan* legt das Wachsen der Systemfunktionalität bezogen auf die Projektlaufzeit aus Sicht des Kunden fest. Er dient zum einen der Definition der Produktinhalte, zum anderen der Zuordnung dieser Releases zu konkreten Fertigstellungsterminen. Er bildet somit einen wichtigen Bezugspunkt zur Festlegung der Entwicklungsphasen. Ein Beispiel zeigt Tabelle 5.2.

Tabelle 5.2: Beispiel für einen Release-Plan am Beginn der Planung

Release	Termin	Ziel/Inhalt	Aufwand	Risiken
Release 1	30.03.04	30 % der Funktionalität, d.h. folgende Features sind realisiert: ...		
Release 2	30.07.04	70% der Funktionalität, d.h. folgende Features sind realisiert:		
Release 3	30.09.04	100% der Funktionalität steht bereit		
Release 4	30.11.04	Einsatzbereites System		

Fachliche Modelle als Basis für die Release- und Iterationsplanung

Eine Besonderheit der objektorientierten Software ist ihre klare Ausrichtung auf den Anwender. Anwendungsfallgetriebene Vorgehensmodelle fokussieren sich auf eine Spezifizierung der Anforderungen durch Use-Case-Modelle (Anwendungsfall-Modelle). Use Cases können sowohl auf der Ebene der Geschäftsprozessmodellierung als auch der Systemspezifikation eingesetzt werden. Ein Use Case beschreibt die grundlegenden Abläufe im System aus Sicht des Anwenders bzw. das nach außen sichtbare Systemverhalten. In objektorientierten Projekten sind Use Cases eine wichtige Grundlage für die Aufgaben- und Zeitplanung. Sie bilden den Bezugspunkt für die Release- und Iterationsbildung und unterstützen die Aufwandsschätzung.

> Use Case

Auf alle Facetten des Zusammenspiels von Produktmanagement, Projektplanung und Software-Entwicklungsprozess können wir hier nicht eingehen. Wir werden in den folgenden Abschnitten jedoch immer wieder auf diesen Zusammenhang stoßen und die Wechselwirkungen zwischen allen drei Dingen spüren.

 Ergebnis: Release-Plan

5.5.2 Entwicklungsgegenstände ableiten

In diesem Planungsschritt beschäftigen uns noch einmal die Ergebnisse des Projekts. Jedes Projekt hat ein definiertes Produkt zum Ziel. Der Weg dorthin führt über verschiedene Einzelergebnisse. Diese Ergebnisse bezeichnen wir – abhängig vom Betrachtungsstandpunkt – als Liefergegenstände (wie in Abschnitt 5.3.1 kennen gelernt) oder als Entwicklungsgegenstände.

> Projektprodukt = Liefer- und Entwicklungs-gegenstände

- Von Liefergegenständen sprechen wir, wenn ein nach außen relevantes Ergebnis vom Projektteam erwartet wird, der Auftraggeber also explizit dieses konkrete Ergebnis (Teilprodukt oder Dienstleistung) als Teilergebnis von Ihnen fordert. Beispiele sind das Software-System, die Inbetriebnahme, das Benutzer-Handbuch, aber auch ein vereinbarter Architekturprototyp.

> Einige wenige

- Um Entwicklungsgegenstände handelt es sich, wenn Sie die Ergebnisse zur internen Steuerung des Projekts nutzen. Sie leiten sich zum Teil direkt aus den geforderten Liefergegenständen ab, stellen aber ein wesentlich konkreteres Niveau der Ergebnisbeschreibung dar.

> So viele wie nötig

Für ein ergebnisorientiertes Projektmanagement reicht die Definition von Liefergegenständen nicht aus. Sie sind oft zu komplex und für eine direkte Umsetzung im Projekt ungeeignet. Außerdem spiegeln sie nur die Kundensicht wider. Der Weg zum Ziel wird nicht transparent. Sie brauchen jedoch diesen

> Die Blickrichtung ändert sich

Weg, um Ihr Projekt intern planen und steuern zu können. Ihr Ziel ist eine Verfeinerung des oder der Projektprodukte aus Entwicklungssicht (vgl. Abbildung 5.10). In der Regel sind verschiedene Einzelergebnisse erforderlich, um ein Stück Software für den Kunden einsatzfähig zu machen. Sie brauchen die Anforderungen, ein Design, den Code für verschiedene Software-Komponenten, Tests usw.

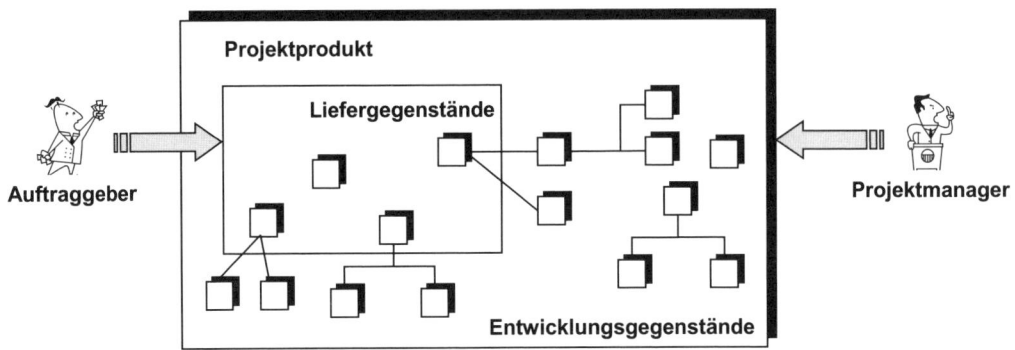

Abbildung 5.10: Liefer- und Entwicklungsgegenstände

Überlegen Sie sich daher, welche Ergebnisse im Projekt erforderlich sind, um das erwartete IT-System bereitstellen zu können. Dies führt Sie zu den Entwicklungsgegenständen des Projekts (z.B. die Komponenten, Use Cases, aber auch das Anforderungsmodell, die Software-Architektur, ein Datenbankmodell, Testprozeduren, eine Programmierrichtlinie, das Schulungskonzept der Administratoren, ein Ausbildungskonzept für die Anwender oder ein Migrationskonzept).

> ▶ **Definition:** *Entwicklungsgegenstände* sind interne Projektergebnisse, die den Entwicklern und dem Management als definierte Zwischenschritte auf dem Weg zum Projektprodukt dienen.

Wie finden Sie Ihre Entwicklungsgegenstände?

Die Architektur als Basis

Eine Quelle ist die Architektur. Sie definiert mit der Struktur des zukünftigen Systems die Dinge, die getan werden müssen, um das beauftragte System zu realisieren, und ist damit Ihr wichtigster Informationslieferant (vgl. Abbildung 5.11). In der Regel können Sie jedes Strukturelement der Architektur aus Managementsicht als Entwicklungsgegenstand definieren. Der größte Teil der Entwicklungsgegenstände ist damit vorgegeben und bereits gut strukturiert (zum Beispiel Basiskomponenten bestehend aus User Interface, Workflow, Persistenz, Kommunikation).

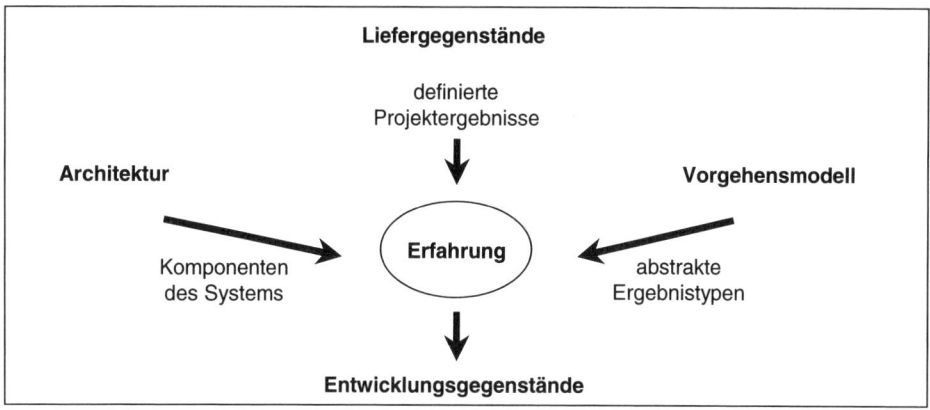

Abbildung 5.11: Der Weg zu den Entwicklungsgegenständen

Als weiterer wichtiger Informationslieferant steht Ihnen Ihr Vorgehensmodell zur Seite. Es hält mit seinen generischen Ergebnistypen (Artefakten) eine Vielzahl von Kandidaten bereit. Wie bereits erwähnt, sollten Sie jedoch genau prüfen, welche der vorgeschlagenen Ergebnisse in Ihr Projekt passen. Oft stehen weit mehr Artefakte bereit, als Sie brauchen. Die über die Architektur gefundenen Entwicklungsgegenstände können Sie damit aus Sicht des Vorgehens präzisieren (Anforderungen an das User Interface, Feindesign für das User Interface, Software-Komponente User Interface, Testfälle für das User Interface).

Das Vorgehensmodell hilft

Unabhängig von diesen beiden Quellen müssen Sie sich natürlich auch die Liefergegenstände selbst anschauen. Einige Entwicklungsgegenstände leiten sich direkt aus den vereinbarten Liefergegenständen ab, wie zum Beispiel die Anwenderausbildung, ein Migrationskonzept oder die Beschaffung der Hardware-Infrastruktur.

Seien Sie kreativ!

Verfeinern Sie Ihre Entwicklungsgegenstände so lange,

Wann haben Sie genug?

- bis Sie sicher sind, alle wichtigen Ergebnistypen identifiziert zu haben;
- bis Sie anhand dieser Gegenstände den Aufwand erneut schätzen können;
- bis eindeutige und prüfbare Ergebniseinheiten vorliegen, die einer Person oder einem Team zugeordnet werden können;
- bis alle im Team nachvollziehen können, was von Ihnen erwartet wird.

Die Entwicklungsgegenstände bilden den wichtigsten Bezugspunkt für das Projektmanagement in agilen Projekten. Nehmen Sie sich deshalb für diese Aufgabe ausreichend Zeit.

 Ergebnis: Entwicklungsgegenstände des Projekts

5.5.3 Projektstruktur präzisieren

Die Struktur der Entwicklungs- aufgaben

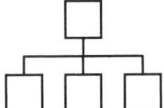

Der Projektinhalt ist durch das Festlegen der Entwicklungsgegenstände inzwischen hinreichend genau definiert. Auch Ihre Systemanalytiker und Architekten waren nicht untätig. Eine erste Anforderungsspezifikation und Systemarchitektur liegen inzwischen vor. Mit diesem neuen Wissen verifizieren Sie Ihren ersten Projektstrukturplan und versuchen durch Zusammenfassen, Ergänzen oder Aufteilen eine optimale Projektgliederung zu erreichen. Im Mittelpunkt stehen die Entwicklungsaufgaben. Noch bestehende „Platzhalter" lösen Sie jetzt so weit auf, bis Sie die Verantwortung eindeutig regeln können.

> Am Ende der Initialisierungsphase brauchen Sie eine so stabile Gliederung Ihrer Projektaufgaben, dass Sie mit gutem Gewissen Teams einrichten und mit der parallelen Entwicklung der Software starten können.

Im klassischen Projektmanagement bilden die Elemente des Projektstrukturplans den wichtigsten Bezugspunkt für die Planung und Steuerung des Projekts. Iterative Projekte nutzen ihn für das Verteilen der Verantwortung innerhalb des Teams oder zwischen den Teams bei größeren Projekten.

Wann sind Aufgabenbereiche plan- und steuerbar?

Der klassische Weg

Als Projektleiter müssen Sie die Erledigung der Projektaufgaben managen. Ihr Ziel ist es daher, den gesamten Projektinhalt in sinnvolle, unabhängig voneinander durchführbare Arbeitseinheiten aufzuteilen, die von Teams oder einzelnen Personen ausführbar sind. Folgende Kriterien helfen Ihnen, diesen Anforderungen gerecht zu werden. Achten Sie beim Bilden der Aufgabenbereiche auf:

Checkliste Aufgabenbereich

- ein klar definiertes Endergebnis,
- eine klare Abgrenzung hinsichtlich Entwicklungsaufgabe und -gegenstand,
- eine Größe, die eine Person inhaltlich verantworten kann,
- möglichst einheitliche(n) Abstimmpartner,
- einen optimalen Ressourceneinsatz (qualitativ und quantitativ),
- einen Aufwand von weniger als 100 Personentagen und
- eine Dauer unterhalb von 6 Monaten.

Ein Aufgabenbereich umfasst also Tätigkeiten, die sachlich zusammengehören und von einer Person oder Personengruppe eigenverantwortlich durchgeführt werden sollen. Der Umfang kann damit sehr unterschiedlich ausfallen. Er kann von den Tätigkeiten einer Einzelperson bis hin zur Vergabe eines Entwicklungsauftrages an einen externen Partner reichen. Die weitere Strukturierung und Planung erfolgt im letzten Fall außerhalb Ihres Projekts. Als Projektleiter sollten Sie allerdings trotzdem einen Blick hinter die Kulissen werfen und mit Ihrem Entwicklungspartner gemeinsam die wichtigsten Ergebnisse und Schnittstellen abstimmen. Nur so können Sie auch diese Aufgabenbereiche effizient in die Statusverfolgung einbeziehen.

> **Definition:** Ein *Aufgabenbereich* ist ein Strukturelement, das Projektauf-
> gaben und -ergebnisse aus inhaltlicher, zeitlicher und organisatorischer
> Sicht strukturiert. Die Abhängigkeiten der Ergebnisse und Aufgaben in-
> nerhalb eines Aufgabenbereiches sind hoch, hinsichtlich von Ergebnissen
> und Aufgaben außerhalb des Aufgabenbereiches dagegen gering. Aufga-
> benbereiche erleichtern eine klare Zuweisung der Verantwortung.

Wie gelangen Sie zu einer stabilen Projektstruktur?

Sie wechseln jetzt das Vorgehen und versuchen, vom Einzelnen zum Allgemeinen vorgehend sinnvolle Aufgabeneinheiten zu bilden. Ihr Ziel ist es, logisch
und inhaltlich zusammengehörende Entwicklungsgegenstände oder Entwicklungsaufgaben aus der Sicht des Ablaufs, der Verantwortung und der fachlichen und technischen Systemstruktur in einem Aufgabenbereich zusammenzufassen (vgl. Abbildung 5.12).

Der induktive Weg

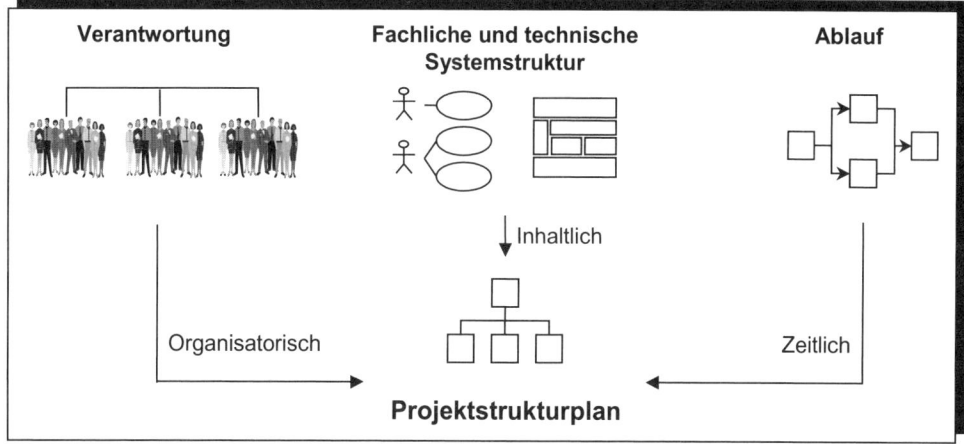

Abbildung 5.12: Einflussfaktoren auf die Gliederung eines Projekts

Auch hier helfen Ihnen Systemmodell und Architektur die richtige Struktur für
Ihre Entwicklungsaufgaben zu finden. Je nachdem, ob Sie eher Techniker sind
oder sich am Kunden orientieren wollen, stehen Ihnen zwei Wege offen:

- Hauptaugenmerk Kunde: Ihre Projektstruktur folgt der fachlichen Sicht.
  Sie orientieren sich bei der Bildung der Aufgabenbereiche an der fachlichen Architektur (Geschäftsprozesse, Uses Cases, fachliche Domänen).

- Hauptaugenmerk Technik: Ihre Projektstruktur folgt der technischen Sicht.
  Sie orientieren sich bei der Bildung der Aufgabenbereiche an der technischen Architektur (technische Komponenten des Systems).

Moderne Analysemodelle versuchen die Komplexität der fachlichen Aufgaben
dadurch in den Griff zu bekommen, dass statt einzelner Aufgaben komplette

Kundensicht

Geschäftsprozesse oder Teilprozesse betrachtet werden. Da der Kunde die Fertigstellung von solchen Prozessen geschlossen erwartet, geben Ihnen die Analysemodelle mit ihrer hierarchischen Struktur einen guten Anhaltspunkt zur Bildung von Aufgabenbereichen. Ist Ihr Projekt mit Geschäftsprozessen alleine nicht beherrschbar, werden Sie oberhalb der Prozesse noch zur fachlichen Domänenbildung kommen (zum Beispiel Lebensversicherung, Haftpflichtversicherung, Rentenversicherung ...). Sie müssen nach diesen größeren Einheiten nicht suchen, da die Systemanalytiker sie im Zuge der Entwicklungstätigkeiten ohnehin dokumentieren.

Technische
Architektur

Auch die Architekten geben Ihnen Schützenhilfe beim Bilden von Aufgabenbereichen, weil sie aus technischer Sicht das Produkt nach ähnlichen Kriterien strukturieren wie Sie als Manager Ihre Aufgabenbereiche: klare Verantwortung, minimale Schnittstellen, Aufgaben rund um Objekte gruppiert. Wenn Sie also nicht fachliche Kriterien zur Projektstrukturierung nutzen, stehen Ihnen die Komponenten der Systemarchitektur als Kandidaten für Aufgabenbereiche zur Verfügung.

Nutzen Sie die Vorteile der objektorientierten Software-Entwicklung für eine effiziente Arbeitsorganisation, indem Sie Ihr Projekt entlang der Komponenten (schmale Schnittstellen) gliedern und damit auch schmale Schnittstellen zwischen Ihren Aufgabenbereichen erhalten.

Jetzt müssen Sie Entscheidungen treffen: Zum Beispiel, ob alle Entwicklungsarbeiten für einen Use Case in einem Aufgabenbereich stattfinden oder aufgeteilt in verschiedenen, oder wo die Grenzen zwischen den Aufgabenbereichen liegen, die fachliche Komponenten entwickeln, und jenen, die technische Basiskomponenten bereitstellen.

7 +/- 2

Bitte denken Sie bei allem, was Sie tun, an die Überschaubarkeit Ihrer Projektstruktur. Sie sollten nicht mehr als 7 bis 9 Aufgabenbereiche pro Strukturebene festlegen. Immer dann, wenn Sie auf weit mehr als zehn Elemente kommen, sollten Sie Ihre Struktur durch Einführen einer zusätzlichen Ebene wieder vereinfachen.

Sobald ein Aufgabenbereich inhaltlich anhand der Entwicklungsgegenstände klar umrissen ist und Sie ihn eindeutig einer Person oder einem Team zuordnen können, sollten Sie aufhören, Ihre Aufgabenstruktur weiter zu verfeinern.

An dieser Stelle werden Sie deutlich spüren, dass die Projektplanung kein Prozess ist, in dem die einzelnen Aktivitäten streng sequentiell durchlaufen werden, sondern dass ein hoher Grad an Parallelität aller Aktivitäten erforderlich ist und Wiederholungen normal sind. Sie entdecken zum Beispiel eine neue Aufgabe, die Ihre bisherige Gliederung in Frage stellt. Oder Sie stoßen durch das Aufteilen eines Aufgabenbereiches auf weitere Entwicklungsgegenstände und erkennen, dass Ihre Entwicklungsgegenstände noch ungenügend abgegrenzt sind.

Das Fazit

Liefergegenstände definieren den Projektinhalt aus Kundensicht. Entwicklungsgegenstände beschreiben ihn aus der Perspektive der Entwicklung. Beide führen zu einer ergebnisorientierten Zerlegung. Aufgabenbereiche unterstützen das Managen der Projektaktivitäten. Teilprojekte kommen bei großen Projekten ins Spiel. Im Projektstrukturplan verarbeiten Sie diese verschiedenen Strukturierungsansätze, um am Ende eine Projektstruktur zu erhalten, die allen Bedürfnissen gerecht wird.

Mehrere Sichten auf eine Sache

Mit Hilfe der folgenden Fragen können Sie die Zweckmäßigkeit Ihrer Ergebnis- bzw. Aufgabengliederung abschließend prüfen:

- Sind die Einheiten auf der niedrigeren Ebene sowohl notwendig als auch hinreichend für die Erstellung der zerlegten Einheit? Wenn nicht, müssen Sie Einheiten hinzufügen, streichen oder neu definieren.

Checkliste Projektstruktur

- Ist jede Einheit klar und vollständig definiert? Wenn nicht, müssen Sie die Beschreibung präzisieren oder ergänzen.

- Kann jede Einheit terminiert werden? Können die Kosten geplant werden? Kann die Einheit einer bestimmten Person oder Personengruppe zugewiesen werden? Wenn nicht, müssen Sie Ihre Projektstruktur nochmals überarbeiten, um eine angemessene Zerlegung zu erhalten.

Die Erstellung des Projektstrukturplans ist nicht einfach. Sie verlangt eine hohe Sachkompetenz, Abstraktionsvermögen und Denken in Zusammenhängen. Sinnvollerweise sollte sie in einem kleinen, kompetenten Team erfolgen, das Sie als Projektleiter moderieren. Ihr wichtigster Mitstreiter ist Ihr Architekt.

Warum das alles?

Vielleicht stellen Sie sich an dieser Stelle die Frage: Warum müssen wir die Ergebnisse und Aufgaben des Projekts bereits so genau beschreiben? Die Antwort: Um einen Bezugspunkt für die anschließende Planung von Kosten und Terminen zu haben. Zeit, Ressourcen und Qualität beziehen sich immer auf ein konkretes Ergebnis oder die Aufgabe, die zur Erzeugung dieses Ergebnisses erforderlich ist. Eine Planung, die zusammenhangslos einige Zahlen in den Raum stellt, hat wenig Sinn. Entwicklungsgegenstände und Aufgabenbereiche bilden den Bezugspunkt für die Aufwandsschätzung und die Zuordnung der Ressourcen. Auch die Struktur der Teams orientiert sich an der inhaltlichen Gliederung des Projekts. Der Projektstrukturplan ist das Skelett Ihrer Planung.

Das Skelett der Planung

Der zweite wichtige Aspekt: Der Weg wird klar! Viele Jahre Projektpraxis zeigen: Selbst wenn die ersten Schätzungen und Termine wenig korrekt sind, der Lösungsweg, den Sie sich so mühsam erkämpft haben, hat Bestand und begleitet Sie durch das ganze Projekt. Dies gilt insbesondere für die Gliederung des Projekts auf Top-Ebene.

Der Weg ist klar

Der Lerneffekt

Ein dritter Aspekt: Sie lernen sehr viel! Es wird Sie verblüffen, wie viele neue und wichtige Dinge über Ihr Projekt Sie auf Ihrem Weg zum Plan erfahren.

Fassen wir abschließend noch einmal zusammen, warum eine tragfähige Projektstruktur gebraucht wird:

- Der Projektstrukturplan zerlegt das gesamte Projekt in abgestimmte Aufgabenbereiche und stellt damit sicher, dass alle notwendigen Aufgaben und Ergebnisse erfasst sind.
- Für die einzelnen Aufgabenbereiche können jeweils die zu erzielenden Ergebnisse sowie der Personal- und Materialeinsatz präzise ermittelt und während der Durchführung genauer kontrolliert werden.
- Der Projektstrukturplan ist im klassischen Projektmanagement eine Hilfe für die Festlegung des Ablaufes der Projektaufgaben.
- Die Gliederung in Aufgabenbereiche und Teilprojekte lässt eine Aufteilung der Verantwortung zu.
- Die Abgrenzung unabhängiger Aufgabenbereiche ermöglicht eine Vergabe von Aufgaben an außen stehende Projektpartner.

☞ **Ergebnis:** Projektstrukturplan

5.5.4 Aufwandsschätzung in IT-Projekten

	Aufwand	Kosten
AB 1	300 PT	300 T. Euro
AB 2	150 PT	150 T. Euro
AB 3	80 PT	80 T. Euro

Wer kennt Sie nicht, die beiden Fragen, die jeden Projektleiter zum Schwitzen bringen: Wie teuer ist es und wann ist es fertig? Noch bevor der Inhalt einigermaßen geklärt ist, stehen sie im Raum und verlangen eine Antwort, weil entweder der Kunde sofort ein Angebot fordert oder Ihr Manager sonst keine Entscheidung für das Einrichten des Projekts treffen will. Selbst wenn die Anforderungen bekannt sind und die Technologie beherrschbar ist, bleibt unsicher, wie viel Aufwand das neue System wirklich benötigen wird. Der Grund: Sie können die Kosten nur schätzen, aber nicht messen!

Schätzen setzt Erfahrung voraus

Das Schätzen von Software-Projekten ist schwierig. Da ist zum einen die Komplexität der Software, die oft verkannt wird. Zum anderen ihre Einzigartigkeit. Unterschiedliche Randbedingungen in den verschiedenen Projekten führen zu unterschiedlichen Architekturen und erschweren damit die direkte Vergleichbarkeit. Auch die Anforderungen, die in Software-Projekten oft unklar und unvollständig sind oder sich im Projektverlauf ändern, stellen eine Herausforderung dar. Und noch ein Aspekt macht Ihre Aussagen unsicher: die Effektivität und Produktivität ist von Entwickler zu Entwickler sehr verschieden.

- Erfahrung ist eine grundlegende Voraussetzung für jede Schätzung.
- Erfahrungen können Sie durch Messen aufbauen.

Schätzen bedeutet eine Größe vorhersagen, die man nicht genau kennt und die man nicht messen kann. Um den Aufwand Ihres Projekts bzw. die Größe des neuen Systems einschätzen zu können, benötigen Sie Erfahrungswerte über den Aufwand ähnlicher Projekte oder die Größe vergleichbarer IT-Systeme, die in der Vergangenheit gemessen worden sind. Sie müssen Analogien finden und Erfahrungen auswerten. Ist die Analogie unpassend, gleitet Ihre Schätzung ins Raten ab.

Schätzen setzt Messen voraus

Für das Schätzen in Software-Projekten stehen Ihnen inzwischen Erfahrungen aus einer langjährigen Projektpraxis zur Seite.[5] Noch effizienter ist es natürlich, wenn Sie auf eigene Messwerte zurückgreifen können. Dieses Wissen steckt jedoch oft nur in den Köpfen der Mitarbeiter.

Achten Sie daher darauf, durch kontinuierliches Messen im Projektverlauf dieses Wissen zu dokumentieren (vgl. Kapitel 6). Neben dem eigentlichen Schätzergebnis sollten Sie auch

- die Methode, die der Schätzung zugrunde lag,
- die Annahmen und Prämissen, von denen Sie ausgegangen sind und
- den Zeitpunkt, zu dem die Schätzung erfolgte,

festhalten.

Wie können Sie vorgehen?

Es gibt zwei grundlegende Ansätze:

- Die *Makroschätzung*
  Sie versuchen, aus dem Vergleich mit einer ähnlichen Aufgabe auf den Umfang Ihrer Aufgabe zu schließen.

  Analogien suchen

- Die *Mikroschätzung*
  Sie zerlegen Ihr Schätzobjekt (Software-System oder Projektinhalt) in kleinere Einheiten, die einfacher zu schätzen sind, und suchen dann wieder nach Analogien. Die Zerlegung kann für die einzelnen Bereiche unterschiedlich tief sein. Das Abbruchkriterium ist Ihre Erfahrung. Immer, wenn Sie glauben, eine Schätzung abgeben zu können, brechen Sie ab.

  Zerlegen, bis bekannte Teile entstehen

Die Größe eines Software-Systems und der Aufwand, der zu seiner Herstellung erforderlich ist, weisen einen nichtlinearen Zusammenhang auf. Deshalb werden beide Dinge immer getrennt geschätzt. Man unterscheidet zwischen einer Produktschätzung (Größenschätzung) und einer Projektschätzung (Aufwandsschätzung). Geschätzt wird also entweder der Umfang der geplanten Aufgaben oder die Größe des neuen Software-Systems.

---

[5] Mehr Informationen zu Schätzmethoden finden Sie z.B. in [Put78], [Jon98], [Kra01].

Die Produktschätzung (Programmgrößenschätzung)

Mikroschätzung durch Zerlegen

Der Produktschätzung geht immer eine Zerlegung voraus. Geschätzt wird die Größe des Programms unabhängig vom jeweiligen Herstellungsprozess. Für die Zerlegung können Sie unterschiedliche Ansatzpunkte wählen:

- die Strukturelemente der Architektur: Komponenten, Klassen, Objekte, Methoden, Module, Prozeduren,
- die Programmzeilen (Lines of Code) eines Programms,
- die Verben, Substantive oder Worte einer Spezifikation,
- die Functionpoints einer Spezifikation,
- die Widgets des User Interface.

In objektorientierten Projekten nutzen Sie als Bezugspunkt Use Cases und Klassen. Das Software-System wird so lange zerlegt, bis Sie Use Cases bzw. Klassen finden, die Ihnen vertraut sind und für die Sie sich eine zuverlässige Schätzung zutrauen oder für die Ihnen Aufwandswerte aus früheren Projekten vorliegen. Der Gesamtwert für das Produkt ergibt sich aus der Summe dieser Einzelschätzungen. Hier darf addiert werden! Um Skalierungsfehler zu minimieren, sollten unbekannte Elemente eine ähnliche Größe haben wie bekannte.

Produktschätzung in der Initialisierung

Eine Produktschätzung im Rahmen der Initialisierungsphase gibt Ihnen wichtige Hinweise auf den Umfang und die Laufzeit des Projekts. Sie kann im Anschluss an die Systemanalyse (Zerlegung der Funktionalität in Use Cases) oder nach dem Entwurf einer ersten Systemarchitektur (Zerlegung des Systems in Komponenten) erfolgen.

Fehler vermeiden

Die größte Fehlerquelle beim Schätzen der Produktgröße ist die Annahme der vermeintlichen Vollständigkeit. Oft ist den Betroffenen nicht einmal bewusst, dass die Spezifikation oder die Architektur noch unvollständig sind. Viele Projekte starten ohne oder mit einer sehr vagen Spezifikation. Trotzdem wird bereits zu diesem frühen Zeitpunkt (Projektvorbereitung) eine verbindliche Kosten- und Zeitaussage verlangt. In der Initialisierungsphase durchdenken Sie vor Ihrer Schätzung zusammen mit Ihrem Team architektonisch die gesamte Breite des Systems vollständig (horizontale Zerlegung). Werden zusätzlich bereits erste Ausschnitte des Systems realisiert (T-Stich), liegen Ihnen sogar schon Messwerte für die Schätzung vor. Fehler können Sie zusätzlich vermeiden, indem verschiedene Personen das Produkt zerlegen und anschließend schätzen.

 Ergebnis: Produktgröße

Die Projektschätzung (Aufwandsschätzung)

Makro- und Mikroschätzung

In der Regel wenden Sie zur Projektschätzung immer beide Schätzmethoden an. Die Makroschätzung wird vor allem in der Vorbereitungsphase eines Projekts eingesetzt, wenn es darum geht, zunächst das Projekt als Ganzes hinsichtlich seiner Kosten und seines Personalbedarfs zu bewerten, um z.B. ein erstes

Angebot zu erstellen. Die Mikroschätzung nutzen Sie dagegen stärker in der Initialisierungsphase, wenn Sie Ihr Projekt bereits strukturiert haben. Beide Schätzarten ergänzen sich. Sie können mit der Mikroschätzung der Initialisierungsphase Ihre Makroschätzung der Projektvorbereitung verifizieren und umgekehrt.

Bevor Sie mit der eigentlichen Schätzung starten, sollten Sie zunächst unabhängig vom „Mikro"- oder „Makro"-Schätzen folgende Fragen durchdenken:

Checkliste Aufwandsschätzung

- Welche Probleme könnte es bei der Einrichtung der Projektorganisation geben? Wie ist die Einstellung der Entwickler, Anwender und Manager zum Projekt? Sind die Ansprechpartner bekannt und verfügbar?
- Wie groß ist das Projekt? Welcher zusätzliche Kommunikationsaufwand ergibt sich daraus? Wo ist dieser berücksichtigt?
- Welche neuen und wie viele unterschiedliche Technologien oder Produkte werden eingesetzt? Wie ausgereift sind diese? Welche Unterstützung können Sie von den Lieferanten erwarten? Welche Erfahrungen liegen vor?
- Wie sieht es mit der Infrastruktur des Projekts aus? Ist der Entwicklungsprozess bekannt? Sind Ihre Leute ausgebildet?
- Mit welchen Risiken müssen Sie rechnen?

Um eine Grundlage für Ihre Schätzung zu erhalten, haben Sie das Projektprodukt in Liefergegenstände und dann nochmals in Entwicklungsgegenstände zerlegt bzw. die Projektaufgaben in Teilprojekte und Aufgabenbereiche gegliedert. Diese kleineren Einheiten versuchen Sie nun über Analogien zu bewerten. Je überschaubarer eine Aufgabe ist, desto korrekter wird Ihre Schätzung ausfallen. Die Qualität Ihrer vorausgehenden inhaltlichen Planung bestimmt demzufolge maßgeblich die Qualität Ihrer Schätzung. Jetzt wissen Sie auch, warum wir so viel Mühe in die Gliederung der Entwicklungsgegenstände und Projektaufgaben gesteckt haben.

Mikroschätzung des Projektaufwandes

Schätzen Sie immer:
- einen optimistischen,
- einen realistischen und
- einen pessimistischen Wert.

Streichen Sie Ausreißer und bilden Sie pro Bereich den Mittelwert.

Den Entwicklungsaufwand für einzelne Systemkomponenten können Sie über eine Produktschätzung relativ genau ermitteln. Wesentlich schwieriger gestaltet sich das Bewerten der querschnittlichen Aufgaben. Hier können Sie nur auf Erfahrungswerte aus ähnlichen Projekten zurückgreifen. Für das Projektmanagement wird oft ein Wert von 10 % des geschätzten Gesamtaufwandes angenommen, wobei dieser Anteil bei sehr großen Projekten auf bis zu 20 % steigen kann. Für die Qualitätssicherung sollten Sie mindestens einen Aufwandsanteil von 25 % einkalkulieren, wenn Sie das Testen als einen Teil davon betrachten. Ansonsten liegt dieser Wert bei ca. 10 % des Entwicklungsaufwandes.

Die Qualität Ihrer Aufwandsschätzung hängt u.a. von drei Faktoren ab:

- Sie haben bei der Planung Ihres Projekts keine wichtigen Ergebnisse und Aufgaben vergessen.
- Für die Ermittlung des Aufwandes lagen Ihnen zuverlässige Vergleichswerte vor.
- Sie haben den Zusatzaufwand für das iterative Vorgehen richtig angesetzt.

Wenn die Zerlegung der Aufgaben nicht detailliert genug war, können sich leicht Fehler einschleichen. Das Projekt wurde in seiner strukturellen Komplexität unterschätzt. Ihr Aufwand fällt zu gering aus. Der Grund ist die nichtlineare Erhöhung der Aufwände für querschnittliche Tätigkeiten mit zunehmender Projektgröße. Insbesondere steigt der Kommunikations- und Koordinierungsaufwand mit zunehmender Teamgröße überproportional. Dies wird in vielen Projektaufwandsschätzungen nicht berücksichtigt. Investieren Sie daher genügend Zeit und „Hirn" in die Projektgliederung.

➜ Abschnitt 5.5.3 Einfache Aufgaben lassen sich leichter schätzen als komplexe! Zerlegen Sie deshalb unüberschaubare Aufgaben!

Denken Sie auch daran: Sie haben sich für ein iterativ-inkrementelles Vorgehen entschlossen, weil die Anforderungen noch unklar sind oder weil Sie in der Architektur ein hohes technisches Risiko vermuten. Diesen Risiken müssen Sie mit der Bewertung des Aufwandes Rechnung tragen.

Abschließend noch einige Tipps aus der Praxis:

- Verschaffen Sie sich Erfahrungen aus früheren Projekten, indem Sie zum Beispiel Ihre Mitarbeiter befragen oder abgeschlossene Projekte sichten.
- Betrachten Sie besonders aufmerksam diejenigen Aktivitäten im Projekt, die mit der Projektgröße überproportional zunehmen (Kommunikation, Dokumentation, Managementaufwand, Infrastruktur).
- Arbeiten Sie mit unterschiedlichen Zerlegungen und mehreren Personen. Lassen Sie jede Aufgabe von mehreren Personen schätzen. Verifizieren Sie Ihre Schätzung im Team und mit Experten.
- Binden Sie jene Personen in die Schätzklausur mit ein, die im Nachgang die Aufgabe auch erledigen werden.
- Validieren Sie die Mikroschätzung mit einer Makroschätzung.
- Kommunizieren Sie Ihre Schätzung gegenüber Ihrem Auftraggeber und Kunden.

Sie merken, Aufwand und Nutzen müssen auch hier im richtigen Verhältnis stehen. Je genauer Ihre Schätzung werden soll, um so mehr Zeit müssen Sie in die Vorbereitung und Durchführung investieren (feinere Zerlegung, mehrere Schätzpersonen, wiederholtes Schätzen).

☞ **Ergebnis:** Projektaufwand

5.5.5 Iterationen bilden

Mit Ihrer ersten Planung haben Sie den Ablauf Ihres Projekts in einzelne Entwicklungsphasen unterteilt. Nun werden Sie konkreter. Um eine differenziertere Planung und Steuerung der einzelnen Entwicklungsphasen zu erreichen, unterteilen Sie im Kontext der objektorientierten Software-Entwicklung diese weiter in kleinere zeitliche Segmente, den sogenannten Iterationen (Abbildung 5.13).[6] Jede Iteration ist eindeutig durch ihre Ergebnisse und Zeitdauer definiert.

> ▶ **Definition:** Eine *Iteration* ist ein Zeitabschnitt innerhalb einer Entwicklungsphase, der gekennzeichnet ist durch die wiederholte Durchführung verschiedener Entwicklungsaktivitäten und der jeweils mit einem definierten, vor Iterationsbeginn fest vereinbarten Ergebnis endet.

Iteration

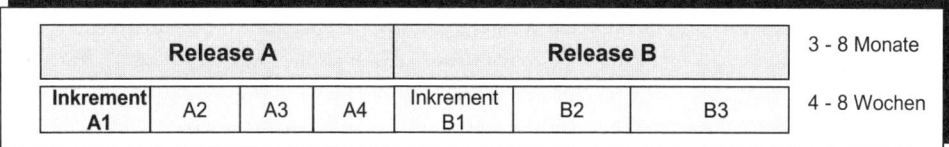

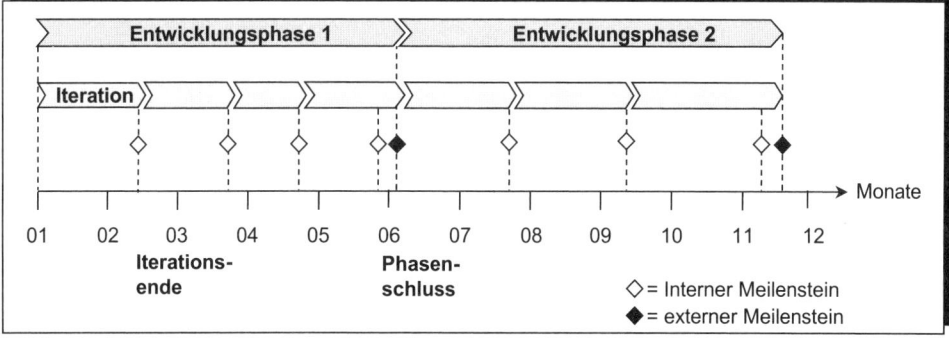

Abbildung 5.13: Das Zusammenspiel von Entwicklungsphasen und Iterationen

Demzufolge stehen Sie vor der Aufgabe, jede Iteration inhaltlich und zeitlich zu definieren. Dies gelingt Ihnen über die folgenden Schritte:

- ■ Überlegen Sie, in wie viele Iterationen Sie eine Entwicklungsphase aufteilen wollen, und legen Sie die Dauer der einzelnen Iterationen fest.
- ■ Definieren Sie für jede Iteration das übergreifende Ziel.
- ■ Schätzen Sie den Aufwand ab, der hinter dem Ziel steckt, und prüfen Sie die prinzipielle Machbarkeit.
- ■ Fassen Sie Ihre Überlegungen im Entwicklungsplan zusammen.

---

[6] Auch in klassischen Projekten wird der Ablauf der Projektdurchführung weiter strukturiert. Hier sind Meilensteine das Mittel der Wahl.

In der Initialisierungsphase verschaffen Sie sich einen ersten Überblick zur möglichen Anzahl und die grundsätzlich umzusetzenden Ziele der einzelnen Iterationen. Sie werden diese erste Planung noch öfter anpacken und mit Beginn einer jeden Iteration wiederholt den neuen, sich im Projektverlauf ergebenden Erfordernissen Ihres Projekts anpassen. Die Feinplanung einer einzelnen Iteration erfolgt erst in der Projektdurchführung.

→ Kapitel 6

Wie viele Iterationen sind sinnvoll?

Die Anzahl der Iterationen und deren jeweilige Dauer hängen von vielen Faktoren ab, zum Beispiel von Inhalt, Größe und Komplexität der Aufgabe, aber auch von der Verfügbarkeit und Produktivität Ihrer Entwickler und nicht zuletzt von Ferienzeiten, Steering Board-Sitzungen, Kundenpräsentationsterminen und anderen von außen gesetzten Randbedingungen.

4 – 8 Wochen

Die Anzahl der Iterationen können Sie über den benötigten Entwicklungsaufwand und die verfügbaren Ressourcen abschätzen. Beim Festlegen der Dauer sollten Sie sich immer von der Frage leiten lassen, was in dieser Zeit Sinnvolles im Projekt erreicht werden kann. Wählen Sie die Zeitspanne zu kurz, entsteht nur Hektik. Wählen Sie sie zu lang, geht Ihnen der positive Effekt der frühzeitigen Einflussnahme verloren, Ihre Ergebnisse bleiben zu abstrakt. Gewöhnlich dauert eine Iteration zwischen vier und acht Wochen. Bei sehr großen oder sehr kleinen Projekten werden Sie Ihre Iterationen entsprechend verlängern oder verkürzen.

Legen Sie die Dauer der Iterationen stets mit Augenmaß fest!

Fix oder variabel

An dieser Stelle entscheiden Sie auch, ob Sie mit einer fixen Dauer arbeiten möchten, oder ob – abhängig vom Projektinhalt und -fortschritt – die Dauer einer Iteration flexibel ist. Die Praxis zeigt, dass eine starre Länge der Iterationen eher hinderlich als förderlich ist. Der Rhythmus ist entscheidend, nicht die exakte Einhaltung von 6 Wochen.

Tabelle 5.3: Projektphasen und Iterationen

Projektphase	Dauer	Ziel	Iterationen
Vorbereitung	2 – 5 Wochen	Problem verstehen Projekt definieren	meist nicht erforderlich
Initialisierung	1 – 3 Monate	Lösung aufzeigen Projekt planen und organisieren	nur bei größeren und komplexen Aufgabenstellungen 2 Iterationen sinnvoll
Durchführung	3 – 9 Monate	Lösung umsetzen Projekt managen	in 2 oder 3 Entwicklungsphasen und diese jeweils in 2 bis 3 Iterationen aufteilen oder 2 bis 6 Iterationen bilden

Die Bildung von Iterationen beschränkt sich bei kleineren Projekten auf die eigentliche Software-Implementierung, also zum Beispiel die Construction-Phase des Rational Unified Process (RUP). Bei größeren Projekten und unklaren Lösungen können Sie auch die Elaboration-Phase des RUP in zwei Iterationen aufteilen. Tabelle 5.3 gibt Ihnen eine Orientierung, wie Sie innerhalb der Projektphasen mit Iterationen arbeiten können.

Welches Ziel steht im Vordergrund?

Die funktionalen Ziele der Iterationen sind mit dem Release-Plan vorgegeben. Dieser beinhaltet die Aufteilung der Systemfunktionalität in einzelnen Releases und gibt damit den fachlichen Inhalt der Iterationen vor (vgl. Abbildung 5.13). Darüber hinaus können Sie einer Iteration auch Ziele aus technischer Sicht mitgeben, die nicht direkt einer Funktionalität des Systems entsprechen und sich damit nicht im Release-Plan wiederfinden. Beispiele dafür sind die Verifizierung eines Architekturausschnittes anhand eines Prototypen, das Redesign einer Komponente oder die Verbesserung des Requirement-Prozesses. Weiterhin können sich Restaufgaben aus der vorhergehenden Iteration ergeben. Doch dies ist Inhalt der Feinplanung und beschäftigt uns erst in Kapitel 6.

Funktionale & nichtfunktionale Ziele

Am Anfang Ihrer Planung legen Sie zunächst nur den inhaltlichen Schwerpunkt für jede Iteration fest. Mögliche Zielsetzungen für die ersten Iterationen könnten zum Beispiel sein:

- Realisierung mindestens einer Klasse je Subsystem,
- schmaler Durchstich durch die gesamte Funktionalität oder
- Realisierung der wichtigsten Basisklassen.

Später geht es mit umfangreicheren Zielsetzungen weiter, wie zum Beispiel:

- durchgängiges Zusammenspiel aller Komponenten aufzeigen (Sicherstellen des Signalflusses innerhalb des Geräts oder Ansprechbarkeit der Hardware nachweisen);
- Realisierung kleiner Teile, die in der Summe eine prüfbare, technisch sinnvolle Einheit ergeben (vollständige Implementierung der Komponente „Verteiler") oder
- Bereitstellung einer Teilfunktionalität innerhalb des Gesamtsystems, die aus Sicht des Anwenders eine sinnvolle Einheit ergibt (Realisierung des Use Case „Versicherungsantrag bearbeiten").

Diese Zielsetzungen reflektieren nicht unbedingt die Vorstellungen des Kunden. Seine Wünsche sind im Release-Plan manifestiert. Sie müssen als Projektleiter weiterdenken. Zusammen mit Ihrem Architekt setzen Sie die Schwerpunkte sowohl aus fachlicher wie auch aus technischer Sicht. Die Prioritäten des Kunden fließen ein, aber auch Ihre Überlegungen zu folgenden Fragen:

- Womit erreiche ich schnell vorzeigbare Ergebnisse?
- Was sind risikoreiche Bereiche? Diese Komponenten zuerst realisieren!
- Wie erreiche ich prüfbare Aufgabeneinheiten?
- Wie stehen meine Ressourcen zur Verfügung?
- Womit erreiche ich schnell eine lieferbare Einheit?

→ Kapitel 6

Damit haben Sie zunächst den ersten – aber einen an dieser Stelle völlig ausreichenden – Schritt getan. Aus diesen allgemeinen Zielvorgaben leiten Sie später in der Projektdurchführung die konkreten Entwicklungsziele und -ergebnisse für jeden Entwicklungsgegenstand ab.

Aufwand und Termine

Anforderungen ändern sich

Berücksichtigen Sie bei Ihrer Planung, dass noch nicht alle Anforderungen bekannt sind. Selbst wenn Sie am Ende der Initialisierung zwischen 60 und 80 % der Anforderungen spezifiziert haben, sollten Sie in Ihre Planung einkalkulieren, dass sich ca. 1 bis 2 % der Anforderungen im Monat ändern. Dies bedeutet mitunter mehr als 10 % veränderte Anforderungen bei sechs Monaten Projektlaufzeit und fast 25% bei einer Projektdauer von einem Jahr. Hinzu kommen die Anforderungen, die Sie noch nicht entdeckt haben. Deshalb sollten Sie zu diesem Zeitpunkt mit maximal 60 bis 70 % Ihrer verfügbaren Ressourcen planen. Lassen Sie auch Schätzungenauigkeiten und Risiken in Ihre Überlegungen einfließen.

Ein sauberer Abschluss kostet Zeit

Denken Sie weiterhin daran, dass Sie am Ende der Iteration einige Tage Zeit benötigen, um einen sauberen Abschluss der Entwicklung zu erreichen, die neuen Software-Anteile zu integrieren, das Gesamtsystem zu stabilisieren und bei Bedarf ein Refactoring der Software durchzuführen sowie offen gebliebene Dokumentationen nachzuholen. Kalkulieren Sie ca. 10-20% der Zeit für Integration, Reviews und Stabilisierung ein.

→ Abschnitt 5.3

Mit diesem Wissen können Sie eine erste Terminplanung durchführen. Jede Iteration endet mit einem projektinternen Meilenstein. Handelt es sich gleichzeitig um einen Phasenabschluss, folgt dem internen meist ein externer Meilenstein (vgl. Abbildung 5.13). Beide Meilensteine sollten nicht auf einen Termin gelegt werden, da Sie sich sonst die Möglichkeit nehmen, ggf. festgestellte Mängel noch vor Abgabe an den Anwender zu beseitigen. Orientieren Sie sich beim Festlegen der Iterationsenden an den bereits feststehenden Meilensteinen des Projekts.

Was steht im Entwicklungsplan?

Im Entwicklungsplan halten Sie die Dauer, den Anfangs- und Endtermin, die inhaltlichen Ziele und die Erfolgskriterien für die gebildeten Iterationen fest. Tabelle 5.4 zeigt ein Beispiel.

Tabelle 5.4 Muster für einen Entwicklungsplan

Entwick-lungsphase	Iteration	Dauer	Beginn/ Ende	Ziele/Inhalt	Erfolgs-kriterien	Risiken
EWP 1	1	6 Wochen	...	erster Prototyp	...	...
	2	5 Wochen		Masken		
EWP 2	1	7 Wochen		Basis-komponenten		
	2	6 Wochen		Applikation		
	3	8 Wochen		Applikation		
EWP 3	1	....		...		
	2	...				
...	...					

☞ **Ergebnis:** Entwicklungsplan

5.5.6 Projektplan präzisieren

Sie erreichen den Endpunkt Ihrer Planung in der Initialisierung. Die präzisierte Ergebnisdefinition (Releases und Entwicklungsgegenstände), der ergänzte Projektstrukturplan, die inhaltliche Definition der Iterationen und eine verbesserte Aufwandskalkulation liegen als Basis für diesen letzten Schritt vor. Ein weiteres Mal stehen Sie vor der Aufgabe, Ergebnisumfang, Qualität, Zeit, Personal und Kosten optimal aufeinander abzustimmen.

Sie teilen die Ressourcen auf die einzelnen Teams auf und ordnen den Teams die Aufgaben zu. Lohnt es sich nicht, einzelne Teams einzurichten, weisen Sie die Ressourcen direkt den Aufgabenbereichen zu. Ihre Planung sollte so genau ausfallen, dass Sie Ihren Ressourcenbedarf für die Projektdurchführung beim Management beantragen und durchsetzen können! D.h., Sie sollten jetzt Ross und Reiter konkret benennen können. Die detaillierte Personaleinsatzplanung erfolgt jedoch erst mit Start der Projektdurchführung und ist bei größeren Projekten auch nicht Ihre Aufgabe, sondern die Ihrer Teamleiter.

Ressourcen-planung konkretisieren

Nach Abstimmung mit dem Management legt der Ressourcenplan verbindlich fest, welche Personen für welches Team oder Teilprojekt vorgesehen sind und welches Budget den einzelnen Teilprojekten bzw. Aufgabenbereichen zur Verfügung steht. Bei sehr großen Projekten ist es auch jetzt noch akzeptabel, wenn Sie weiterhin mit der Anzahl der Personen und noch nicht mit konkreten Namen arbeiten. Hier reicht die Planung der ersten Entwicklungsphase aus. Allerdings sollten in jedem Fall alle wichtigen Schlüsselpositionen, wie Teilprojekt- oder Teamleiter, Architekt, Systemintegrator, Qualitätsmanager personell feststehen. Idealerweise ist ein Teil dieser Personen schon während der Initialisierung mit an Bord.

Was, wenn sich das Ziel nicht umsetzen lässt?

Die gestellte Projektaufgabe kostet Zeit, mitunter mehr, als alle Beteiligten ursprünglich annahmen. Im Ergebnis der Planung deutet sich ggf. an, dass die ursprüngliche Prognose der Projektvorbereitung nicht aufrechterhalten werden kann. In der Regel wird nun begonnen, die Funktionalität des beabsichtigten Systems so weit wie möglich zu reduzieren, ohne die Anforderungen des Kunden zu verletzen. Außerdem werden Sie versuchen, die Aufgaben so weit zu parallelisieren, bis es einen kritischen Pfad durch die Aktivitäten gibt, der eine weitere Verkürzung der Projektlaufzeit nicht mehr zulässt. Sind die Kosten trotzdem noch zu hoch und die Projektdauer zu lang, müssen Sie Ihrem Auftraggeber reinen Wein einschenken und beginnen die Anforderungen zu verhandeln, so dass innerhalb des vorgesehenen Zeit- und Budgetrahmens noch ein akzeptables System realisiert werden kann.

Pläne sind Schall und Rauch, wenn sie unverbindlich sind. Ein Plan ist demzufolge erst dann ein Plan, wenn Auftraggeber und Management ihre Zustimmung gegeben haben. Sie gelten für alle Beteiligten, also auch den Kunden!

> Ein Plan ist so viel wert, wie er Rückhalt beim Management findet. Ihre Aufgabe ist es, für diesen Rückhalt zu sorgen!

Fassen wir zusammen

Die Hauptaufgabe für das Planungsteam in der Initialisierungsphase besteht darin, auf der Grundlage des gemeinsam erarbeiteten Lösungsweges die Gesamtheit aller erforderlichen Ergebnisse und Aufgaben aufzuspüren und sinnvoll zu strukturieren. Ziel ist es zum einen, die Ergebnisse möglichst vollständig vorherzusehen, um damit den Grundstein für eine korrekte Ressourcen- und Terminplanung zu legen, zum anderen die Gesamtaufgabe so zu strukturieren, dass Ausschnitte von einzelnen Personen oder Teams eigenverantwortlich durchgeführt werden können.

> Agile Projekte arbeiten ergebnisorientiert. Eine gute Ergebnisdefinition ist für sie daher wichtiger als eine detaillierte Aufgabengliederung. Achten Sie darauf, keinen Planungs-Overhead aufzubauen, sondern nur das zu planen, was wirklich benötigt wird; keine Genauigkeit vorzutäuschen, die gar nicht möglich ist, und Schätzungen durch frühzeitiges Messen zu ersetzen.

Hier noch einmal die Inhalte und Ergebnisse der Planung auf einen Blick:

Checkliste
Planung

- Die Ergebnisplanung:
  - erfolgt, um zu beschreiben was vom Projekt erwartet wird;
  - Ergebnisse: Liefergegenstände und Entwicklungsgegenstände.
- Die Aufgabenplanung:
  - erfolgt, um die Aufgaben des Projekts zu strukturieren;
  - Ergebnisse: Projektstrukturplan, Aufgabenbereiche , evtl. Teilprojekte.

- Die Ressourcenplanung:
  - erfolgt, um die Kosten und den Personalbedarf zu bestimmen;
  - Ergebnisse: Projekt-Ressourcenplan, bestehend aus Kostenplan, Personal-plan und Einsatzmittelplan.
- Die Ablauf- und Terminplanung:
  - legt den Ablauf und die Termine für das Projekt fest;
  - Ergebnisse: Arbeitsplan des Projekts mit Meilensteinen und Entwick-lungsphasen; Entwicklungsplan mit Iterationen.
- Die Produktplanung:
  - gliedert das Produkt in einzelne Stufen;
  - Ergebnis: Release-Plan.

Bei allem Optimismus vergessen Sie nicht: Planungen sind zukunftsbezogene Vorhersagen, die immer einer Unsicherheit unterliegen.

☞ **Ergebnis:** verbindlicher Projektplan

5.6 Projekt organisieren

Es liegt in der Natur von Projekten, dass sie nicht auf eine existierende Organisation zurückgreifen können, sondern sich erst eine adäquate schaffen müssen. Jedes Team braucht ein gewisses Maß an Organisation. Ich spreche von Organisation, nicht von Administration! Sie sollen Ihr Projekt nicht verwalten, sondern die Teams mit einer gut durchdachten Infrastruktur bestmöglich unterstützen. Denn weder ein „kreatives Chaos", bei dem Sie sich verausgaben und durch einen undurchdringlichen Dschungel schlagen, noch starre Vorschriften, die Ihrem Team jeden Freiraum nehmen, helfen weiter. Auf das richtige Augenmaß kommt es an. Kleine Projekte brauchen wenig Formalien. Selbstorganisation ist für sie oft eine gute Lösung. Große Projekte mit vielen Beteiligten unterschiedlicher Kulturen, mitunter auch noch auf verschiedene Standorte verteilt, erfordern hingegen sehr effektive und effiziente Spielregeln.

Verfahren, Infrastruktur, Teams

Neben dem Planen bildet die Definition der Projektorganisation einen weiteren Schwerpunkt Ihrer Managementaufgaben in der Initialisierung. Während Sie in der Projektvorbereitung die Einbindung des Projekts in seine Umgebung geklärt haben, beschäftigen Sie sich jetzt stärker mit der projektinternen Organisation. Sie regeln, welche Teams Sie benötigen, wer welche Rolle übernehmen wird, wie die Kommunikation verlaufen soll, wer im Konfliktfall entscheidet, wie die Berichtswege laufen usw. Vorhandene Regeln werden hinsichtlich ihrer Anwendbarkeit geprüft und zielgerichtet für die konkreten Bedürfnisse des Projekts präzisiert sowie bei Bedarf ergänzt. Liegen keine Regeln vor, müssen für das Projekt eigene Verfahrensweisen entwickelt werden.

Initialisierung klärt projektinterne Organisation

Sie sollten alle wichtigen Abläufe Ihres Projekts dokumentieren und damit für das ganze Team transparent machen – allerdings nicht über dicke Prozessbeschreibungen! Denn Regeln und Abläufe, die nur in den Köpfen einiger weniger stecken und sonst im Projekt nicht bekannt sind, nützen nichts! Dies gilt für alle Prozesse im Projekt!

Sind objektorientierte Projekte anders?

Eine Frage, die mir immer wieder gestellt wird: Brauchen objektorientierte Entwicklungsprojekte eine andere Projektorganisation? In vielen Bereichen können Sie die Antwort in den folgenden Abschnitten ganz eindeutig erkennen: Nein! Unabhängig vom Vorgehen erfordert jedes Projekt einen Auftraggeber, einen Projektleiter, ein Team, klare Entscheidungsregeln, eindeutige Berichtswege, eine effiziente Kommunikation usw. Ein iterativ-inkrementelles Vorgehen bringt aber auch einige Besonderheiten mit sich, wie zum Beispiel eine veränderte Art und Weise der Dokumentation, einen gestaffelten Aufbau der Teams oder die Wiederverwendung von Software.

Denken in Produkten und ganzen System!

Die Wiederverwendung ist eine Chance, die Entwicklungseffizienz zu verbessern. Sie geht aber in jedem Fall über das einzelne Projekt hinaus. Das Gleiche gilt für Architekturen im Umfeld größerer IT-Systeme. Beide Dinge setzen neue Akzente im IT-Management. Im Kontext der objektorientierten Systementwicklung entstehen vor allem außerhalb des einzelnen Projekts neue Aufgabenfelder und damit verbunden neue Rollen. Ein Beispiel dafür ist der Entwurf einer projektübergreifenden Systemarchitektur für eine ganze Produktfamilie, ein anderes die Entwicklung von querschnittlichen Komponenten, die in verschiedenen Projekten zum Einsatz kommen, ein weiteres die Koordination des firmenweiten Anwendungs-Frameworks.

Wiederverwendung kommt nicht von alleine. Fördern Sie sie bewusst durch entsprechendes Handeln und eine gut durchdachte Organisation.

5.6.1 Welche Organisationsform ist richtig?

Für einen begrenzten Zeitraum werden Mitarbeiter verschiedener Organisationseinheiten eines oder sogar mehrerer Unternehmen unter Ihrer Führung zusammenarbeiten, um die gestellte Aufgaben zu lösen. Unabhängig davon, wie viele Unternehmen nun beteiligt sind, muss das Projekt in der einen oder anderen Art und Weise in die jeweiligen Unternehmensprozesse der tangierten Organisationseinheiten eingebunden werden.

Die zwei wichtigsten Formen, Projekte zu organisieren, sind:

Reine Projektorganisation

■ *Die „reine" oder autonome Projektorganisation*

Für die Dauer des Projekts wird eine eigenständige Organisation aufgebaut. Die Projektmitarbeiter werden aus ihrer bisherigen Organisation vollständig herausgelöst. Sowohl die fachliche als auch die disziplinarische Verantwortung liegt beim Projektleiter. Der Vorteil dieser Form der Projektorganisation besteht in der klaren und eindeutigen Verantwortung des Projektleiters. Sie ist für zwei Anwendungsfelder besonders geeignet:

- Es handelt sich um eine zeitlich und inhaltlich umfangreiche Aufgabenstellung, die eine komplexe Projektabwicklung mit vielen Beteiligten nach sich zieht. Eine eigenständige Organisation ist daher zweckmäßig.

- Es handelt sich um eine kleine, abgegrenzte Aufgabenstellung mit wenig Schnittstellen nach außen. Das Projekt kann komplett innerhalb einer bestehenden Organisationseinheit durchgeführt werden.

- *Die Matrix-Projektorganisation*

Matrix-Projekt-organisation

Wird das Projekt als Matrix organisiert, verbleiben die Mitarbeiter disziplinarisch in ihrer Organisationseinheit verankert. Als Projektleiter übernehmen Sie für die Dauer des Projekts nur die fachliche Führung für Ihr Team. Für kurze, überschaubare Projekte ist diese Organisationsform gut geeignet. Sie empfiehlt sich vor allem dann, wenn außenstehende Dritte in das Projekt einzubinden sind. Hinsichtlich der Ressourcenverfügbarkeit ist sie allerdings schwer zu managen. Oft gibt es menschliche Konflikte:

- Die Mitarbeiter fühlen sich als „Diener zweier Herren".

- Die Manager sehen sich als Konkurrenten.

Unklare Kompetenzabgrenzungen zwischen Projektleiter und IT-Manager führen zu Konfliktpotentialen, die sich im Projekt schnell negativ entladen können. Eine klare Grenze zwischen Projektarbeit auf der einen und dem normalen Tagesgeschäft auf der anderen Seite ist daher eine zwingende Voraussetzung für eine gute Zusammenarbeit aller Beteiligten.

> Sorgen Sie deshalb von Anfang an für eine klare Regelung zwischen beiden Fronten. Beugen Sie Konflikten durch regelmäßige Gespräche vor, in denen Sie den Mitarbeitereinsatz verbindlich miteinander abstimmen. Beurteilen Sie die Mitarbeiter stets gemeinsam.

In der Praxis hat sich die Kombination beider Formen für größere Projekte bestens bewährt. Die Kernmannschaft des Projekts wird als autonomes Team organisiert. Alle weiteren Mitarbeiter werden dann, wenn sie gebraucht werden, temporär über das Matrix-Modell in das Projekt eingebunden. Firmeninterne oder externe Experten bindet man generell am besten auf diese Art in das Projektgeschehen ein.

> Projekte können nur erfolgreich sein, wenn sie im Unternehmen in eine optimale Umgebung eingebettet sind.

5.6.2 Teams organisieren

Wer arbeitet, verliert den Überblick!

Projektarbeit ist das Zusammenwirken von Menschen. Ihr wichtigster Erfolgsfaktor ist Ihr Team! Widmen Sie deshalb Ihrem Team genügend Zeit. Unabhängig von der Regelung des Außenverhältnisses benötigt Ihr Projekt eine effektive und effiziente interne Organisation. Denken Sie daran: Es ist nicht Ihre Aufgabe, an der Systementwicklung mitzuwirken, sondern Sie sollen Ihrem Team den Rücken freihalten, damit es optimal arbeiten kann und auch arbeiten will.

Ihre Maxime

Schaffen Sie für Ihr Team eine Umgebung, in der es sich wohl fühlt und wachsen kann.

Welche Rollen sind wichtig für mein Projekt?

Was ist eine Rolle?

Um Verantwortung und Aufgabeninhalte unabhängig von konkreten Personen beschreiben zu können, nutzt man das Modell der „Rolle".

▸ **Definition:** Eine *Rolle* beschreibt ein aus organisatorischen und inhaltlichen Aspekten gebildetes Bündel von Aufgaben und die mit der Wahrnehmung dieser Aufgaben verbundenen Kompetenzen – also die Rechte und Pflichten der Person oder Personengruppe, die die Rolle übernimmt. In der Regel wird auch ein Anforderungsprofil definiert, welches die Fähigkeiten und Kenntnisse beschreibt, die für die Ausübung der Rolle nötig sind.

Nicht jedes Projekt braucht jede Rolle!

Im Projektalltag werden Ihnen unterschiedliche Rollen begegnen. Einige typische Rollen in Software-Projekten sind:

- Analytiker, Architekt, Entwickler, Qualitätsmanager, Anforderungsmanager, Anwender, Fachexperte, Domänenexperte, Sicherheitsbeauftragter, Systemintegrator, Projektleiter, Teamleiter, Tester, Konfigurationsmanager

Lassen Sie sich von dieser Vielfalt nicht irritieren. Die Rollen Auftraggeber, Kunde bzw. Anwender, Projektleiter und Entwickler finden Sie in jedem Projekt. Welche Rollen Ihr Projekt darüber hinaus erfordert, hängt von der inhaltlichen Aufgabenstellung, dem Umfang, der Komplexität, der Dauer und auch vom Kontext Ihres Projekts ab. Wir haben diese Zusammenhänge ausführlich in Kapitel 1 besprochen. Wichtig ist, dass Sie die für Ihr Projekt relevanten Rollen eindeutig definieren, d.h. die Rechte und Pflichten verbindlich festlegen. Hierbei hilft Ihnen wieder Ihr Vorgehensmodell. Es liefert für alle wichtigen Rollen der Software-Entwicklung fertige Beschreibungen. Achten Sie darauf, dass die Verantwortung, die Sie einer Rolle zuweisen, und die Aufgabeninhalte, die mit der Rolle verbunden sind, zueinander passen (vgl. Abbildung 5.14).

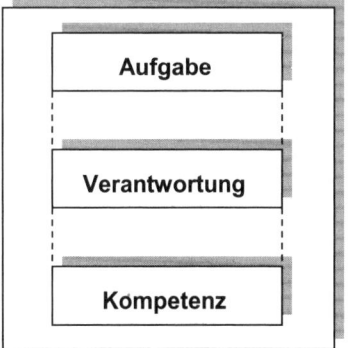 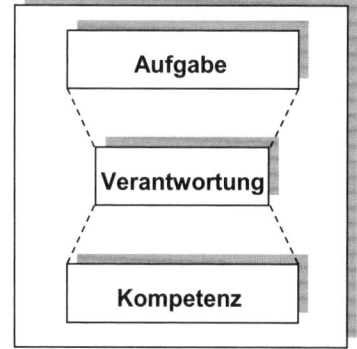

Abbildung 5.14: Ausgewogenheit von Aufgabeninhalt und Verantwortung (aus [Wal01])

Beschränken Sie sich auf wenige Rollen. Zu viele Rollen verwirren das Team eher, als dass sie Klarheit schaffen.

Eine Person kann mehrere Rollen ausüben (z.B. Teamleiter und Requirement-Manager). Es können aber auch mehrere Personen an einer Rolle beteiligt sein (z.B. Architekturteam). Weiterhin kann sich die Rollenzuordnung im Projektverlauf ändern, d.h. ein Mitarbeiter kann zu Beginn des Projekts in einer anderen Rolle tätig sein als am Ende (z.B. erst Entwickler im Kernteam, später Leiter eines Entwicklungsteams).

Die folgenden Regeln sollten Sie jedoch nie verletzen:

■ Ein Software-Entwickler darf nicht gleichzeitig Qualitätsbeauftragter für die Entwicklung sein. Niemand kann sich selbst prüfen!

■ Eine Person sollte nicht mehr als zwei oder drei verschiedene Rollen parallel wahrnehmen.

Rollen umfassen neben den Rechten auch Pflichten. Hinter den Pflichten steckt mitunter ein nicht unerheblicher Aufwand. Achten Sie daher stets darauf, dass die vorgesehene Person über genügend Kapazität verfügt, um die Rolle(n) auch auszufüllen.

Welche Aufgaben erfordern ein eigenständiges Team?

In Software-Projekten haben die Architektur und das Anforderungsmanagement eine zentrale Bedeutung. Deshalb sollten Sie diesen beiden Aufgaben in der Projektorganisation auch einen gebührenden Platz einräumen. In größeren Projekten können Sie diese Aufgaben aus den einzelnen Entwicklungsteams herauslösen und übergreifend ansiedeln. Natürlich verbleiben die Detailanalyse und das Feindesign immer direkt bei der Entwicklung.

Die Größe und Komplexität entscheidet

Weiterhin ist es ab einer gewissen Größenordnung sinnvoll, für querschnittliche Aufgaben eigenständige Teams einzurichten, wie zum Beispiel

- ein Team, das für die Projektinfrastruktur zuständig ist (> 40 Personen),
- ein Team, das die Systemintegration durchführt (> 10), und
- ein Team, das für die Qualitätssicherung verantwortlich ist (> 20).

Diese Teams bestehen während der gesamten Projektlaufzeit, allerdings ändert sich ihre Zusammensetzung in Abhängigkeit vom Fortschritt der Systementwicklung. Am Anfang sind noch nicht viele Integratoren und Tester notwendig, während das Einrichten der Software-Entwicklungsumgebung zunächst einen hohen Aufwand verursacht, der später stark zurückgeht.

Ob separate Teams für diese Aufgaben die richtige Lösung sind, hängt neben der Größe und Komplexität des Projekts auch vom spezifischen Projektumfeld ab. Gibt es zum Beispiel bereits ein Referenz- und Testzentrum im Unternehmen und unterstützt dieses Sie beim Testen, reichen im Projekt selbst ein oder zwei Personen für die Koordination der Tests aus.

Liegt die Inbetriebnahme des fertig entwickelten IT-Systems auch im Scope Ihres Projekts, können Sie mit dieser Aufgabe ebenfalls ein eigenständiges Team beauftragen. Die Inbetriebnahme erfordert andere Kenntnisse und Fähigkeiten und damit eine andere Teamzusammensetzung als die Entwicklung.

Abbildung 5.15 zeigt exemplarisch eine Teamstruktur für ein Software-Projekt mittlerer Größe.

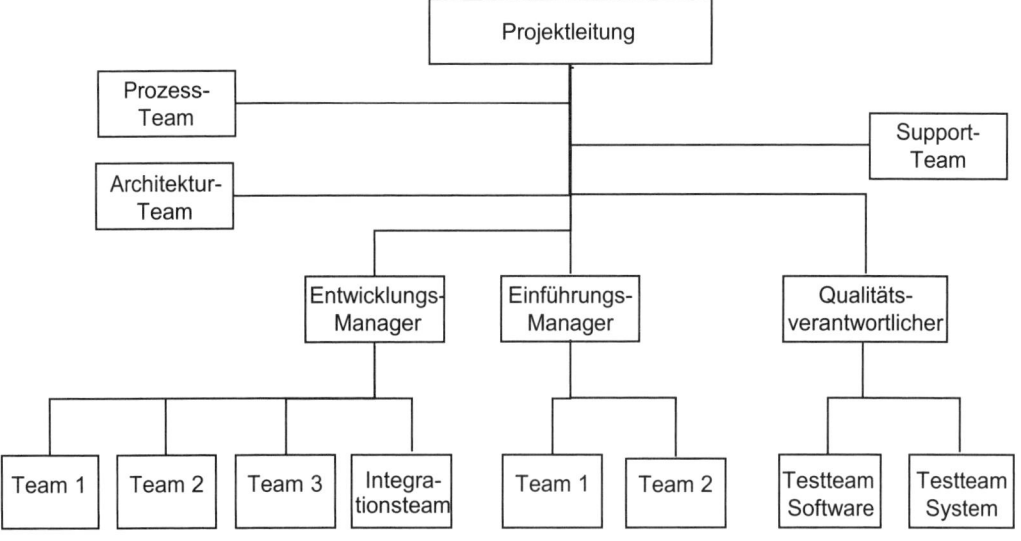

Abbildung 5.15: Beispiel für eine Projektorganisation

Drei Regeln für Teams:

- Ein Team muss mindestens drei Personen umfassen, sonst ist es kein Team!
- Ein gutes Team sollten Sie möglichst nicht wieder auseinander reißen!
- Ein Team, das nicht funktioniert, sollten Sie verändern.

Welche Teamstruktur ist die richtige?

Eine Möglichkeit, Ihr Personal aufzuteilen, haben Sie gerade kennen gelernt. Bleiben wir trotzdem noch kurz bei diesem Thema. Wenn Sie größere Projekte managen müssen, stellt sich für viele Projektleiter die Frage: Wie kann man die Entwicklungsteams am besten strukturieren?

Ein großes Team ist oft nicht die ideale Lösung. Als Manager streben Sie kleinere und damit flexible und steuerbare Einheiten an. Der Haken: Jede Schnittstelle, die Sie schaffen, erzeugt auch Kommunikationsaufwand. Durch ungeschickte Teambildung kann der Abstimmungsaufwand in Ihrem Projekt leicht explodieren. Schaffen Sie deshalb Teams mit schmalen, vor allem aber definierten Schnittstellen! Schmal meint die Größe der Schnittstelle, also den Umfang des Informationsaustausches zwischen den Teams. Es ist ineffizient, wenn bei jeder zweiten Aufgabe des einen Teams Personen aus anderen Teams signifikant beteiligt sind. Noch wichtiger ist jedoch, dass jeder seinen Platz im Projekt kennt und ihm die Kommunikationswege und Informationsschnittstellen bekannt sind. Dies gilt nicht nur für große Projekte. Auch in kleinen Projekten sollte die Aufgabenverteilung gut durchdacht sein!

Schmale Schnittstellen bedeuten wenig Abstimmungsaufwand

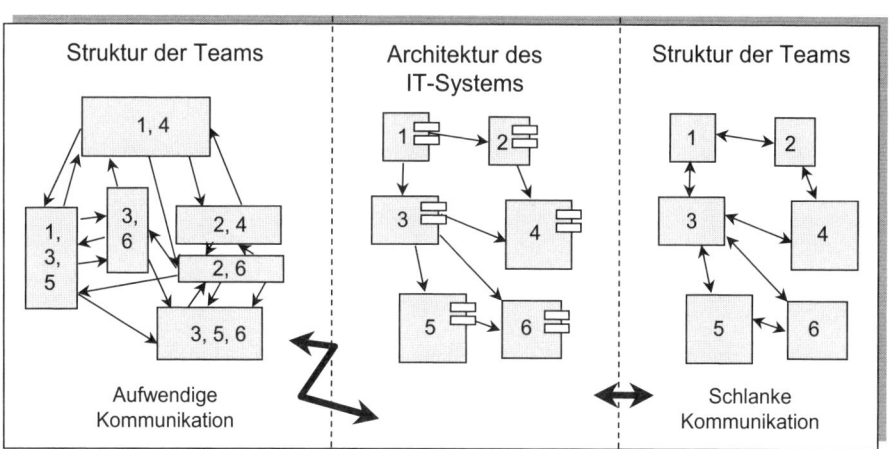

Abbildung 5.16: Das Zusammenspiel von Team- und Systemstruktur

Die Objektorientierung bietet Ihnen eine gute Lösung an. Sie setzt auf Kapselung und die klare Trennung von Verantwortung. Richten Sie Ihre Teams deshalb passend zur Systemarchitektur ein, also korrespondierend zu den Subsys-

Das Prinzip der Kapselung als Lösung

temen bzw. Komponenten, wie in Abbildung 5.16 dargestellt. Diese sollten schmale Schnittstellen untereinander aufweisen, was dann auch automatisch zu geringen Abhängigkeiten unter den Teams führt. Voraussetzung dafür ist ein einigermaßen stabiler Entwurf der Systemarchitektur. Deshalb starten Sie Ihr Projekt mit einem Kernteam, das diese erste Systemarchitektur entwickelt!

> Ihre Teamstruktur sollte sich an der Architektur orientieren! Nutzen Sie die Prinzipien der Kapselung auch in Ihrer Projektorganisation. Aber verwechseln Sie Kapselung nicht mit Information Hiding!

Wer geht wann an Bord?

Eine weitere wichtige Frage, der Sie sich als Projektleiter stellen müssen: Wann geht die Mannschaft an Bord? Oder, genauer gefragt: Wann ist der richtige Zeitpunkt für parallele Teams in größeren Projekten?

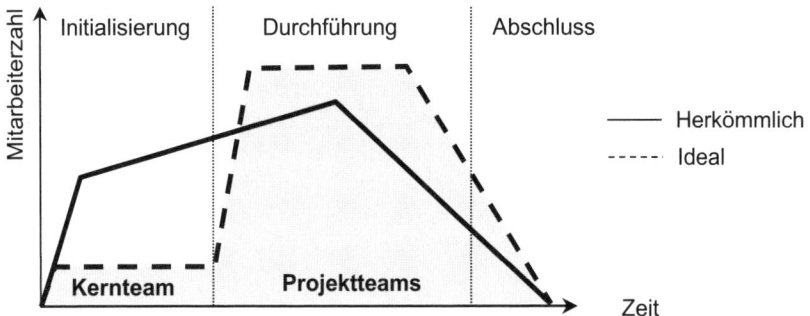

Abbildung 5.17: Personalaufbau im Einklang mit Projektfortschritt

Warum
ein Kernteam?

Die Entwicklung komplexer und größerer IT-Systeme ist oft eine Herausforderung. In der Regel erfordert sie mehrere parallele Entwicklungsteams. Das Projekt als Ganzes muss gut durchdacht, geplant und organisiert sein. Dies kostet Aufwand und Zeit, und die sollten Sie sich nehmen! Es ist nicht erforderlich und wenig sinnvoll, für diese ersten Arbeiten bereits eine große Mannschaft zu beschäftigen (vgl. Abbildung 5.17). Die Erfahrung aus vielen Projekten zeigt, dass dies eher schief geht. Sind zu früh zu viele Personen an Bord, müssen Sie mit folgenden Problemen rechnen:

- Einige Personen müssen warten. Das demotiviert die Mannschaft.
- Werden diese Personen mit unnützen Aufgaben beschäftigt, führt auch dies zu Frust.
- Man nimmt sich nicht genügend Zeit für einen ausgereiften Architekturentwurf. Die Schnittstellen zwischen den Teams sind somit nicht klar spezifiziert. Es entsteht ein großer Abstimmungsaufwand im Projekt.
- Insgesamt sind zu viele oder zu wenig Personen an Bord.
- Es sind die falschen Personen an Bord.

Projekte scheitern oft, weil die Ressourcen nicht auf die Erfordernisse des Entwicklungsprozesses abgestimmt sind. Die Vorbereitung von Parallelität kostet Zeit! Starten Sie bei größeren und kritischen Projekten daher Ihr Projekt mit einem Kernteam, das den Weg für die gesamte Mannschaft aufspürt und vorbereitet. Aber denken Sie daran: Auch dieses braucht einige wenige Spielregeln!

- Achten Sie darauf, Ihr Team erst dann aufzustocken, wenn die Voraussetzungen für paralleles Arbeiten erfüllt sind.

- Lassen Sie das Kernteam in die Teams der Projektdurchführung aufgehen, aber lösen Sie es nicht ganz auf!

- Gestalten Sie Ihre Projektorganisation flexibel, d.h. ändern Sie sowohl die Stärke Ihrer Mannschaft als auch die Rollenverteilung entsprechend den Bedürfnissen des Projekts.

Der richtige Zeitpunkt

5.6.3 Wer entscheidet was?

Innerhalb des Projekts und rund um das Projekt herum sind im Projektverlauf eine Vielzahl von Entscheidungen zu treffen. Diese Entscheidungen sollten zügig, eindeutig und nachvollziehbar sein. Besonders wichtig ist nach innen die Dokumentation von Design-Entscheidungen, nach außen die Dokumentation von Management-Entscheidungen. Dokumentieren Sie getroffene Entscheidungen, indem Sie Folgendes festhalten:

Entscheidungen gut dokumentieren

- Wie lautet die Entscheidung?
- Warum haben Sie gerade so entschieden?
- Welche Alternativen gab es? Warum wurden sie verworfen?
- Gibt es offene Punkte?
- Wer war an der Entscheidung beteiligt?

Checkliste Entscheidung

Sie sparen damit viel Zeit und Frust im Projekt! Es gibt nichts Aufreibenderes als das wiederholte Diskutieren einer bereits getroffenen Festlegung. Leider ist diese Unsitte weit verbreitet.

Viele schnelle Entscheidungen von kurzer Lebensdauer sind oft hilfreicher als große, alles umfassende Entscheidungen, die nie getroffen werden.

Was aber, wenn es zu Konflikten kommt? Wer hat bei Meinungsverschiedenheiten „das Sagen"? Dafür brauchen Sie Regeln. Haben Sie schon einmal Ihren Auftraggeber, den Linienchef oder Ihr Team nach ihren Vorstellungen hinsichtlich ihrer Rechte und Pflichten im Projekt befragt? Und wie sieht es mit Ihren Ansprüchen als Projektleiter aus? Jede Rolle artikuliert ihre spezifischen Rechte. Jeder Anspruch ist aus der subjektiven Sicht des Einzelnen berechtigt und begründbar. In der Summe können diese individuellen Ansprüche allerdings zu erheblichen Überschneidungen und damit zu Konfliktpotenzialen zwischen den Betroffenen führen (vgl. Abbildung 5.18). Machen Sie daher allen Betroffenen klar, dass die Rechte des einen durchaus die Rechte des anderen beschneiden können.

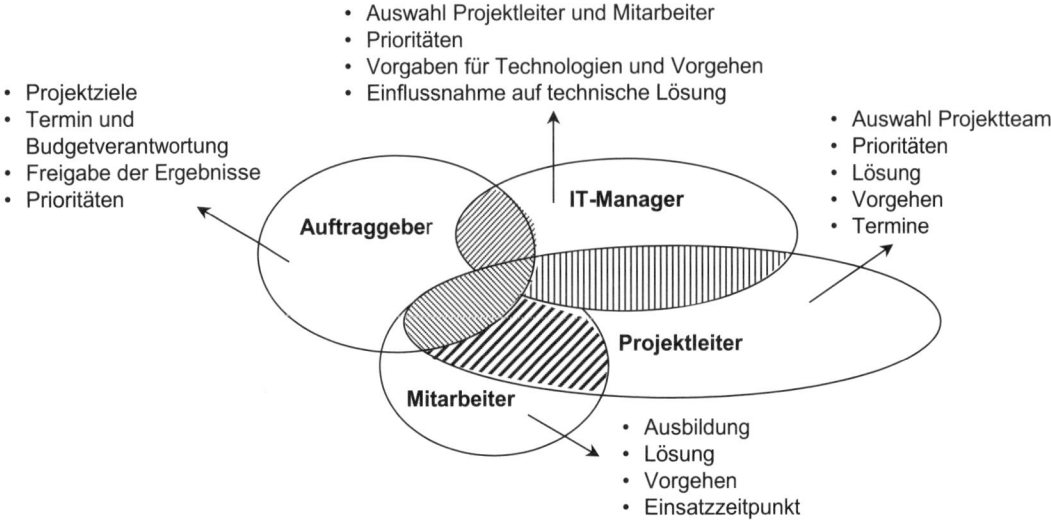

Abbildung 5.18: Verschiedene Rechtsansprüche im Projekt (nach [Kup01])

Kompetenzen
eindeutig regeln

Zur Auflösung von Konflikten benötigen Sie ein Eskalationsschema. Dieses sollte für alle Stakeholder transparent sein. So vermeiden Sie unnötige Diskussionen im Projektteam und können in Krisensituationen schnell und gezielt reagieren. Klären Sie daher am Anfang des Projekts:

- Welche Entscheidungen trifft der Auftraggeber?
- Welche Kompetenzen werden dem Projektleiter eingeräumt?
- Was darf projektintern entschieden werden?
- Gibt es ein Steering Board, und welche Konflikte regelt es?
- Wie werden Entscheidungen getroffen?
- Was ist von wem für eine Entscheidung vorzubereiten?
- In welcher Form soll über kritische Entwicklungen informiert werden?
- Was ist eine Ausnahmesituation?
- Ab wann muss bei Abweichungen oder Problemen das Management eingeschaltet werden?

In vielen Unternehmen sind grundlegende Entscheidungswege bereits geregelt. Nutzen Sie diese für Ihr Projekt. Erstellen Sie eine „Bill of Rights" und legen Sie damit die Entscheidungs- und Abstimmungsregeln eindeutig und verbindlich fest.

5.6.4 Wer berichtet wann an wen?

In der Projektvorbereitung ging es vordergründig um das Festlegen der Berichtspflichten nach außen, also gegenüber dem Auftraggeber, dem Kunden, dem Management oder etablierten Entscheidungsgremien. Jetzt schauen Sie nach innen. Mit der Initialisierung regeln Sie auch das Berichtswesen. Ihre Berichte sollten eine standardisierte Form haben, die

- die Vergleichbarkeit der Aussagen unterstützt;
- Ihnen die Vollständigkeit der gewünschten Informationen garantiert, und
- alle Beteiligten auf das Wesentliche hin orientiert.

Der Umfang des Berichtswesens sollte sich an den Bedürfnissen des Projekts orientieren. Auch wenn es kaum zu fassen ist: Drei Berichtsarten reichen im Projekt aus, um alles Wesentliche mitzuteilen. Dies sind:[7]

- Statusberichte (regelmäßig, formalisiert, gut durchdacht, kurz),
- Sachberichte (zu festen Terminen, speziell für Empfänger aufbereitet),
- Sonderberichte (bei Bedarf, formalisiert, kurz).

Alle anderen Berichte leiten sich aus diesen Berichtsarten ab. Ob Sie in Ihrem Projekt weitere spezielle Berichte benötigen und wie viele, hängt vor allem von Ihrer ganz persönlichen Einstellung zu diesem Thema ab. Sie müssen Ihr Projekt im Griff haben, alles andere ist zweitrangig!

→ Kapitel 6

Etwas Formalismus im Berichtswesen ist nicht verkehrt, denn Transparenz in allen Projektbereichen ist ein Schlüssel zum Erfolg. Auch für Ihr Projekt gilt:

- Information und Kommunikation sind wichtig für die Motivation.
- Motivation ist wichtig für Engagement und Teambildung.
- Ein motiviertes Team ist eine Voraussetzung für Erfolg.

Zwei wichtige Hinweise für Ihren Projektalltag:

„Need to know"

1. Regeln Sie den Austausch von Informationen:
- Klären Sie nach innen Berichtsempfänger, Berichtssender, Berichtsinhalte und Berichtszeitpunkt eindeutig. Überlegen Sie dabei genau, welcher Formalismus wann angebracht ist.
- Beschränken Sie nach außen Kontakte auf wenige ausgewählte Personen.
2. Fördern Sie aktiv Kommunikation und Informationsaustausch im Projekt:
- Richten Sie Foren oder Ähnliches ein.
- Unterstützen Sie informelle Wege (ein Raum, Kaffee-Ecken).
- Stellen Sie ein gutes Informationssystem (z.B. Intranet) bereit, das alle erreicht und von allen akzeptiert wird.

Informationen sind wichtig, sollten aber durchdacht verteilt werden.

---

[7] Auf den Einsatz dieser Berichte im Projektalltag gehe ich im Rahmen der Projektüberwachung und -steuerung näher ein.

5.6.5 Was wird wie dokumentiert?

Auch die Dokumentation ist bereits ein Thema in der Initialisierungsphase. Zum einen erzeugen Sie in der Initialisierung schon eine ganze Reihe von Ergebnissen, zum anderen sollten Sie sich, bevor Ihre Mannschaft im großen Stil startet, unbedingt darüber im Klaren sein, wie Sie Ergebnisse dokumentieren und Ihre Projektunterlagen ablegen wollen. Eine wild gewachsene Dateistruktur wieder zu entflechten, kostet Sie viel Kraft!

In der Regel werden im Projekt-Handbuch alle wichtigen Informationen des Projekts aus Sicht des Projektmanagements abgelegt. Bitte schließen Sie aus dem Begriff „Handbuch" nicht automatisch, dass es sich um eine Lösung in Papierform handeln muss! Welches Medium für Ihr Projekt angemessen ist, entscheiden Sie. Inhaltlich könnte Ihr Projekt-Handbuch folgende Bestandteile umfassen:

Checkliste
Projekt-
Handbuch

- Projektdefinition und Projektauftrag,
- Projektänderungen,
- Beschreibung der Projektorganisation,
- Regeln für das Projektmanagement,
- Planungsunterlagen,
- Dokumente zum Risikomanagement,
- Dokumente zum Qualitätsmanagement,
- Berichte,
- Protokolle,
- Verträge,
- Kontakte.

Inwieweit auch Ergebnisse des Entwicklungsprozesses mit in das Projekt-Handbuch integriert werden, hängt von Ihrem konkreten Projektkontext ab. Oft folgen diese Ergebnisse jedoch eigenen Dokumentationsregeln.

Halten wir abschließend noch einmal fest, was Sie beim Organisieren Ihres Projekts beachten sollten:

- Legen Sie Ihre Organisation optimal auf die Zielerreichung aus.
- Definieren Sie nur so viele Rollen, wie Ihr Projekt wirklich erfordert.
- Schaffen Sie klare und eindeutige Entscheidungs- und Berichtswege.
- Achten Sie auf ein effektives und effizientes Informations- und Dokumentenmanagement.
- Denken Sie daran: Als Projektleiter entwickeln Sie nicht!

5.7 Risiken analysieren

Und wieder einmal geht es um die Risiken und Chancen des Projekts. In dieser zweiten Analyse untersuchen Sie neben den Risiken der Initialisierungsphase in erster Linie die Risiken und Erfolgsfaktoren der Projektdurchführung.

Die Ergebnisse dieser Risikoanalyse wirken auf alle anderen Aktivitäten der Projektinitialisierung zurück, wie zum Beispiel:

- auf die Auswahl des Vorgehens (iteratives Vorgehen, Prototyping);
- auf die Planung des Projekts (mehr Pufferzeiten vorsehen) oder
- auf den Umfang des Qualitätsmanagements (zusätzliche Design-Reviews).

In vielen Bereichen stellen Sie damit die Weichen für Ihr Projekt. Die Zeit, die Sie jetzt in eine fundierte Risikoanalyse investieren, zahlt sich im späteren Projektverlauf wiederholt aus. Sie kennen die kritischen Ecken des Projektes, wissen, auf welche Dinge Sie besonders achten müssen und sind auch für den Notfall gut vorbereitet.

Die grundlegenden Zusammenhänge rund um das Risikomanagement kennen Sie bereits aus Kapitel 1. Jetzt werden wir konkreter und betrachten Inhalt und Ablauf etwas genauer. Abbildung 5.19 veranschaulicht die wichtigsten Aktivitäten und Ergebnisse des Risikomanagements. In den folgenden Abschnitten werden wir uns mit dem Identifizieren und Klassifizieren von Risiken sowie dem Ableiten von Maßnahmen zur Risikosteuerung beschäftigen. Das Überwachen der Risiken behandeln wir erst in Kapitel 6 im Rahmen der Projektüberwachung.

Risikoanalyse im Detail

Ein kleiner Hinweis vorab: Erinnern Sie sich? Jedes Projekt weist andere Risiken auf! Deshalb können Sie im Folgenden zwar lernen, wie Sie Risiken finden und bewerten, aber nicht, welche die spezifischen Risiken *Ihres* Projekts sind und welche Maßnahmen dafür passen könnten.

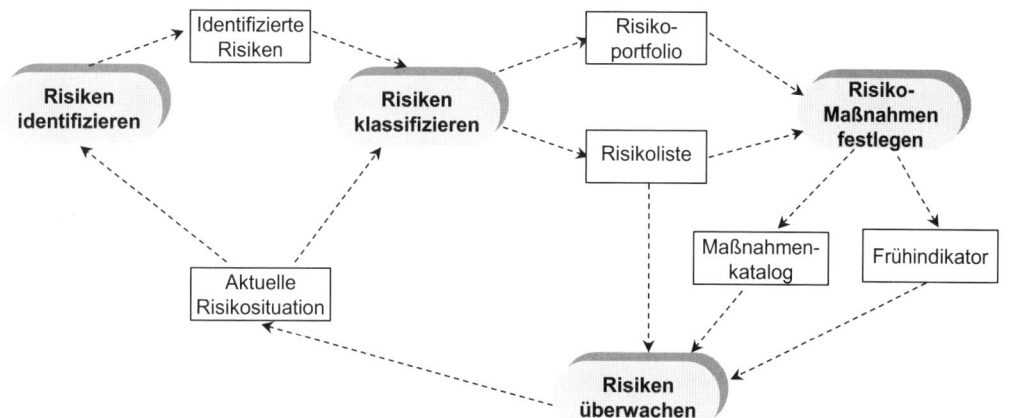

Abbildung 5.19: Aktivitäten und Ergebnisse des Risikomanagements

5.7.1 Risiken identifizieren

Beginnen Sie Ihre Risikosuche mit dem Identifizieren von Faktoren, die Ihr Projekt maßgeblich beeinflussen. Aus diesen Einflussfaktoren lassen sich Chancen wie Risiken gleichermaßen ableiten. Hinter den negativen stecken potenzielle Risiken, die positiven verdeutlichen potenzielle Chancen (also die Erfolgsfaktoren) Ihres Projekts. Arbeiten Sie alle Faktoren heraus, die auf Ihr Projekt einwirken. Beleuchten Sie alles, was Sie in der Initialisierung dazu gelernt haben, aus dem Blickwinkel von Risiken, insbesondere die Systemarchitektur und Projektplanung. Folgende Fragen helfen Ihnen dabei:

- Wie robust ist die Architektur?
- Welche Veränderungen wären kritisch?
- Wo gibt es kritische Schnittstellen?
- Welche Faktoren beeinflussen die vorgesehenen Aufgaben?
- Stehen die Ressourcen wie geplant zur Verfügung?
- Welche Bedenken gibt es, die Termine einzuhalten?
- Wo stecken potenzielle Probleme?

Einflussfaktoren sind potenzielle Risikoquellen

Alle in der Projektvorbereitung identifizierten Risiken und Erfolgsfaktoren werden wieder in diese Analyse mit einbezogen. Beschränken Sie sich bei Ihrer Suche nicht auf mögliche Risiken im Projekt selbst. Gerade das Projektumfeld, das oft nur bedingt einsehbar ist, hält viele Unwägbarkeiten bereit, die für Ihr Projekt kritisch sein können. Auch Ihre Erfahrungen aus vorangegangenen Projekten sind ein perfekter Wissens-Pool für die Risikosuche.

Je unbekannter das Umfeld Ihres Projekts und je größer die Abhängigkeit von Außenstehenden, desto mehr Risiken gibt es!

Es macht nichts aus, wenn Sie Ihre Suche zunächst mit einer lockeren Stoffsammlung starten und diese erst nach und nach strukturieren. Kreativitätstechniken wie Brainstorming und Mindmapping unterstützen Sie bei Ihrer Suche. Möchten Sie von Anfang an mit System vorgehen, strukturieren Sie Ihre Suche. Sie können beispielsweise zwischen projektinternen und projektexternen Risikoquellen unterscheiden oder die Risiken entsprechend den Gegenständen gruppieren, auf die sie sich auswirken.

Checkliste Risiken

Mögliche externe Risikoquellen für Ihr Projekt könnten sein:

- die ökonomischen Faktoren des Unternehmens;
- die Konkurrenzsituation des Unternehmens, Marktentwicklungen;
- das Management: Ressourcen, Termine , Budget, Strategieänderungen;
- andere parallel laufende Projekte;
- externe Lieferanten, von denen Sie abhängig sind;
- neue Technologien, die der Markt bereitstellt;
- IT-Abteilungen, die Ihnen Ressourcen zur Verfügung stellen;

- kritische Stakeholder, die Sie identifiziert haben.

Mögliche interne Risikoquellen könnten sein:

- Ihr Team: Motivation, fachliche Fähigkeiten oder Konflikte im Team;
- fremde Ressourcen aus anderen Unternehmensbereichen;
- die „Politik" im Projekt;
- die Planung, insbesondere die Schätzung;
- die Organisation: verteilte Standorte, viele Beteiligte, Infrastruktur;
- das Produkt: unklare Ziele der Stakeholder, hohe Komplexität, umfangreiche Funktionalität, viele Abhängigkeiten zu externen Systemen;
- die favorisierte Technologie bzw. Ihr ausgewähltes Vorgehen: unbekannte Technologie, bereits vorhandene Systeme, eingesetzte Methoden und Sprachen, Systembetrieb, Laufzeitumgebung, unreife Architektur;
- das Projektmanagement (Sie selbst ☺).

Um ein möglichst ausgewogenes Spektrum zu erhalten, sollten Sie die Risiken im Team ermitteln. Falsch erkannte oder unsauber formulierte Risiken helfen Ihnen nicht. Im Gegenteil: sie lenken mitunter von den wirklich kritischen Entwicklungen im Projekt ab. Deshalb sollten Sie das Identifizieren der Risiken ernst nehmen, auch wenn es zum Teil eine aufwendige Angelegenheit ist.

Arbeiten Sie im zweiten Schritt die Ursachen und Auswirkungen eines Risikos so genau wie möglich heraus. Überlegen Sie:

- Auf welchen Gegenstand bezieht sich das Risiko – Funktionalität, Qualität, Kosten, Termine, Projektziele usw.?
- Welche Auswirkungen hat das Risiko, wenn es eintritt?
- Wo liegt sein Ursprung – im Projekt, Produkt oder Umfeld?
- An welchen Symptomen kann man sein Eintreten erkennen?

Mit Hilfe dieser Informationen schaffen Sie die Grundlage für ein erfolgreiches Risikomanagement. Zur Systematisierung gruppieren Sie die gefundenen Risiken nach ihrem Ursprung in:

- *produktbezogene Risiken* (produktimmanente Risiken)
  Beispiele: nicht ausreichend modellierte Fachlichkeit, falsche Interpretation der Anforderungen, instabile Anforderungen, instabile Architektur, unbekannte Technologie, unerprobtes Zukaufprodukt.
- *projektbezogene Risiken* (projektimmanente Risiken)
  Beispiele: Ressourcenverschiebungen, unzureichende Qualifikation, mangelnde Kommunikation, nicht verfügbare Infrastruktur, zu enge Termine.
- *umfeldbezogene Risiken*
  Beispiele: Prioritätenverschiebung des Managements, politische Einflüsse, Zulieferungen aus anderen Projekten, nicht akzeptiertes Projekt.

Die Gruppierung der Risiken nach ihrem Ursprung macht es Ihnen leichter, im nächsten Schritt die richtige Stoßrichtung für Ihre Risiko-Maßnahmen zu finden.

Arbeiten Sie auch heraus, welche Risiken beeinflussbar sind und auf welche Sie keinen Einfluss haben. Auch das hilft Ihnen, schneller ans Ziel zu gelangen.

Je mehr Risiken Sie identifizieren, desto mehr Aufwand müssen Sie in die sich anschließende Bewertung stecken. Der Aufwand sollte dem Nutzen angemessen sein. Überlegen Sie sich daher frühzeitig, ob ein identifiziertes Risiko wirklich für Ihr Projekt relevant ist! Konzentrieren Sie sich von Anfang an auf die wesentlichen Risiken.

Ordnung muss sein!

Damit Sie nicht den Überblick verlieren, legen Sie am besten für jedes Risiko einen kurzen Steckbrief an. Halten Sie zum Beispiel fest:

- Datum des Eintrags, Autor,
- präzise Kurzbeschreibung des Risikos und seiner Ursache,
- betroffener Gegenstand (Projektziel, Liefergegenstand, Termin usw.),
- prägnante Beschreibung der Auswirkung (des vermutlichen Schadens).

Klasse vor Masse!

So können alle Beteiligten auch später noch nachvollziehen, was mit dem Risiko genau gemeint war. Entscheidend ist die inhaltliche Qualität der Beschreibung, nicht der Umfang! Eine einfache Tabelle ist für diese erste Informationssammlung oft ausreichend.

☞ **Ergebnis:** identifizierte Risiken

Risiken in Software-Projekten

Wie groß das Risikopotenzial eines Software-Projekts ist, hängt u.a. von den Erfahrungen ab, über die man auf dem jeweiligen Gebiet schon verfügt. Je unbekannter der Aufgabeninhalt und das Umfeld, desto mehr Risiken sind zu erwarten. Außerdem steigt das Risikopotenzial mit dem Umfang und der Komplexität der Aufgabe. Risiken potenzieren sich in großen Projekten und bei parallelem Einsatz unterschiedlicher Technologien.

Risiken, Vorgehen, Systemarchitektur und Projektmanagement bilden in IT-Projekten ein fein aufeinander abgestimmtes System. Durch eine angepasste Vorgehensweise können Sie vielen Risiken gut begegnen. Erfolgreiche Projekte richten sowohl den Entwicklungsprozess als auch die Architektur des zu schaffenden IT-Systems konsequent auf die Risikobeherrschung aus (vgl. Abbildung 5.20). Dies gelingt nur, wenn Sie eng mit Ihrem Architekten zusammen arbeiten. Ihr Architekt hilft Ihnen, technische Risiken zu erkennen und zu bewerten. Sie sorgen für die konsequente Umsetzung seiner Vorschläge zur Risikoreduzierung.

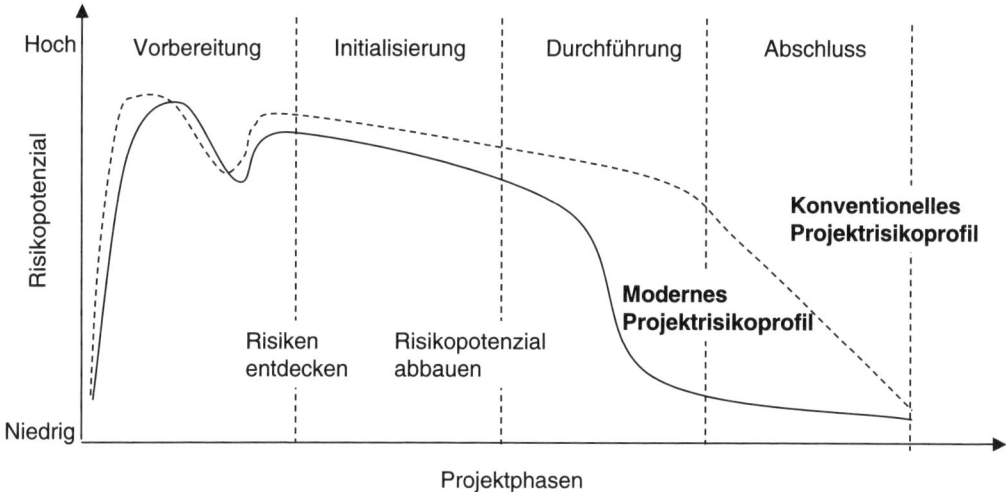

Abbildung 5.20: Risikoverlauf in IT-Projekten bei unterschiedlichem Vorgehen

Im Folgenden einige Beispiele für typische Risiken in Software-Projekten und mögliche Maßnahmen:

- Der Entwicklungsprozess wird nicht eingehalten.
  - Regelungen überprüfen, ggf. Prozess verschlanken. Das Team bei Entscheidungen mit einbeziehen.
  - Entwicklungsprozess propagieren, Ausbildung forcieren.

- Ungenaue Metriken
  - Frühzeitige Messungen durchführen (gut möglich bei iterativer Entwicklung).

- Unerfahrenes Team
  - Ausbildung und Coaching aufsetzen.
  - Pro Team einen erfahrenen Mitarbeiter einplanen.

- Sich ständig verändernde Anforderungen
  - Kontrolliertes Change-Management-Verfahren einführen.
  - Einbindung des Kunden forcieren.

- Umfang der Aufgabe unterschätzt
  - Vermutung durch Wissen (Messung) ersetzen.

- Technologie/Produkt leistet nicht, was man erwartet
  - Ersatzstrategie bereit halten.

- Kombination verschiedener Technologien
  - Prototypen entwickeln, kritische Systemteile früh entwickeln.
  - Technischen Durchstich (T-Stich) vorsehen.

- Mangelhaftes Design, instabile Architektur
  - Verstärkt Design-Reviews durchführen.

Eine von vielen Möglichkeiten, Risiken in Software-Projekten besser in den Griff zu bekommen, ist eine iterative Vorgehensweise, wie sie Abbildung 5.21 zeigt. Hier nehmen die Risiken mit jeder Iteration ab, da kritische Systemteile früh entwickelt werden und Sie somit Schritt für Schritt Unsicherheit durch Wissen ersetzen können.

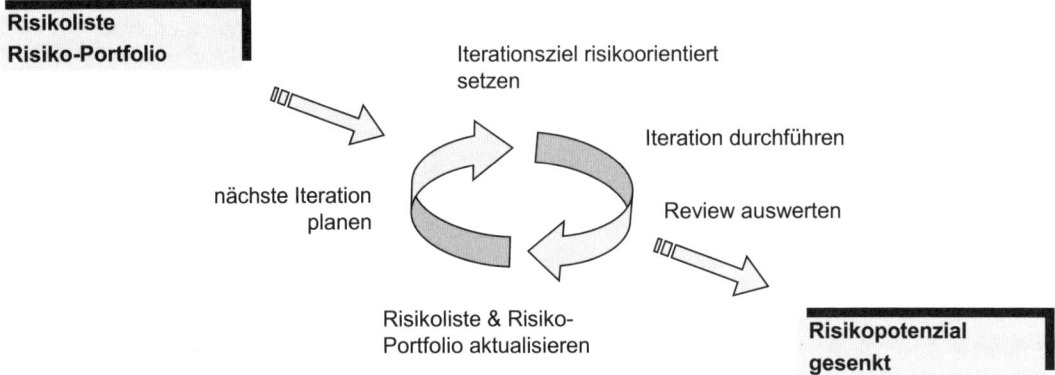

Abbildung 5.21: Risikobeherrschung durch richtiges Vorgehen

Gehen Sie mit Risiken stets offensiv um –

■ *gegenüber den Entwicklern*, um ein entsprechendes Problembewusstsein zu schaffen und Offenheit für den Umgang mit Risiken zu demonstrieren;

■ *gegenüber dem Management*, um Rückhalt und Unterstützung zu bekommen.

Viele Risiken wirken sich direkt auf Termine und Kosten aus. Je transparenter die Risiken sind, desto höher ist die Wahrscheinlichkeit, auch in kritischen Situationen Unterstützung vom Auftraggeber oder Management zu bekommen. Ihre Position verschlechtert sich dagegen, je später Sie auf bereits bekannte Risiken hinweisen. Da in der Regel Maßnahmen möglich sind, können Sie für Risiken, die Sie rechtzeitig aufgezeigt haben, mit Projektfortschritt eine Reduzierung des vermutlichen Schadens oder eine geringere Eintrittswahrscheinlichkeit – und damit ein erfolgreiches Risikomanagement – vorweisen. Jeder dieser kleinen Erfolge stärkt Ihre Position und führt bei neuen Risiken zu mehr Unterstützung.

Wie reagieren Sie auf schlechte Nachrichten?

Auch darauf möchte ich noch einmal hinweisen: Risikomanagement hat vor allem etwas mit Kultur im Projekt zu tun! Denken Sie einmal darüber nach: Erreichen Sie kritische Informationen so rechtzeitig, dass Sie noch handeln können? Und haben Sie es geschafft, dass jeder im Team darauf vertraut, Unterstützung zu erhalten, wenn er über kritische Dinge berichtet? Wenn Sie diese beiden Fragen mit einem klaren „Ja" beantworten können, erfahren Sie von Risiken, bevor sie zu Problemen werden.

Schaffen Sie in Ihrem Projekt eine vertrauensvolle, kreative Atmosphäre, in der jeder im Team offen über kritische Entwicklungen redet!

5.7.2 Risiken klassifizieren

Um ein Projekt anhand seiner Risiken steuern zu können, brauchen Sie Aussagen zur Relevanz der identifizierten Risiken für das Projektgeschehen. Sie müssen wissen, mit welchen Risiken Sie sich intensiver beschäftigen sollten und welche Sie eher links liegen lassen können. Dies gelingt Ihnen über eine quantitative Bewertung der Risiken. Ermitteln Sie für jedes Risiko

> Teilen Sie komplexe Risiken auf!

- den Schaden, den es bei seinem Eintreten verursachen könnte, und
- die Wahrscheinlichkeit seines Eintretens.

Mit diesen beiden Kriterien können Sie die gefundenen Risiken klassifizieren und in eine Rangfolge bringen. So ist es Ihnen möglich, die bedrohlichsten Risiken zu erkennen und sich auf diese zu konzentrieren.

Der Schaden

Selten gelingt es gleich im ersten Schritt, den Schaden, den ein Risiko verursachen könnte, mit einem konkreten Zahlenwert zu belegen. Da sind viele Unbekannte im Spiel, die in der Summe eine exakte Abschätzung fragwürdig erscheinen lassen. Beschreiben Sie den vermutlichen Schaden trotzdem so genau wie möglich. Um zunächst ein Gefühl für die Bedeutung des Risikos zu bekommen, genügt am Anfang jedoch eine qualitative Einschätzung. Im einfachsten Fall beginnen Sie mit der Einstufung in die drei Kategorien „katastrophal", „mittel" oder „gering" (vgl. Abbildung 5.22). Später sollten Sie diese Aussagen präzisieren, indem Sie versuchen, den Schaden korrekt zu bewerten. Sie können z.B. mit dieser Beschreibung starten:

- Einführung des neuen Systems verzögert sich
- Schaden: mittel

Geht es später um Maßnahmen zur Risikosteuerung, sollte Ihre Bewertung deutlich konkreter ausfallen:

- Verspätete Einführung des neuen Banksystems aufgrund von Schwierigkeiten bei der Migration des Altdatenbestandes; anzunehmender Zeitverzug ca. 3 Monate
- Schaden: Produktionsausfall von 60 Tagen * 100 T€ = 6000 T€

Können Sie sich nicht zu eindeutigen Zahlen durchringen, wollen aber mit der Einschätzung trotzdem etwas konkreter werden, empfiehlt es sich, inhaltlich definierte Schadensklassen für das Projekt zu bilden, wie zum Beispiel:

- Klasse A: Abbruch des Projekts
- Klasse B: Überschreitung des Projektbudgets um mehr als 50 %
- Klasse C: Überschreitung des Projektbudgets um mehr als 30 %
- Klasse D: 20 % Mehraufwand innerhalb eines Aufgabenbereiches

- Klasse E: 10 % Mehraufwand innerhalb eines Aufgabenbereiches
- Klasse F: Architekturproblem, neuer Entwurf in Teilsystemen
- Klasse G: Terminüberschreitung um mehr als einen Monat
- Klasse H: Funktionsumfang weicht um mehr als 20 % ab

Ordnen Sie jedes Risiko einer Klasse zu. Sie erhalten damit eine wesentlich genauere Bewertung als vorher.

Genau wie die Risiken selbst sind auch die Schadensklassen immer projektspezifisch und vom jeweiligen Standpunkt abhängig. Je nach Projektprofil kann die Anzahl der Klassen variieren, vor allem aber ist ihre inhaltliche Definition von Projekt zu Projekt unterschiedlich. Sie sollten allerdings insgesamt nicht mehr als fünf bis zehn Klassen bilden, damit das Ganze überschaubar bleibt.

Die Eintrittswahrscheinlichkeit

Von nahezu ausgeschlossen bis sehr wahrscheinlich

Parallel zum Schaden schätzen Sie die Wahrscheinlichkeit ab, mit der das Risiko eintreten könnte. Wünschenswert ist auch hier eine konkrete Zahl. Vielen fällt es jedoch leichter, die Wahrscheinlichkeit einer der folgenden Kategorien zuzuordnen, als einen exakten Zahlenwert in Prozent anzugeben:

- die Eintrittswahrscheinlichkeit ist hoch, mittel, gering oder
- das Eintreten ist wahrscheinlich, möglich, bedingt möglich, unwahrscheinlich, nahezu ausgeschlossen.

In vielen meiner Projekte hat sich dieses vereinfachte Vorgehen bestens bewährt.

Das Risiko-Portfolio Ihres Projekts

Ihre Top-10

Im Risiko-Portfolio werden Eintrittswahrscheinlichkeit und Schaden zueinander in Beziehung gesetzt. Sie erhalten damit ein sehr genaues Bild von der Kritikalität Ihres Projekts. Abbildung 5.22 zeigt ein Beispiel, bei dem für beide Parameter jeweils eine dreistufige Bewertung gewählt wurde. Dies führt zu 9 Risikoklassen. Mit den Risiken der Klasse „hoch-katastrophal" müssen Sie sich intensiv beschäftigen. Es sind die Risiken, die mit hoher Wahrscheinlichkeit eintreten werden und – wenn sie eintreten – zu einem erheblichen Schaden im Projekt führen. Hier liegen also Ihre Top-Risiken. Ist der größte Teil Ihrer identifizierten Risiken in diesem Bereich angesiedelt, so haben Sie ein sehr risikoträchtiges Projekt vor sich. Sie sollten Ihr Vorgehen von Anfang an darauf ausrichten. So Manches wird nicht seinen geraden Weg nehmen, sondern Sie vor zusätzliche Herausforderungen stellen.

Wahrscheinlichkeit

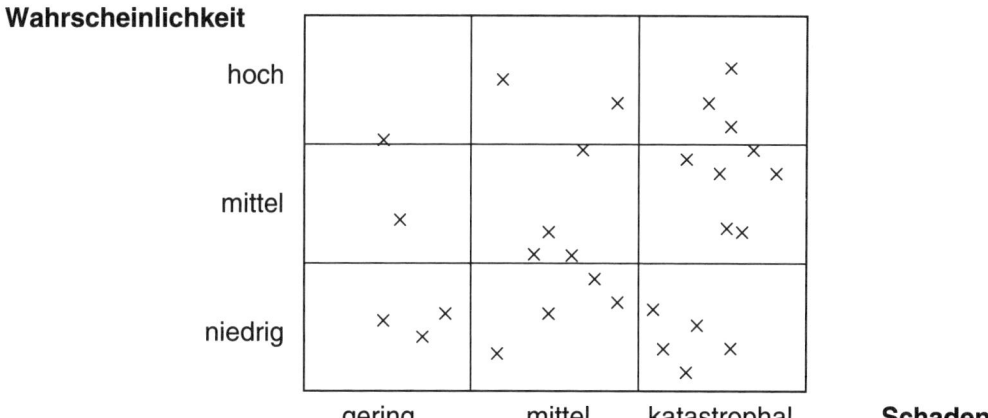

Abbildung 5.22: Beispiel für ein Risiko-Portfolio

Mit der Klassifizierung der Risiken erweitern Sie die begonnene Beschreibung jeweils um

- die Eintrittswahrscheinlichkeit,
- den Schaden (Schadenshöhe bzw. erwarteter Verlust) und
- die Rangfolge (Priorität).

Die Risikoliste ist kein starres Gebilde, sondern wird im Projektverlauf kontinuierlich präzisiert und fortgeschrieben.

➔ Kapitel 6

Die Klassifizierung der Risiken ist oft schwierig. Jede Bewertung erweist sich als subjektiv gefärbt und insofern immer auch als angreifbar. Was für den einen zum Projektabbruch führen kann, ist für den anderen zwar kritisch, aber beherrschbar. Die Kunst besteht darin, trotzdem eine möglichst objektive Be-
wertung des Schadens und der Eintrittswahrscheinlichkeit zu erhalten. Eine bessere Objektivität erreichen Sie zum einen durch gemeinsames Bewerten im Team, zum anderen durch das exakte Niederschreiben der Schätzprämissen.

 Ergebnisse: Risiko-Portfolio und Risikoliste

5.7.3 Risiko-Maßnahmen festlegen

Wie bereits in der Projektvorbereitung stehen Sie auch jetzt wieder vor der Frage, welchem Risiko Sie wie begegnen wollen. Sie können Risiken durch geeignete Maßnahmen

- umgehen,
- ihren Schaden begrenzen,
- ihre Eintrittswahrscheinlichkeit senken oder
- sie akzeptieren und aktiv kontrollieren.

Maßnahmen zum Umgehen eines Risikos müssen Sie sofort einleiten. Maßnahmen zum Reduzieren der Eintrittswahrscheinlichkeit müssen Sie einplanen. Andere Maßnahmen haben Sie nur vorbeugend für den Notfall in der Hinterhand. Sie werden diese erst bei Eintritt des Risikos aktiv umsetzen.

Konzentration auf das Wichtige

In der Regel existieren für Ihr Projekt wesentlich mehr Risiken, als Sie aktiv managen können. Es ist auch nicht sinnvoll, für jedes nur denkbare Risiko eine extrem aufwendige Absicherung parat zu haben. Auch hier sollten Aufwand und Nutzen im richtigen Verhältnis zueinander stehen. Deshalb haben Sie Ihre Risiken bewertet und Ihr Risiko-Portfolio aufgestellt. Aus der Vielzahl der erkannten Risiken wählen Sie nun diejenigen aus, mit denen Sie sich intensiv beschäftigen wollen und müssen. Konzentrieren Sie Ihre Aufmerksamkeit auf die „schlimmsten Fälle".

- Führen Sie eine Liste der Top-Risiken!
- Ernennen Sie bei sehr kritischen Projekten einen Projektmitarbeiter zum Risikomanager und richten Sie ein eigenständiges Budget ein!

Mit dieser Risikoanalyse fördern Sie die kritischen Faktoren der Projektdurchführung zu Tage und damit auch wichtige Randbedingungen für Ihren Projekterfolg. Überlegen Sie deshalb, wie sich die ermittelte Risikosituation auf das beabsichtigte Vorgehen, den angestrebten Lösungsansatz, die Architektur und die Projektplanung auswirkt: In welchen Bereichen sollten Sie Ihr Vorgehen ändern, um die Risiken optimal zu beherrschen? Oder wo können Sie durch gezielte Maßnahmen bereits im Vorfeld Risiken ausschalten? Die Entscheidung liegt bei Ihnen.

Personenbezogene und politische Risiken sind kritischer zu hinterfragen als technische Risiken!

Kein Plan neben dem Plan!

Auch Ihre Risiko-Maßnahmen sollten Sie kurz beschreiben. Halten Sie neben dem Inhalt der Maßnahme auch die erwarteten Effekte, mögliche Nebenwirkungen, die Kosten der Maßnahme und den Verantwortlichen fest. Sie können eine eigenständige Tabelle für das Verfolgen der Maßnahmen anlegen. Achten Sie allerdings darauf, dass kein Plan neben dem Plan entsteht. Völlig unabhängig davon, welche Maßnahmen Sie für geeignet halten und vorsehen, müssen sich die aktiven Risiko-Maßnahmen in Ihrer Projektplanung wiederfinden.

Frühindikatoren bestimmen

Verfolgen Sie Indikatoren kontinuierlich!

Die letzte Aufgabe der Risikoanalyse besteht darin, herauszufiltern, anhand welcher Informationen Sie kritische Entwicklungen innerhalb Ihres Projekts und in Ihrer Umgebung rechtzeitig wahrnehmen können. Das Identifizieren und Quantifizieren dieser Indikatoren zur Frühwarnung und Früherkennung bildet die wichtigste Voraussetzung für ein erfolgreiches Risikomanagement. Arbeiten Sie heraus, an welchen Symptomen Sie Abweichungen vom normalen Verhalten erkennen und ab welchem Grad der Abweichung Sie reagieren wollen.

➔ Kapitel 6

Besonders intensiv sollten Sie jene Risiken im Auge behalten, die Sie als kritisch eingestuft haben und für die Sie keine sofortigen Maßnahmen vorsehen. Das Verfolgen der Risikoindikatoren ist ein Bestandteil der Projektüberwachung.

☞ **Ergebnisse:** Maßnahmenkatalog und Indikatoren zur Risikoverfolgung

---

Fassen wir die wichtigsten Schritte der Risikoanalyse zusammen:

Checkliste
Risikoanalyse

- Überlegen Sie, in welchen Bereichen welche Entwicklungen zu potenziellen Problemen führen könnten. Das sind Ihre Risiken.

- Bewerten Sie für jedes identifizierte Risiko den Schaden und die Eintrittswahrscheinlichkeit. Stellen Sie ein Risiko-Portfolio für Ihr Projekt auf. Sie erhalten Ihre Top-Risiken.

- Legen Sie für jedes Risiko fest, ob Sie es umgehen, seinen Schaden oder Eintrittswahrscheinlichkeit reduzieren oder es einfach akzeptieren wollen.

- Leiten Sie aus Ihrer gewählten Risikostrategie geeignete Maßnahmen ab.

- Ergänzen Sie Ihre Projektplanung um diese Maßnahmen.

5.8 Qualitätsmanagement etablieren

Qualität und Qualitätsmanagement sind für sich genommen sehr umfassende Themen, denen insbesondere im Kontext der Software-Entwicklung eine Vielzahl von Publikationen gewidmet sind. In diesem Abschnitt möchte ich mich auf einige wenige Aspekte konzentrieren und Ihnen ein minimales Rüstzeug zu dieser komplexen und vielfältigen Thematik mitgeben.

In Rahmen der Initialisierung beschäftigen Sie sich hinsichtlich des Qualitätsmanagements mit zwei wichtigen Aufgaben:

- Zum einen müssen Sie das projektspezifische Qualitätsmanagement definieren, also die Qualität für das Projekt als Ganzes planen, d.h. den Akzeptanzplan und den Projekt-Qualitätsplan aufstellen.

- Zum anderen führen Sie es für die Ergebnisse und Prozesse der Initialisierungsphase bereits aktiv durch.

5.8.1 Qualitätsmanagement definieren

In der Projektvorbereitung haben Sie erstmals die Grundzüge Ihres Qualitätsmanagements skizziert. Mit der Initialisierung des Projekts müssen Sie diese Eckpfeiler in konkrete Handlungsanweisungen für Ihr Team überführen. Dazu greifen Sie auf die im Unternehmen etablierten Verfahren und Standards zurück und passen die dort beschriebenen Prozesse, Rollen und Hilfsmittel des Qualitätsmanagements auf Ihre spezifischen Projektbedingungen an. Mit der Definition des Qualitätsmanagements legen Sie fest, welche Anforderungen an die Produkt- und Prozessqualität in welchem Umfang im Projekt realisiert werden sollen.

Auch hier folgen Sie den in Kapitel 1 kennen gelernten Maximen. Qualität wird nur dann akzeptiert, wenn sie sich rentiert. Der Nutzen für Qualitätsverbesserungen sollte daher den Aufwand deutlich übertreffen. Legen Sie das Qualitätsmanagements abgestimmt auf die Erfordernisse Ihres Projekts aus, d.h. es kann formell oder informell, sehr detailliert ausgearbeitet oder nur als grober Rahmen vorgegeben sein. Parallel zum Vorgehen klären Sie die Verantwortung im Projekt und fixieren die Schnittstellen zu Ansprechpartner und Institutionen außerhalb des Projekts.

Wer ist für Qualität verantwortlich?

Für die projektinterne Qualitätssicherung sind in letzter Instanz immer Sie verantwortlich, auch wenn Sie bei größeren Projekten die Wahrnehmung dieser Pflicht delegieren. Sie sind derjenige, der die Ergebnisse des Projekts nach erfolgter Qualitätsprüfung nach außen freigibt. Bei der Auswahl von Qualitätsverantwortlichen im Projekt sollten Sie darauf achten, dass diese Mitarbeiter über entsprechende Autorität verfügen (vgl. Abbildung 5.14).

Für die projektexterne Qualitätssicherung ist der Qualitätsmanager verantwortlich. Er achtet auf die Einhaltung der festgelegten Präventiv- und Korrekturmaßnahmen zur Qualitätsverbesserung und führt die für ihn im Qualitätsplan vorgesehenen Maßnahmen durch (Prüfungen, Abnahmen, Qualitätsaudits, Zertifizierung). Außerdem wirkt er beratend im Projekt mit und unterstützt Sie in allen Fragen der Qualität.

Ein Unterschied, den Sie kennen sollten:

- Prävention: Einen Fehler im Prozess vermeiden.
- Prüfung: Vermeiden, dass ein Fehler den Kunden erreicht.

Der Qualitätsmanager sorgt dafür, dass keine fehlerhaften Produkte bis zum Kunden gelangen! Sie sind dafür verantwortlich, dass keine Fehler entstehen!

 Ergebnis: Regelung des projektinternen Qualitätsmanagements

5.8.2 Qualitätsmaßnahmen planen

Qualität kostet Zeit!

Die Maßnahmen zur Qualitätsverbesserung und -sicherung müssen genauso geplant, verfolgt und gesteuert werden wie alle anderen Aktivitäten des Projekts. Mit dieser Planung legen Sie verbindlich fest, wie Sie die definierte Qualität erreichen wollen. Es ist zweckmäßig, dabei zwischen der Kunden-

und der Projektsicht zu unterscheiden. Sie planen Ihre Qualitätsmaßnahmen daher:

- zum einen aus der Sicht des Anwenders (Akzeptanzplan),
- zum anderen aus der Sicht der Entwicklung (Qualitätsplan).

Agile Entwickler wissen: Qualität wird hinein geplant, nicht hinein getestet!

Welche Arten von Qualitätsmaßnahmen gibt es?

Ihre Maßnahmen zur Qualitätsverbesserung können sich

- auf die Prozesse im Projekt – Qualität der Projektarbeit – oder
- auf die Ergebnisse des Projekts – Qualität des Projektproduktes –

beziehen. Dabei wird die Produktqualität immer signifikant durch den Entwicklungsprozess bestimmt.

Aus Sicht der Wirkung können Sie Qualität durch konstruktive und analytische Maßnahmen sicherstellen.

- *Konstruktive Maßnahmen* entspringen dem Bestreben, durch Nutzung geeigneter Methoden, Prinzipien, Techniken und Werkzeuge von vornherein eine qualitativ hochwertige Software zu entwickeln. Sie dienen der Qualitätsgestaltung und sollen das Entstehen von Fehlern und Mängeln von Anfang an verhindern. — Prävention

- Mit *analytischen Maßnahmen* prüfen Sie die Ergebnisse nach ihrer Fertigstellung und versuchen, ihr Qualitätsniveau anhand von definierten Kriterien zu bewerten. Sie dienen dem Erkennen und Lokalisieren von Fehlern und Mängeln. — Prüfung im Nachgang

Prävention steht stets vor der Überprüfung, denn die Kosten der Fehlervermeidung sind immer viel geringer als die Kosten der Fehlerbeseitigung!
Im Vordergrund Ihrer Qualitätsmaßnahmen sollten daher konstruktive Maßnahmen stehen.

Qualität mit dem Kunden vereinbaren

Mit dem Akzeptanzplan werden alle Maßnahmen zur Abnahme bzw. Freigabe der Projektergebnisse durch den Auftraggeber und Kunden geplant, überwacht und gesteuert. Es handelt sich um eine Teilmenge der Qualitätsmaßnahmen, die ausschließlich extern bestimmt ist. Durch ein geregeltes Freigabe- und Abnahmeverfahren stellen Sie sicher, dass: — Akzeptanzplan

- unterschiedliche Sichten auf die Projektergebnisse genügend berücksichtigt werden (Auftraggeber, Management, Kunde, Team, ...);
- Ergebnisse und Prozesse ausreichend qualitätsgesichert sind;

■ fertig gestellte Ergebnisse nicht ohne weiteres verändert werden können;

■ projektübergreifende Standards und Vorschriften eingehalten wurden.

Eine Möglichkeit ist das in Abbildung 5.23 dargestellte Verfahren.

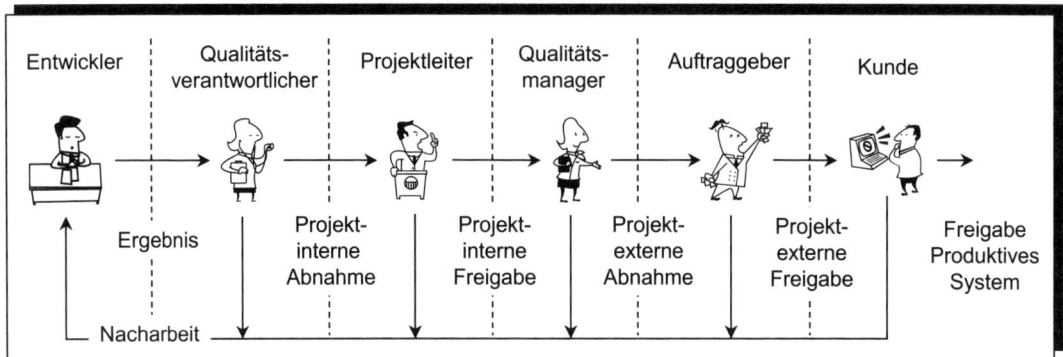

Abbildung 5.23: Exemplarischer Ablauf der Abnahme und Freigabe

Der Projekt-Qualitätsplan

Projekt-
Qualitätsplan

Im Projekt-Qualitätsplan legen Sie für die gesamte Laufzeit des Projekts fest, welche (Teil-)Ergebnisse und (Teil-)Prozesse qualitätssichernden Maßnahmen unterzogen werden sollen, von wem die Maßnahme zu verantworten ist, um welche Art von Maßnahme (Prüfung, Abnahme, Zertifizierung) es sich handelt und wann die Maßnahme erfolgen soll. Damit ist auch festgeschrieben, ob eine Qualitätsmaßnahme intern – in diesem Fall sind Sie verantwortlich – oder durch projektexterne Instanzen (Auftraggeber, Qualitätsmanager, Kunde) durchgeführt wird. Die Gegenstände und Termine für Ihre Qualitätsmaßnahmen liefert Ihnen die parallel laufende Projektplanung.

Für die Initialisierungsphase stehen Sie in der Pflicht, sofort einen sehr detaillierten Qualitätsplan aufzustellen. Für die Durchführungs- und Abschlussphase wird Ihr Qualitätsplan zunächst nur grob ausfallen, da zu diesem Zeitpunkt viele Einzelergebnisse und Aktivitäten noch nicht bekannt sind. Die Verfeinerung erfolgt in der Projektdurchführung mit dem Erstellen der jeweiligen Prüfpläne. Bei größeren Projekten sollten Sie neben dem übergreifenden Qualitätsplan für jedes Teilprojekt bzw. jeden Aufgabenbereich einen eigenen Qualitätsplan anlegen.

Der Projekt-Qualitätsplan wird mit jedem neuen Planungszyklus ergänzt und präzisiert. Der Akzeptanzplan kann dagegen nur in Ausnahmefällen und nur mit Zustimmung des Auftraggebers und Kunden geändert werden.

Mit dem Projekt-Qualitätsplan stellen Sie sicher, dass die geforderte Produkt- und Prozessqualität von Ihrem Team auch tatsächlich erreicht wird.

Qualitätsmanagement ist ein permanenter Prozess während der gesamten Projektlaufzeit. Es erfolgt nicht erst bei der Abgabe eines Ergebnisses. Gutes Qualitätsmanagement hat vorbeugenden Charakter und tritt nicht im Sinne einer Begutachtung der erbrachten Leistung auf, sondern greift direkt in die Projektprozesse ein.

Agile Manager ziehen konstruktive Qualitätsmaßnahmen den analytischen vor. Das hat zwei Vorteile: Es spart Kosten und schafft zum anderen eine produktive, motivierende Atmosphäre. Wer hat es schon gerne, wenn nachträglich an den Ergebnissen herumgenörgelt wird. Natürlich haben Tests in der Software-Entwicklung ihren festen Platz.

Projekt- und Qualitätsmanager arbeiten nicht gegeneinander, sondern ergänzen sich! Kundenzufriedenheit steht für beide auf Platz 1.
Der Projektmanager trägt jedoch immer die Verantwortung.

 Ergebnisse: Akzeptanz- und Qualitätsplan des Projekts

5.9   Initialisierung abschließen

Die Initialisierungsphase schließen Sie mit

- dem Etablieren der Verfahren,
- dem Aufbau der Projektinfrastruktur und
- dem Einrichten der Teams für die Projektdurchführung (Personalrekrutierung, Skill-Aufbau) ab.

Bei kleinen überschaubaren Projekten kann die Projektorganisation sehr schnell etabliert werden. Bei großen Projekten mit vielen Beteiligten aus unterschiedlichen Organisationen beginnt ein langer und mitunter mühseliger Weg.

Verfahren etablieren

Möchten Sie sich einen Überblick verschaffen, wie schnell sich eine neue Projektorganisation etablieren lässt, helfen Ihnen die folgenden Kriterien:

Wie schnell geht es?

- Sind Vorgehen und Technologien bekannt?
- Ist die Infrastruktur für das Projekt definiert und vorhanden?
- Handelt es sich um das x-te Projekt dieser Art?
- Sind Projektmanagement-Verfahren im Unternehmen lange eingeführt und gut etabliert?
- Ist das Unternehmen mit dem Projektgeschäft bestens vertraut?

Können Sie diese Aussagen mit „Ja" beantworten, sollten Sie sehr schnell und mit verhältnismäßig wenig Aufwand zum Ziel gelangen.

Projektinfrastruktur aufbauen

Erst die Infra-
struktur, dann
das Team!

Die Projektinfrastruktur wird bestimmt durch

- das gewählte Vorgehen für den Entwicklungsprozess,
- die bereits bestehende Infrastruktur im Unternehmen sowie
- die konkreten Randbedingungen des Projekts.

Bevor Sie mit der Projektdurchführung beginnen, sollte die erforderliche Infrastruktur bereitstehen. Prüfen Sie daher am Ende der Initialisierung,

- ob die benötigte Entwicklungsumgebung eingerichtet ist,
- ob die Systeminfrastruktur vorhanden ist (Netz, Rechner usw.),
- ob die wichtigsten Richtlinien fertig sind,
- ob das Informationssystem aufgebaut ist (Intranet geschaltet, Ablagestrukturen definiert und eingerichtet, Namenskonventionen festgelegt).

Denken Sie auch an solche Details wie Räume, Schreibtische und Telefon. Es ist kontraproduktiv, wenn Sie sich darüber erst Gedanken machen, wenn Ihre Mannschaft bereits vor der Tür steht.

Effizientes Arbeiten setzt eine organisatorisch und technisch funktionstüchtige Infrastruktur voraus!

Ressourcenaufbau beginnen

Sie kennen inzwischen den konkreten Personalbedarf und die dazugehörigen Anforderungsprofile für die Projektdurchführung. Nun müssen Sie die Teams konkret besetzen. Sie können sich nicht darauf verlassen, dass wirklich alle Ressourcen zum vereinbarten Termin bereitstehen. Versuchen Sie daher, mit den Fach- und IT-Abteilungen gezielte und verbindliche Vereinbarungen hinsichtlich aller Personen zu erreichen. Klare Entscheidungen sind notwendig!

Ein größeres Team lässt sich nicht von einem Tag auf den anderen aufbauen.

 **Ergebnis:** etablierte Projektorganisation und Infrastruktur

5.10 Alles klar für die große Reise?

Projektleiter, Fachexperten und Architekten haben sich zusammengesetzt und ein grobes Anforderungsmodell, eine erste Systemarchitektur und darauf aufsetzend den Plan für die Projektdurchführung entwickelt. Mit diesen Ergebnissen steht die Ausgangsposition für das Projekt fest. Es ist klar, welche Ergebnisse erwartet werden, wie der Lösungsweg aussieht, welcher Entwicklungsprozess eingesetzt wird, welche Aufgaben notwendig sind, welche Projektstruktur geeignet ist, welche Ressourcen erforderlich sind und bis wann die Ergebnisse fertig sein können. Auch wissen Sie inzwischen, wie Sie Ihr Projekt am besten organisieren. Auf der Basis des Projektplans wurden die Ressourcen geklärt und zugewiesen. Alle wichtigen Abläufe sind skizziert, das Qualitätsmanagement geregelt.

Lassen Sie sich von der Fülle der Aufgaben und der Komplexität der Zusammenhänge, die Sie kennen gelernt haben, nicht entmutigen. Viele der Managementaufgaben finden nacheinander und mitunter unabhängig voneinander statt. In der Regel benötigen Sie nur Ausschnitte davon in Ihrer täglichen Arbeit. Trotzdem müssen Sie sich einmal durch den Gesamtzusammenhang durchbeißen. Je vertrauter Ihnen diese grundlegenden Zusammenhänge sind, desto einfacher fällt es Ihnen, im Projektalltag zu entscheiden, wann welcher Umfang und welche Tiefe der Managementaktivitäten angebracht ist.

Ihre Agilität beweisen Sie in der Initialisierungsphase dadurch, dass Sie rechtzeitig abbrechen.

Die Planung sollte so weit und so genau ausgearbeitet sein,

- dass der Kunde, Ihr Auftraggeber und das Management zufrieden sind und
- Sie glauben, alles Nötige getan zu haben, um die Durchführung erfolgreich beginnen zu können.

Die Projektorganisation sollte so detailliert geregelt sein,

- dass jeder im Projekt seinen Platz und seine Kompetenzen kennt;
- dass alle essenziellen Verfahren für jeden im Projekt transparent sind und
- dass Sie in größeren Projekten mehrere parallele Teams ins Rennen schicken können.

Ihr Qualitätsmanagement sollten Sie so weit etablieren,

- dass zwischen Ihnen und Ihrem Auftraggeber bzw. Kunden Einigkeit über die Abnahme und Freigabe der Ergebnisse besteht und
- dass Sie wissen, wie Sie das Thema im Projekt anpacken wollen.

Die Risikoanalyse sollten Sie so intensiv durchführen,

- dass Sie die Risiken so weit im Griff haben, dass Sie die Projektdurchführung mit ruhigem Gewissen starten können.

Denken
im Ganzen,
entscheiden
im Kleinen!

Erfolgreiche Projekte erfordern eine anpassungsfähige, auf den jeweiligen Bedarf abgestimmte Organisation. Starten Sie in größeren Projekten mit einem Kernteam, und erweitern Sie die Mannschaft erst mit Beginn der Projektdurchführung. Der richtige Zeitpunkt für diese Erweiterung ist gegeben,

- wenn die fachliche Modellierung weit fortgeschritten ist;
  - Geschäftsprozessmodell und Analysemodell liegen vor. Um die 80% der Anforderungen sind identifiziert und spezifiziert.
- wenn ein fachliches und technisches Design für das System erstellt wurde;
  - technische Architektur entworfen und weitgehend stabil. Systempartitionierung ist erfolgt. Komponentenmodell liegt vor.
- wenn die Architektur verifiziert wurde;
  - Nachweis der Machbarkeit ist erbracht, z.B. mit Prototyp.
- wenn darauf basierend die Planung, Organisation und die Risiken des Projekts verifiziert, ergänzt und präzisiert wurden;
  - Projektplanung durchgeführt.
  - Risikoliste und Risiko-Portfolio geprüft und erweitert.
  - Projektorganisation und Projektinfrastruktur etabliert.

Kurz gesagt: wenn das Team der Projektinitialisierung seine Arbeit geleistet hat. Lassen Sie dann das Kernteam in den Teams der Projektdurchführung aufgehen, aber lösen Sie es nicht vollständig auf.

Checkliste: Projektinitialisierung

- Passen Lösungsansatz, Vorgehensmodell und Risiken des Projekts zusammen?
- Ist die Planung für die Projektdurchführung ausreichend und konsistent?
- Liegen Anforderungen und Architektur ausreichend stabil vor, um die Projektdurchführung starten zu können?
- Sind alle essentiellen Verfahren geregelt?
- Kennt jeder im Team seinen Platz und seine Rolle?
- Spiegelt die Projektplanung eine angemessene Reaktion auf die identifizierten Projektrisiken wider?
- Sind die wichtigen Qualitätsmaßnahmen festgelegt?

> „Wenn Du kritisiert wirst, dann musst Du
> irgend etwas richtig machen. Denn man greift
> nur denjenigen an, der den Ball hat."
>
> *Bruce Lee*

6

Das Projekt läuft

Fragen, die dieses Kapitel beantwortet:

- Was sind Ihre wichtigsten Aufgaben in der Projektdurchführung?
- Wie spielen Planung, Überwachung und Steuerung im Regelkreis des Projektcontrolling zusammen?
- Wie läuft eine Iteration ab?
- Wie werden Iterationen geplant, überwacht und gesteuert?
- Wie lässt sich der Projektstatus einfach und schnell ermitteln?
- Wie können Sie Trends im Projekt frühzeitig erkennen?
- Wann sollten Sie steuernd eingreifen?
- Was sollten Sie wissen, bevor Sie steuernd eingreifen?
- Welche Steuerungsmöglichkeiten stehen Ihnen zur Verfügung?

Ihr Rohbau steht inzwischen. Jetzt müssen Sie den Innenausbau in Angriff nehmen. Hunderte kleine Details sind zu regeln. Trotzdem dürfen Sie das große Ganze nicht aus den Augen verlieren. Wie Sie die Einzelheiten der Projektdurchführung planen, die laufenden Projektaktivitäten verfolgen und Ihr Projekt trotz verschiedenster Hindernisse beständig im Griff behalten, lernen Sie in diesem Kapitel. Planung, Überwachung, Steuerung, Organisation, Team-, Risiko- und Qualitätsmanagement lassen Sie jetzt nicht mehr los. Parallel dazu läuft die Software-Entwicklung auf Hochtouren. Wir konzentrieren uns in den folgenden Abschnitten weiterhin auf die Aufgaben eines Projektmanagers – jetzt auf die wichtigsten der Projektdurchführung. Beginnend mit dem Ablauf einer Iteration lernen Sie über die Planung bis hin zum Verfolgen und Steuern der Projektaktivitäten alle Besonderheiten kennen, die eine iterativ-inkrementelle Software-Entwicklung mit sich bringt.

6.1 Inhalt und Aktivitäten der Projektdurchführung

Im Mittelpunkt der Durchführung stehen nicht Sie, sondern Ihre Entwickler. Ihre Teams erzeugen die im Projektplan vereinbarten Projektergebnisse und damit in Summe das gewünschte IT- bzw. Software-System. Sie müssen „nur" noch dafür sorgen, dass Ihr Team optimal arbeiten kann. Wie schwierig das mitunter ist, weiß jeder aus eigener Erfahrung.

Die Managementaufgaben der Projektdurchführung

Mit allen in Kapitel 1 vorgestellten Managementaufgaben, wie z.B. dem Planen und Entscheiden, dem Team- und Informationsmanagement, aber auch dem Risiko- und Qualitätsmanagement, haben Sie es jetzt kontinuierlich zu tun. Konkret müssen Sie:

- alle definierten Prozesse und Verfahren im Projekt etablieren;
- die Projektorganisation vollständig aufbauen;
- das Informations-, Risiko- und Qualitätsmanagement kontinuierlich durchführen;
- die Projektaktivitäten im Detail planen und überwachen;
- bei Bedarf steuernd eingreifen;
- jede Menge Entscheidungen treffen sowie
- Ihr Team gut motivieren.

Natürlich prüfen und optimieren Sie kontinuierlich die Angemessenheit aller etablierten Verfahren und Strukturen, denn agile Projekte zeichnen sich durch eine lernende Organisation aus. Drei dieser Aufgaben werden uns in diesem Kapitel intensiv beschäftigen: das Planen im Detail, das Überwachen und das Steuern der Projektaktivitäten.

Der Regelkreis des Projektcontrollings

Abbildung 6.1 zeigt, wie diese drei Managementaufgaben in einem geschlossenen Kreislauf zusammen wirken. Nehmen Sie noch das Setzen von Zielen dazu, spricht man vom Regelkreis des Projektcontrollings [GA01]. Diesen Regelkreis erleben Sie täglich auf mehreren Ebenen im Projekt. Sie setzen Ziele für das Projekt, ein Teilprojekt, einen Aufgabenbereich, die nächste Iteration, den morgigen Tag, planen, wer wann welches Ergebnis zur Erreichung dieser Ziele erstellt, prüfen den Fortschritt der Aktivitäten und greifen, wenn es notwendig wird, steuernd ein. Verdeutlichen wir uns exemplarisch diesen Kreislauf für unser Projekt.

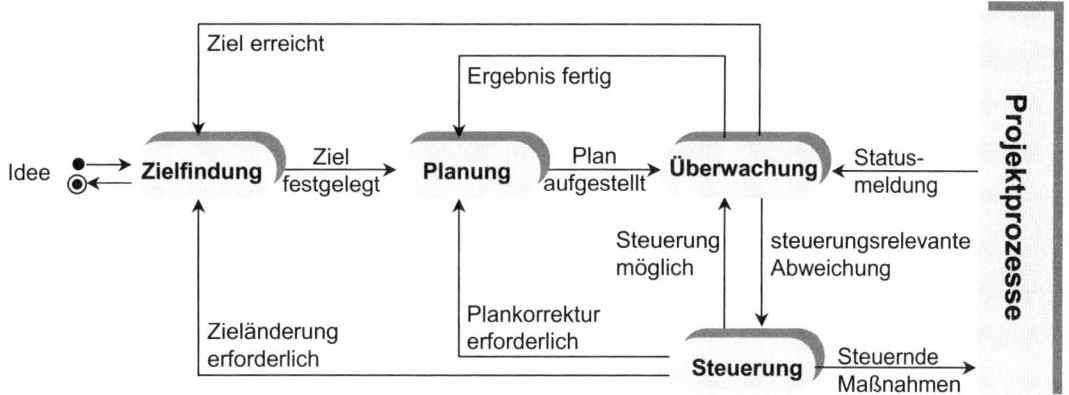

Abbildung 6.1: Der Regelkreis des Projektcontrollings

◼ *Zielfindung und Planung formulieren die Vorgaben für das Projekt:*   SOLL
Mit der Projektdefinition vereinbaren Sie in der Projektvorbereitung die Ziele des Projekts. Die sich anschließende Planung definiert die zu ihrer Umsetzung notwendigen Projektergebnisse und -aktivitäten und legt im Projektplan die Führungsgrößen fest, anhand derer Sie das Projekt überwachen und steuern wollen.

◼ *Die Überwachung zeigt Abweichungen auf:*   IST und DELTA
Im Rahmen der Überwachung verfolgen Sie regelmäßig den Fortschritt der Projektergebnisse und stellen den aktuellen Status der Projektaktivitäten fest. Treten signifikante Abweichungen zur vorgesehenen Entwicklung auf und liegen diese außerhalb akzeptierter Toleranzen, wird die Steuerung aktiv.

◼ *Die Steuerung legt die Korrektur fest:*   Zurück zum
Mit Kenntnis der aktuellen Situation und unter Berücksichtigung Ihres   SOLL
Wissens über die Zukunft führen Sie durch geeignete Maßnahmen eine Kurskorrektur durch, um die Projektaktivitäten wieder optimal auf das angestrebte Ziel auszurichten. Kann innerhalb des von der Planung vorgegebenen Toleranzbereiches keine Korrektur erfolgen, gehen Sie zur Planung zurück. Können Sie auch innerhalb der Planung keinen Ausgleich finden, wird sogar eine Zielveränderung des Projekts und damit eine Änderung des Projektauftrages erforderlich.

Änderungen sind das Natürlichste der Welt. Sie sind die häufigste Ursache für Abweichungen vom Soll. Als Projektleiter müssen Sie Ihr Projekt trotz vielfältiger Schwankungen immer auf Zielkurs halten. Darin besteht die größte Herausforderung im Projektalltag. Ein Projekt managen heißt, viele einzelne Puzzleteile richtig zu einem sinnvollen Ganzen zusammenfügen. Man spricht nicht umsonst von der „Kunst der Projektsteuerung". Durch das konsequente Zusammenwirken dieser vier Managementaufgaben in einem geschlossenen Regelkreis erreichen Sie ein effektives und effizientes Projektcontrolling. Der Regelkreis stellt sicher:

- dass nur geplant wird, was überwacht werden kann;
- dass nur überwacht wird, was zur Steuerung benötigt wird;
- dass nur gesteuert wird, was auch geplant und überwacht wurde.

Dieser ganzheitliche Managementansatz sollte im Mittelpunkt Ihres Handelns stehen [GA01]. Denn ohne ganzheitliches Denken funktioniert agiles Management nicht.

Bevor wir uns mit dem Planen, Überwachen und Steuern der Projektaktivitäten in der Projektdurchführung befassen, gibt Ihnen der folgende Abschnitt eine Übersicht zum grundlegenden Inhalt und Ablauf einer Iteration.

Der Ablauf einer Iteration

Iterationen dienen dazu, den Software-Entwicklungsprozess weiter zu strukturieren, und ermöglichen damit ein effektiveres und effizienteres Management der einzelnen Entwicklungsaktivitäten. Im Prinzip durchlaufen sie den gleichen Lebenszyklus wie Projekte, nur im kleineren Rahmen. Sie erfordern eine fundierte Vorbereitung, in der die Ziele eindeutig und verständlich für alle im Team formuliert werden, eine Initialisierung, die für die Feinplanung der Aktivitäten sorgt, und einen soliden Abschluss, der genügend Zeit für die Auswertung der Ergebnisse einräumt. Abbildung 6.2 skizziert den prinzipiellen Ablauf einer Iteration.

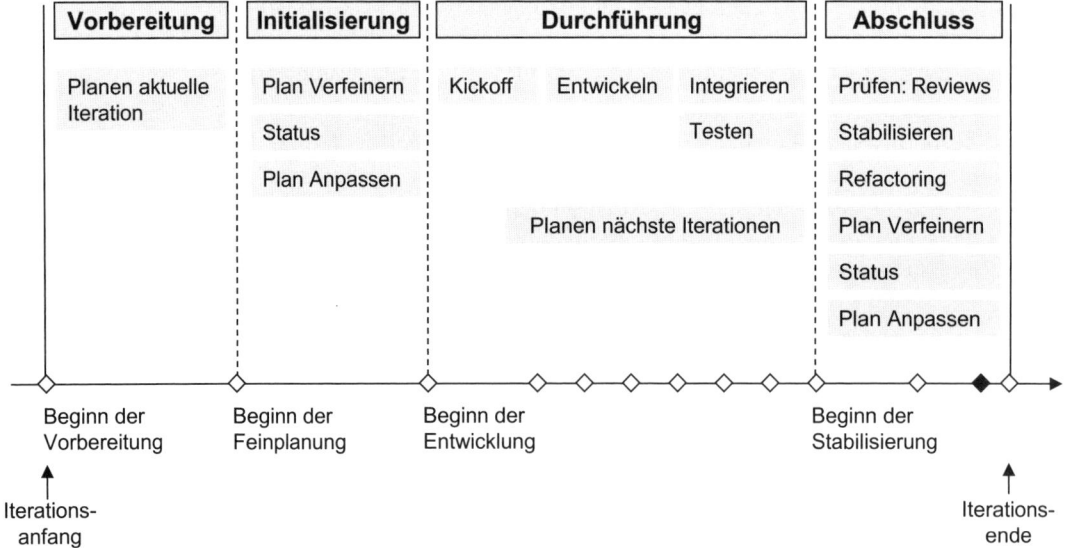

Abbildung 6.2: Der Ablauf einer Iteration im Detail

Die Entwicklung der Software beginnt stets mit Analyse- und Entwurfsaktivitäten, in denen die bisher vorliegenden Erkenntnisse ausgewertet und die Anforderungen sowie die Software-Architektur angepasst werden. Am Anfang sollte ein Kickoff stehen, in dem das gesamte (!) Team sich mit den Zielen, den erwarteten Ergebnissen und dem konkreten Ablauf der bevorstehenden Entwicklungsarbeit vertraut macht.

Die Entwicklung läuft

Parallel zu den Entwicklungsaktivitäten werden Sie bereits wieder planerisch tätig. Während Ihr Team die vereinbarten Ergebnisse entwickelt, bereiten Sie – in größeren Projekten zusammen mit den Teamleitern – die Feinplanung der nächsten Iteration vor. Oft durchdenken Sie auch schon die Schwerpunkte und den Ablauf der danach folgenden Iterationen.

Vorbereitung der nächsten Iteration

Am Ende der Iteration müssen die verschiedenen Ergebnisse synchronisiert und integriert werden. Die Entwicklungstätigkeiten schließen Sie immer mit einem internen oder externen Review ab. Im internen Review wird ausgehend von den im Iterationsplan formulierten Zielen die Qualität, Vollständigkeit und Korrektheit für jedes gelieferte Ergebnis bewertet. Es wird exakt festgestellt, was erreicht wurde und was nicht. Interne Reviews sind ein „Muss", während externe Reviews dem Projekt von außen vorgegeben werden und meist nur am Ende einer Entwicklungsphase erfolgen. Wann externe Reviews fällig sind, steht in Ihrem Akzeptanzplan.

Der Abschluss

Parallel zu den Abschlussaktivitäten führen Sie die Feinplanung für die nächste Iteration durch. Erst nachdem die Reviews abgeschlossen sind und Sie darauf basierend die detaillierte Arbeitsplanung im Team durchgeführt haben, ist die Planung für die nächste Iteration verbindlich.

Initialisierung der nächsten Iteration

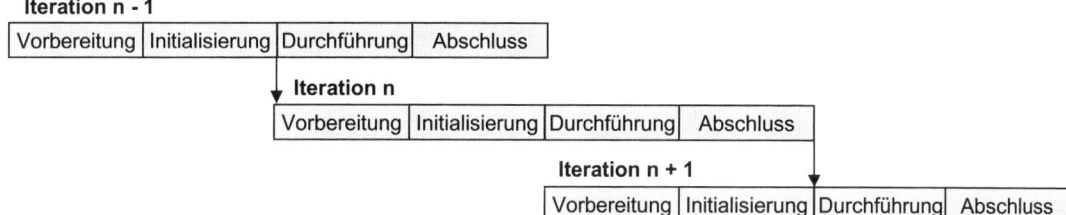

Abbildung 6.3: Iterationen innerhalb einer Entwicklungsphase

In der Praxis überlappen sich oft, wie in Abbildung 6.3 dargestellt, die Vorbereitung und Initialisierung der neuen Iteration mit der Durchführung und Nachbereitung der aktuellen Iteration. Ob und wie stark Sie Überlappungen im Ablauf zulassen, bleibt Ihnen überlassen. Die Entwicklungstätigkeiten zweier Iterationen sollten sich allerdings nicht überschneiden, da Sie sonst die Vorteile des iterativen Vorgehens aufgeben.

6.2 Planen im Detail

Schon wieder
planen?

Das Projekt hat seine Arbeit nun voll aufgenommen. Eine der ersten Aufgaben für Sie als Projektmanager besteht darin, gemeinsam mit den Teamleitern die Feinplanung der Projektdurchführung anzugehen, d.h. entweder die Feinplanung der ersten Iteration oder bei größeren Projekten der gestarteten Aufgabenbereiche bzw. Teilprojekte. Jeder im Team muss wissen, welches Ergebnis wann von ihm erwartet wird, also seine Aufgaben kennen und seinen Platz im Projekt verstehen. Nur bei kleinen und überschaubaren Projekten reicht die Präzision der bestehenden Planung für das Aufgabenmanagement der Projektdurchführung bereits aus.

Die Spielregeln
bleiben gleich!

Auch für die Feinplanung in der Durchführungsphase gelten die generellen Spielregeln aus Kapitel 5. Sie beginnen mit den Ergebnissen, überlegen sich dann die dazu notwendigen Aufgaben und deren Ablauf und stellen zum Schluss den kapazitäts- und termintreuen Arbeitsplan auf. Je nachdem, ob Sie sich für ein klassisches oder iteratives Vorgehen entscheiden, beschäftigen Sie sich jedoch mit anderen Planungsgegenständen und beginnen Ihre Arbeitsplanung an einem anderen Ende des Managementdreiecks.

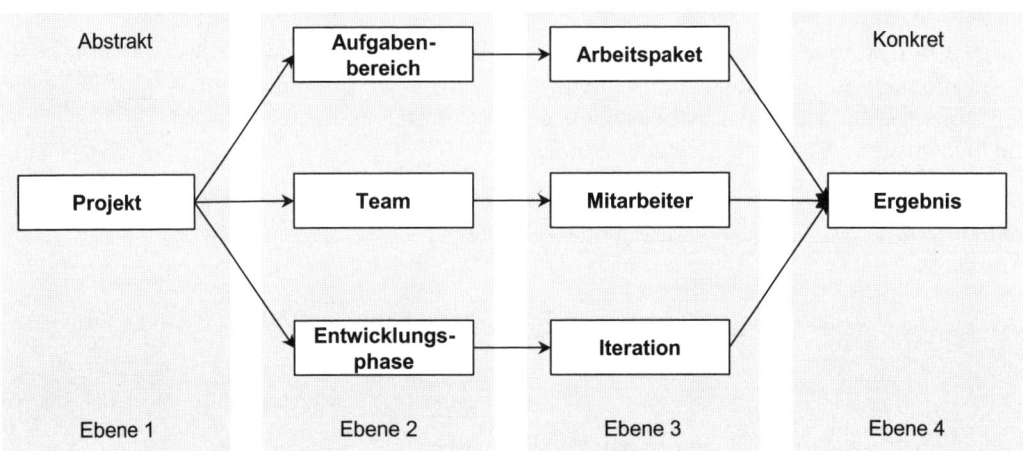

Abbildung 6.4: Die verschiedenen Planungsebenen

Verdeutlichen wir uns daher noch einmal, auf welchen Ebenen im Projekt geplant wird, bevor wir ins Detail gehen. Projekte mit klassischem Vorgehen unterscheiden als Planungsebenen (vgl. Abbildung 6.4):

Projekte mit
klassischem
Vorgehen

■ das Projekt als Ganzes (Abschnitt 5.3),

■ die Entwicklungsphasen der Projektdurchführung (Abschnitt 5.3),

■ die Teilprojekte mit ihren Aufgabenbereichen (Abschnitt 5.5),

■ die einzelnen Arbeitspakete innerhalb eines Aufgabenbereiches.

Projekte mit iterativem Vorgehen unterscheiden als Planungsebenen:

- das Projekt als Ganzes (Abschnitt 5.3),
- die Entwicklungsphasen der Projektdurchführung (Abschnitt 5.3),
- die Iterationen einer Entwicklungsphase (Abschnitt 5.5),
- die einzelnen Ergebnisse innerhalb einer Iteration.

Wie Sie sehen, spielen Phasen in jedem Software-Projekt eine Rolle. Nur bei sehr kleinen Projekten verzichtet man auf sie. In der darunter liegenden Ebene beschäftigen sich objektorientierte Projekte mit Iterationen, wohingegen klassische bei Meilensteinen und Aufgabenbereichen bleiben. Teilprojekte kommen bei größeren Projekten unabhängig vom Vorgehen als zusätzliche Managementebene ins Spiel. Klassische Projekte nutzen Arbeitspakete und Aktivitäten für die Feinplanung des Projekts. Bei iterativen Projekten stehen die Ergebnisse einer Iteration im Vordergrund der Feinplanung.

Projekte mit klassischen Vorgehen erfordern folgende Planungsaktivitäten:

- Phasen- oder Teilprojektergebnisse festlegen;
- Arbeitspakete bilden und Arbeitsaufträge formulieren;
- Arbeitsplanung je Arbeitspaket durchführen;
- Arbeitsplanung konsolidieren und in Abhängigkeit von Projektgröße und Zuschnitt je Aufgabenbereich, Teilprojekt oder Entwicklungsphase im jeweiligen Arbeitsplan zusammenführen;

Je nachdem, wie sich Ihr Ausgangspunkt darstellt, beginnen Sie mit der Verfeinerung der Teilprojekte oder starten gleich mit der Feinplanung Ihrer Aufgabenbereiche. Ihre kleinste Planungseinheit ist das Arbeitspaket. Sie verfeinern den Projektstrukturplan jetzt so weit, bis in der untersten Ebene ausführbare Arbeitspakete entstehen. Neben den Meilensteinen und Ressourcen des Projektplans aktualisieren Sie in klassischen Projekten mit jedem neuen Planungszyklus daher auch den Projektstrukturplan.

Eine Iteration planen Sie über die beiden Schritte:

- Iterationsinhalt präzis festlegen und
- Iterationsplan aufstellen.

In Projekten mit iterativem Vorgehen tritt neben die normale Projektplanung das kontinuierliche Verfeinern der Produktplanung. Demzufolge beschäftigt sich Ihr erster Planungsschritt zunächst mit der Präzisierung der Produktplanung, bevor Sie sich im zweiten Schritt der konkreten Arbeitsplanung innerhalb der Iteration widmen.

Mit der klassischen Planung sind Sie inzwischen durch Kapitel 5 bestens vertraut, daher konzentrieren sich die folgenden Abschnitte auf die Besonderheiten der Planung eines Software-Entwicklungsprojekts mit iterativem Vorgehen und inkrementeller Produktentwicklung. Sie lernen einen Planungsablauf kennen, der in diesem Umfeld eine schnelle und unkomplizierte Planung gewährleistet. Im Mittelpunkt steht ein iteratives Planungsmodell, das auf eine inkrementelle Produktentwicklung zugeschnitten ist. Abbildung 6.5 zeigt das Zusammenspiel der wichtigsten Planungsdokumente in diesem Kontext.

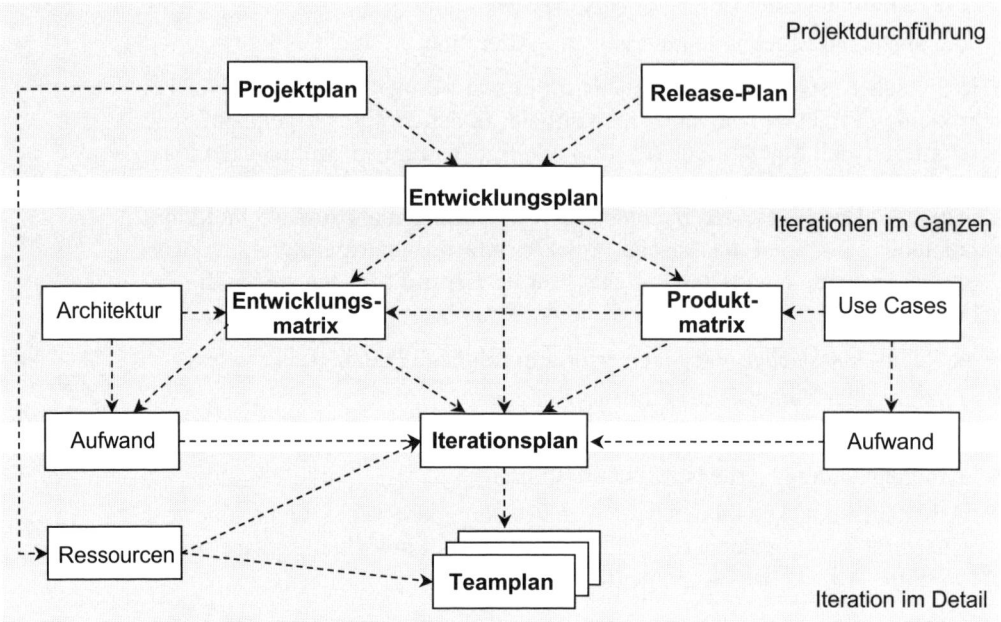

Abbildung 6.5: Planung bei iterativem Vorgehen

- Der *Release-Plan* legt den Inhalt der einzelnen Produkt-Releases über Features oder Use Cases fest.
- Der *Entwicklungsplan* dient zur übergreifenden Planung der Iterationen einer Entwicklungsphase bzw. des gesamten Projekts. Er hält für alle Iterationen die Ziele, die Dauer, Anfangs- und Endtermine, Erfolgskriterien sowie essenzielle Risiken fest.
- Für die Verfeinerung der Produktplanung nutzen Sie die *Produkt-* und *Entwicklungs*matrix.
- Der *Iterationsplan* ist das Instrument für die Arbeitsplanung innerhalb einer Iteration. Er listet alle Ergebnisse der Iteration auf, ordnet die Ressourcen zu und legt alle wichtigen Termine innerhalb der Iteration fest.
- Der *Teamplan* ist für die Feinplanung der Aktivitäten eines Teams da. Er spielt nur bei größeren Projekten mit Teams ab 5 Personen aufwärts eine Rolle.

Iterative Planung   Weit verbreitet ist die Auffassung, dass mit dem iterativen Vorgehen die Planung ausschließlich für kurze Zeitspannen (wenige Wochen) erfolgt, also nur bezogen auf eine einzelne Iteration. Wer dies denkt, liegt falsch. Mit dem Beginn einer Entwicklungsphase muss auch – allerdings nicht so detailliert – die

172

inhaltliche und zeitliche Iterationsplanung für die ganze Phase stehen. Iterative Software-Entwicklung führt nicht zum Abschaffen der Planung, sie erfordert im Gegenteil einen höheren Aufwand (weil viel öfter geplant wird!) und wesentlich mehr Präzision sowie ein ganzheitliches Denken vom Projektleiter. Allerdings werden Detailplanungen erst vollzogen, wenn sie gebraucht werden. Dahinter steht die Praxiserfahrung, dass man nur 4 bis 8 Wochen genau im Blick hat. Die höheren Aufwände für die Planung werden in den meisten Projekten jedoch durch Einsparungen in der Entwicklung mehr als wett gemacht. Kurze Zyklen und rasches Feedback vermeiden Fehlentwicklungen, die mehr Geld kosten würden als der zusätzliche Planungsaufwand.

Planen auf Vorrat bringt wenig. Beginnen Sie daher immer erst dann mit der Feinplanung, wenn die jeweilige Aufgabe konkret ansteht!

6.2.1 Iterationsinhalt präzis festlegen

Im ersten Schritt Ihrer Feinplanung beschäftigen Sie sich mit dem konkreten Inhalt der bevorstehenden Iteration. Ziel ist die detaillierte Beschreibung der Ziele und Ergebnisse als Basis für die Aufgabenverteilung zwischen und innerhalb der Teams. Ihre Planung umfasst

- das Verifizieren des Iterationsziels,
- das Festlegen des Iterationsinhaltes aus Kundensicht,
- das Festlegen des Iterationsinhaltes aus Entwicklungssicht sowie
- das Anlegen des Iterationsplans

Die Festlegung der Iterationsinhalte ist keine triviale Aufgabe:

- Aus Sicht des Anwenders sollte ein Use Case möglichst geschlossen innerhalb einer Iteration umgesetzt werden.
- Ihre Entwickler wünschen sich dagegen eher, dass sich die Realisierung einzelner Komponenten nicht über zu viele Iterationen hinzieht.
- Als Manager möchten Sie Ihre Ressourcen optimal auslasten. Die Arbeitsmenge sollte möglichst gleichmäßig auf die Iterationen verteilt sein.

Die Herausforderung für Sie besteht darin, Teilmengen zu finden, die diesen divergierenden Bestrebungen gerecht werden.

Iterationsziel verifizieren

Zur Vorbereitung einer neuen Iteration prüfen Sie im ersten Schritt die Zweckmäßigkeit der bestehenden Planung und passen sie bei Bedarf an:

- Ist die Anzahl der Iterationen korrekt?
- Ist die Dauer der einzelnen Iterationen optimal gewählt?
- Stimmt das formulierte Ziel für jede Iteration noch?

Dann wenden Sie sich dem Geschehen innerhalb der zu planenden Iteration zu.

Am Anfang steht das Ziel

Das konkrete Ziel einer Iteration ergibt sich als Differenz zwischen dem im Entwicklungsplan festgehaltenen Ziel und dem tatsächlichen Stand der letzten und der aktuell laufenden Iteration. Durch diese Rückkopplung stellen Sie präzis fest, was bisher erreicht wurde und was noch offen ist. Ihre Planung spricht genau diese Differenz an – nicht mehr, aber auch nicht weniger! Dies führt Sie zu einer sehr korrekten Planung. Aus Sicht der konkret anstehenden Iteration klären Sie für jeden Entwicklungsgegenstand:

- Welches Ziel soll am Ende der Iteration erreicht sein?
- Wie kann die Zielerreichung gemessen werden?
- Gibt es Abhängigkeiten?

Fachliche und technische Zusammenhänge werden aufgedeckt sowie Prioritäten aus Entwicklungs- und Managementsicht berücksichtigt.

Die offenen 30 – 40 %

➜ Kapitel 5

Vielleicht fragen Sie sich an dieser Stelle, warum bei so viel Planung im Vorfeld schon wieder der Einstieg über die Ziele notwendig ist. Die Antwort: Jetzt geht es um die offen gebliebenen 30 bis 40 % Ihrer Ressourcen. Für nicht erkannte bzw. sich verändernde Anforderungen haben Sie bei der übergreifenden Iterationsplanung eine Reserve gebildet. Hier entsteht ein Freiraum, den es nun auszufüllen gilt. Daher klären Sie im ersten Schritt noch einmal verbindlich das Iterationsziel je Gegenstand. Sie prüfen also, inwieweit die in der Produktmatrix beschriebene Funktionalität bisher umgesetzt wurde (Sicht des Kunden). Weiterhin schätzen Sie ein, inwiefern die Ziele der Entwicklungsmatrix bisher verwirklicht wurden (Sicht der Entwicklung). Aus beidem leitet sich ab, ob eine Korrektur des Iterationszieles erforderlich ist. Sehen Sie schon jetzt, dass das ursprüngliche Ziel nicht erreichbar ist, reduzieren Sie die Vorgabe für die kommende Iteration so weit, bis alle Beteiligten wieder mit gutem Gewissen hinter dem Ziel stehen können. Wenn eine Reduzierung nicht möglich ist, passen Sie jetzt noch einmal die Dauer der Iteration an. Läuft die Iteration einmal, wird der Endtermin **nicht** mehr verschoben! Das bedeutet allerdings, dass Sie die gesamte übergreifende Planung prüfen und den Entwicklungsplan entsprechend anpassen müssen. Sonst schieben Sie irgendwann einmal einen Berg vor sich her, den Sie nicht mehr abbauen können. Bei gravierenden Änderungen sollten Sie Ihren Auftraggeber informieren.

Auf Ziele im Workshop einigen

Ein Zielfindungs-Workshop, in dem sich Projektleiter, Teilprojektleiter bzw. Teamleiter, Architekt sowie Anwender gemeinsam auf die Ziele der zu planenden Iteration einigen, leistet hierzu eine gute Hilfe. Durch die Teilnahme aller Interessenten an der Zieldiskussion schaffen Sie eine breite Akzeptanz. Neben der inhaltlichen Klärung der Ziele erreichen Sie bei allen Beteiligten ein gleiches Verständnis für das, was möglich ist, und das, was eben nicht geht. Die Ziele werden nicht einseitig vorgegeben, sondern von allen gemeinsam getragen. Im Iterationsplan halten Sie fest, welches fachliche und technische Entwicklungsziel abgeleitet aus dem übergeordneten Iterationsziel (im

Entwicklungsplan) für den jeweiligen Gegenstand in dieser Iteration erreicht werden soll. Bei Bedarf können Sie bereits als Verfeinerung wichtige Teilergebnisse für den jeweiligen Entwicklungsgegenstand notieren.

Über diese Frageliste können Sie abschließend die Qualität und Vollständigkeit Ihrer Iterationsziele checken:

- Liegt für jeden Entwicklungsgegenstand ein schriftlich fixiertes Ziel vor?
- Ist das Ziel realistisch?
- Sind die Erfolgskriterien sinnvoll und geeignet, um die Zielerreichung objektiv prüfen zu können?
- Wie hoch ist die Wahrscheinlichkeit, das Ziel inhaltlich und termingerecht zu erreichen?
- Welche Einflussfaktoren könnten die Zielerreichung gefährden oder fördern?

Checkliste
Zieldefinition

Iterationsinhalt aus Kundensicht festlegen

Haben Sie sich in der Release-Planung mit der Aufteilung der Gesamtfunktionalität des gewünschten IT-Systems auf einzelne Releases und deren Zuordnung zu den Entwicklungsphasen beschäftigt, geht es nun darum, den Inhalt eines Releases konkret auf die gebildeten Iterationen einer Entwicklungsphase abzubilden. In die Verfeinerung der Produktplanung fließen folgende Informationen ein:

- der fachliche Inhalt aus dem Release-Plan der Initialisierung,
- das Ziel und die Dauer der Iteration aus dem angelegten Iterationsplan,
- die bisher vorliegende Anforderungsspezifikation Ihrer Systemanalytiker (insbesondere die Zerlegung des Systems in Use Cases und Activities),
- die Prioritäten des Kunden.

Ziel ist die detailliertere inhaltliche Definition der einzelnen Iterationen aus Kundensicht.

Innerhalb einer Entwicklungsphase wird die Funktionalität eines Releases weiter aufgeteilt, d.h. ein Release entsteht wiederum als Folge von kleineren Stufen, den einzelnen Inkrementen (auch Produktversionen). Diese Inkremente ordnen Sie den gebildeten Iterationen zu. Bei einer objektorientierten Entwicklung nutzen Sie dafür zunächst die Use Cases. Die einfachste Form, dies zu tun, ist der Aufbau einer Tabelle, in der Sie für jeden Use Case die Iteration eintragen, in welcher er vollständig realisiert sein soll (vgl. Tabelle 6.1). Ist diese Granularität nicht ausreichend, verfeinern Sie Ihre Planung weiter mit Activities und anderen Anforderungen. Die gesamte Funktionalität eines Releases wird so auf die gebildeten Iterationen verteilt. Gemeinsam mit dem Anwender priorisieren Sie dabei die Realisierung der Use Cases aus Kunden- und Projektsicht.

175

Die Verfeinerung der Produktplanung über Use Cases ist allerdings nur dann sinnvoll, wenn der überwiegende Teil der Anforderungen sich in Form von Use Cases modellieren lässt. Sonst nehmen Sie andere Gliederungsvorschläge der Systemanalytiker als Basis.

Wichtig ist, dass jedes Inkrement innerhalb einer Iteration umsetzbar ist. Teilen Sie die Funktionalität eines Releases daher so auf, dass die Menge innerhalb einer Iteration zu bewältigen ist.

Tabelle 6.1: Beispiel für eine Produktmatrix

	Entwicklungsphase A			Entwicklungsphase B			
	Iteration 1	Iteration 2	Iteration 3				
Use Case 1	x						
Use Case 2			x				
Use Case 3		x					
...							
Inkrement	A1	A2	A3	B1	B2	B3	B4
Release	A			B			

Iterationsinhalt aus Entwicklungssicht festlegen

Von der Kunden- zur Entwicklungs- sicht

Als Nächstes setzen Sie die oben skizzierte fachlich getriebene Produktplanung in eine technische und managementorientierte Iterationsplanung um. Dies ist erforderlich, wenn Sie als Bezugspunkt für Ihr Aufgabenmanagement die Entwicklungssicht brauchen. Vielleicht fragen Sie sich an dieser Stelle: Warum eine zweite Sicht? Sie hilft Ihnen, alle benötigten Ergebnisse aufzuspüren und systematisch zu planen. Die Erstellung eines Migrationskonzeptes oder Benutzer-Handbuches zum Beispiel findet in der Produktmatrix keinen angemessenen Platz. Die nachfolgend vorgestellte Entwicklungsmatrix unterliegt dieser Einschränkung nicht, da Sie dort jeden Entwicklungsgegenstand des Projekts eintragen und seine Entstehungsstufen den Iterationen zuordnen können.

Die Prinzipien des Timeboxing

Iterationen gehen von einer fixen Dauer aus. Der Endtermin steht fest. Bei der Planung überlegen Sie sich, was in den nächsten x Wochen getan werden kann bzw. muss, um das vereinbarte Iterationsziel zu erreichen. Welche Aufgabenbereiche bzw. Teilprojekte sind aktiv? Welche Entwicklungsgegenstände sind betroffen? Welche konkreten Ergebnisse sind erforderlich? Man bezeichnet diese Fixierung der Dauer als Timeboxing. Eine Timebox ist durch folgende Eigenschaften charakterisiert:

■ fester Endtermin,

■ überschaubare Zeitspanne zwischen vier und acht Wochen,

■ definierte, exakt auf diese Zeitspanne ausgelegte Ergebnisse,

- Änderungen oder Erweiterungen erfolgen erst in der nächsten Timebox,
- der Endtermin ist wichtiger als der Lieferumfang.

Daher gilt beim Timeboxing die Regel: Im Extremfall wird geliefert, egal was! Betrachten Sie Iterationen als Timeboxen, d.h. der Zeitrahmen ist fix, die Iterationsergebnisse variabel. Abbildung 6.6 verdeutlicht diese Sichtweise der Planung.

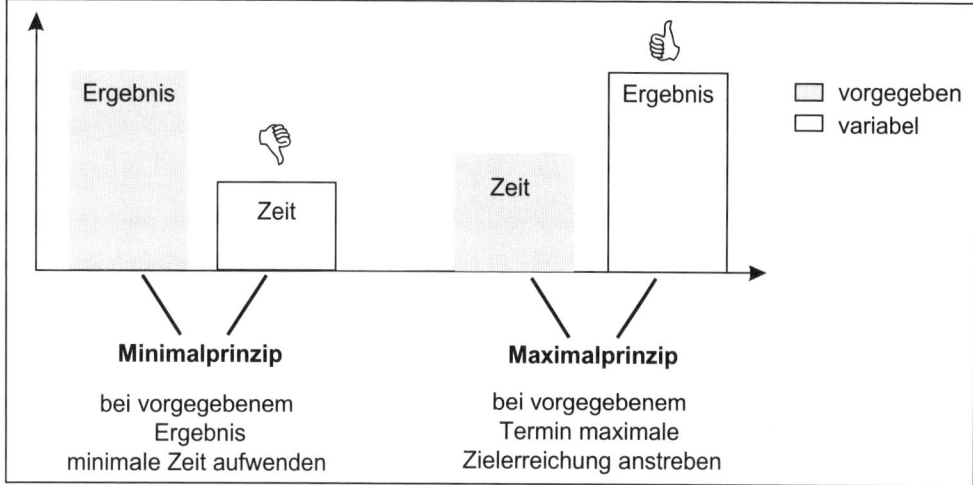

Abbildung 6.6: Grundprinzipien der Lösungssuche

Verschieben Sie das Iterationsende nicht, sondern legen Sie den Inhalt der Iteration so fest, dass die Ergebnisse auf jeden Fall erreichbar sind.

Für jeden Entwicklungsgegenstand überlegen Sie sich:

- Welche Ergebnisse sind zu erbringen, um das angestrebte Entwicklungsziel jeweils zu erreichen?
- Ist das Ergebnis jeweils in der vorgegebenen Zeitspanne erreichbar?
- Wie können die Ergebnisse überprüft werden?
- Welche Randbedingungen (Prioritäten, Abhängigkeiten) sind zu beachten?

Was soll erreicht werden?

Als einen Ausgangspunkt nutzen Sie die Produktmatrix. Diese beinhaltet bereits die fachliche Aufteilung der Systemfunktionalität auf die Iterationen und gibt damit den fachlichen Inhalt eines Inkrementes vor. Den zweiten Ausgangspunkt bildet die Architektur. Ihre Architekten übersetzen die Anforderungen des Anwenders in fachliche und technische Komponenten, aus denen das neue System bestehen wird. Sie legen fest, welche Komponenten welchen Beitrag zur Umsetzung eines Use Cases leisten. Sie nutzen diese Informationen zum Aufbau der Entwicklungsmatrix (vgl. Abbildung 6.7). In diese tragen Sie für die aktuell zu planende Iteration die konkreten Ergebnisse je Entwicklungsgegenstand ein, die zur Umsetzung des im Iterationsplan vorgegebenen Ziels jeweils notwendig sind. Für alle noch nicht aktiven Iterationen beschreibt die Entwicklungsmatrix grob, welches fachliche und technische Entwicklungsziel abgeleitet aus dem übergeordneten Iterationsziel (im Entwicklungsplan) für den jeweiligen Gegenstand in der jeweiligen Iteration erreicht werden soll. Im Ergebnis erhalten Sie damit die Versionsplanung je Entwicklungsgegenstand.

Beschränken Sie sich auf die wichtigsten Ergebnisse. Notieren Sie nur jene, an denen Sie den Erfolg der Iteration messen wollen.

Von der Produktmatrix zur Entwicklungsmatrix

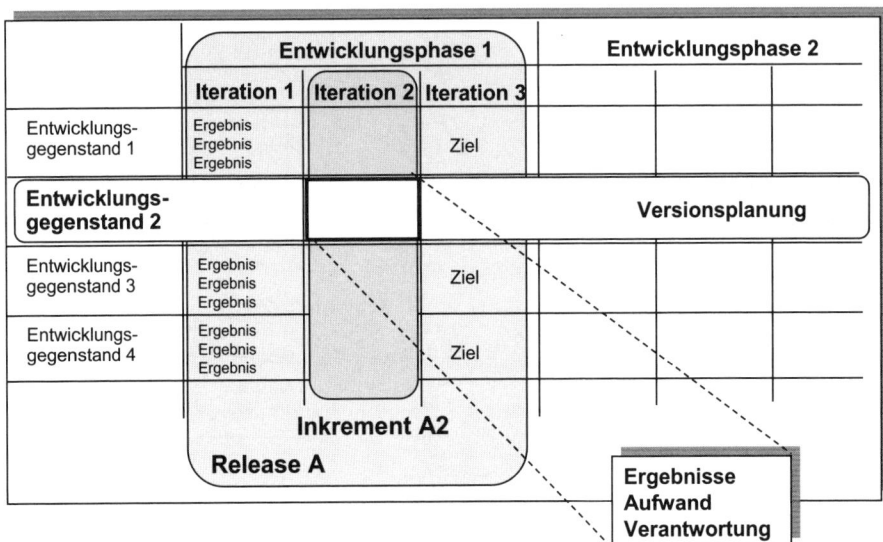

Abbildung 6.7: Der Inhalt der Entwicklungsmatrix

Die Entwicklungsmatrix verdeutlicht, wie das IT-System inhaltlich durch die Aufteilung in einzelne Inkremente und zeitlich durch die Aufteilung in Iterationen stufenweise wächst. Jede Iteration endet mit einem definierten Entwicklungsstand (einem Inkrement) des Gesamtsystems. Der Inhalt eines Inkrements stellt sich aus Entwicklungssicht als die Summe aller definierten Iterationsergebnisse dar (Spalte der Matrix). Auch jeder Entwicklungsgegenstand entsteht über einzelne Stufen. Die Zeilen der Matrix verdeutlichen die Versionsplanung für den jeweiligen Gegenstand. Im Schnittpunkt tragen Sie bei Bedarf neben den Ergebnissen zusätzlich für jedes Ergebnis den Aufwand und die Verantwortung ein.

Geschickt aufgebaut, kann so diese Matrix den Iterationsplan ersetzen und alle wichtigen Planungsinformationen enthalten. Bei größeren Projekten mit komplexen Zusammenhängen empfiehlt sich eher der separate Iterationsplan, der jeweils jene Spalte der Matrix präzisiert, für die Sie gerade die Planung durchführen.

Iterationsplan anlegen

Abschließend fassen Sie im Iterationsplan Ihre Überlegungen zusammen. Ein einheitliches Muster erleichtert Ihnen auch hier die Arbeit. Ihr Iterationsplan sollte am Ende dieses Planungsschritts folgende Punkte enthalten:

- das verbindliche Ziel für die Iteration mit Erfolgskriterien
- den verbindlichen Start- und Endtermin für die Iteration
- je Entwicklungsgegenstand:
  - eine kurze Beschreibung des Gegenstandes
  - das Entwicklungsziel für diese Iteration
  - eine Auflistung der relevanten Ergebnisse mit Abnahmekriterien
  - die Vorbedingungen, Abhängigkeiten und Prioritäten
- die identifizierten Risiken.

Mit diesem Wissen können Sie Aufwände abschätzen und die Verantwortung im Team verteilen.

 Ergebnisse: Produktmatrix, Entwicklungsmatrix, angelegter Iterationsplan, aktualisierter Entwicklungsplan

6.2.2 Iterationsplan aufstellen

Was jetzt noch folgt, ist das bekannte klassische Planungsgeschäft. Für die Arbeitsplanung im Team ist die Festlegung einzelner Ergebnisse nicht ausreichend. Sie müssen auch wissen, wann mit einem Ergebnis spätestens zu beginnen ist und in welcher Reihenfolge die Teilergebnisse innerhalb der Iterationen zu erarbeiten sind. Dies setzt voraus, dass Sie wissen, wie viel Aufwand hinter einem Ergebnis steckt und wer die Aufgabe übernehmen könnte. Ihre Planung umfasst:

- das Schätzen des Aufwandes;
- das Festlegen der Verantwortung;
- das Konsolidieren der Feinplanung bzw. der einzelnen Teampläne sowie
- das Fortschreiben der übergeordneten Pläne.

Möchten Sie schnell und gezielt zu Ihrer Arbeitsplanung gelangen, führen Sie nochmals einen Workshop durch, diesmal mit dem Schwerpunkt technische Planung der Iteration. An diesem Workshop ist der Anwender nicht mehr beteiligt. Gemeinsam mit den Komponentenverantwortlichen und/oder Teamleitern schätzen Sie den Aufwand für die vorgesehenen Ergebnisse, prüfen die Vollständigkeit der Ergebnisse, räumen mögliche Widersprüche aus und klären die Priorität sowie Verantwortung für jedes Ergebnis. Unter Berücksichtigung von Abhängigkeiten, Aufwänden und Ressourcen legen Sie die wichtigsten Termine innerhalb der Iteration fest, wie zum Beispiel das Ende der Entwicklung, der Integration, von Tests, der Planung usw. Eine detaillierte Ablaufplanung ist nur bei komplexen Abhängigkeiten zwischen den Ergebnissen erforderlich.

Die Feinplanung erfolgt im Team und ist nicht Ihr Geschäft! Die Ergebnisse dieser Feinplanung werden in den angelegten Iterationsplan eingetragen. Bei größeren Projekten werden Sie mit separaten Teamplänen arbeiten.

Parallel zur Aufstellung des Iterationsplans schreiben Sie die übergeordneten Pläne fort. Dies bedeutet, Sie aktualisieren Termine oder ergänzen bei Bedarf neue Ergebnisse im Projekt-, Release- und Entwicklungsplan oder berichtigen den Ressourcenplan des Projekts.

Checkliste für die
Planaufstellung

Bevor Sie Ihre Planung abschließen, prüfen Sie noch einmal:

■ Sind die erwarteten Ergebnisse eindeutig und messbar beschrieben?

■ Sind alle Ergebnisse im Iterationsplan enthalten?

■ Wurde die Verfügbarkeit der beteiligten Personen geprüft?

■ Wurden Termine, Aufwände und erwartete Ergebnisse mit den verantwortlichen Personen abgestimmt?

 Ergebnisse: vollständiger Iterationsplan, aktualisierter Projekt-, Release- und Entwicklungsplan

6.2.3 Planung kostet Zeit

Planung
ist komplex

Im Umfeld der iterativ-inkrementellen Software-Entwicklung verstärkt sich die Komplexität der Planung, da viele Aktivitäten parallel durchgeführt werden. Aktivitäten von ganz unterschiedlichem Granularitätsgrad müssen konsistent aufeinander abgestimmt sein und über ihre Ergebnisse miteinander verzahnt werden. Die Realisierung im Kleinen und das Denken im Ganzen sind eine untrennbare Einheit der objektorientierten Software-Entwicklung.

Viele Zyklen

Software-Projekte, die dem iterativ-inkrementellen Vorgehen folgen, lassen sich nicht in einem Schritt durchplanen. Sie erfordern mehrere Planungszyklen, die mit dem Fortschritt der Entwicklung eng verflochten sind. Die Projektplanung muss flexibel und dynamisch aufgebaut sein, um sich den laufend veränderten Umfeldbedingungen anpassen zu können. Daraus leiten sich folgende Grundsätze für die Planung ab:

■ Die wichtigsten Ausgangspunkte für die Planung sind das Anforderungsmodell und die Systemarchitektur.

■ Die Planung erfolgt stufenweise immer im Kontext der aktuell anstehenden Iteration.

■ Die Planung orientiert sich strikt an Ergebnissen. Jede Iteration endet mit einem prüfbaren Ergebnis.

■ Die Prinzipien des Timeboxing werden konsequent angewandt.

Die Vorteile der iterativ-inkrementellen Produktentwicklung werden bewusst zur Verbesserung des Planungsprozesses und der Planungsqualität eingesetzt. Erst wenn bestimmte Erkenntnisse der Produktentwicklung vorliegen, wird die Feinplanung aktiv. Dadurch können Sie eine realistischere Planung erreichen als bisher in Software-Entwicklungprojekten.

Die Planung wird mit jeder Iteration immer detaillierter und exakter ausgearbeitet. Das führt zu einem inkrementellen Wachsen der verschiedenen Pläne mit Projektfortschritt. Die Planungsgenauigkeit steigt automatisch mit jedem Planungszyklus, wenn Sie zusätzlich am Ende jeder Iteration den verbrauchten Aufwand messen und dieses Wissen in Ihre neue Planung einfließen lassen. Steigen Sie neu in das iterative Vorgehen ein, sollten Sie jedoch nicht enttäuscht sein, wenn die ersten Iterationen nicht perfekt klappen.

Messen verbessert die Planung

Diese detaillierte Planung kostet Zeit. Passen Sie den Planungsaufwand den konkreten Erfordernissen Ihres Projekts an. Nicht alles muss mit derselben Präzision geplant werden. Die Granularität der Planung ist skalierbar. Verzichten Sie auf eine Feinplanung, wenn Sie auf relativ unkomplizierte und überschaubare Anforderungen stoßen und ein eingespieltes Team haben, das mit der Aufgabe vertraut ist. Werden Sie detaillierter, wenn Sie unklare Anforderungen und hohe technische Risiken vermuten oder die Mannschaft sich erstmalig mit der Thematik beschäftigt. Längere Iterationen reduzieren den Planungsaufwand, schränken aber auch Ihre Steuerungsmöglichkeiten ein. Aufwand und Nutzen Ihrer Planung sollten stets im richtigen Verhältnis zueinander stehen.

So wenig wie möglich! So viel wie nötig!

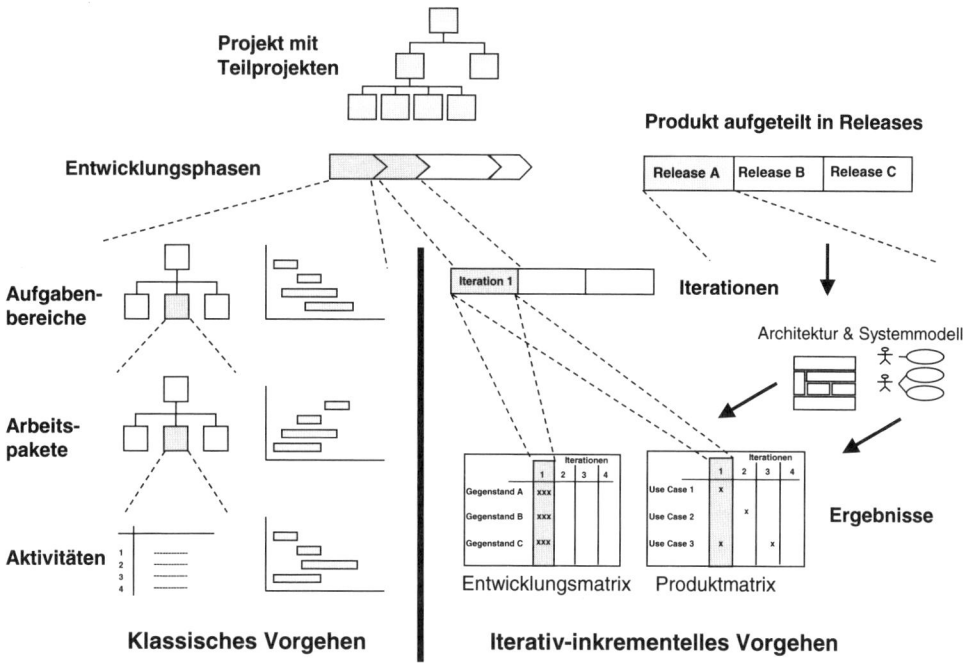

Abbildung 6.8: Planung in der Projektdurchführung

181

Nochmals: Erzeugen Sie keinen Planungs-Overhead, den niemand braucht!

Abbildung 6.8 verdeutlicht noch einmal die kennen gelernten Zusammenhänge der Planung in der Projektdurchführung.

6.3 Projektaktivitäten überwachen

Wo stehen wir?

Ihr Projekt läuft stabil. Alle Teams wissen, was zu tun ist und bis wann sie ihre Ergebnisse liefern müssen. Nun haben Sie als Projektleiter Freizeit. Warten Sie einfach ab, was da kommt? Nein! Als Projektleiter sollten Sie jederzeit wissen:

- wie weit die Arbeit fortgeschritten ist,
- was noch zu tun ist,
- mit welcher Sicherheit Sic Ihr Ziel erreichen werden,
- wo Risiken zu Problemen werden könnten,
- wann im Projekt Entscheidungen erforderlich sind.

Agilität setzt Wissen voraus

Warum? Um bei Bedarf rechtzeitig steuernd eingreifen und damit kritischen Veränderungen im Projekt oder Projektumfeld schnell und flexibel begegnen zu können. Denn je früher Sie über kritische Entwicklungen Bescheid wissen, desto vielfältigere Möglichkeiten der Reaktion stehen Ihnen zur Verfügung.

> Agil sein bedeutet: Agieren, nicht reagieren! Wer agieren will, muss informiert sein. Daher sollten Sie das Geschehen in Ihrem Projekt bestens kennen, und zwar immer!

Was steckt hinter dem Begriff „Überwachung"?

Eines heißt Überwachung mit Sicherheit nicht: Zahlenfriedhöfe anhäufen und den Teamleitern mit akribischen Berichten die Zeit stehlen.

Soll-Ist-Vergleich mit Bewertung

▶ **Definition:** Unter *Überwachung* versteht man den Vergleich zwischen einer definierten Norm (Soll) und einer gemessenen Wirklichkeit (Ist), welcher die Ermittlung von Abweichungen und deren Bewertung einschließt [GA01].

Um diesen Vergleich durchführen zu können, müssen Ihnen die Soll- und Ist-Werte des zugrunde liegenden Sachverhaltes bekannt sein sowie Entscheidungsregeln und Toleranzen für die Einschätzung der Abweichung vorliegen.

Oft wird in diesem Zusammenhang auch der Begriff Kontrolle verwendet. Ob Sie in Ihrem Projekt von Kontrolle, Monitoring, Verfolgen der Projektaktivitäten oder, wie hier vorgeschlagen, von Überwachung sprechen, liegt bei Ihnen; wichtig ist der Inhalt, nicht die Bezeichnung der Aufgabe.

Die Überwachung ist einer der vier Grundprozesse des Projektcontrollings. Sie bildet das Bindeglied zwischen Planung und Steuerung. Pläne sind nur sinnvoll, wenn ihre Einhaltung auch geprüft wird! Steuerungen, die nicht auf der Grundlage der aktuellen Situation und mit Ausrichtung auf die Pläne durchgeführt werden, sind reiner Aktionismus.

Regelkreis Projektcontrolling

➜ Abschnitt 6.1

Etablieren Sie eine zielorientierte und angemessene Projektüberwachung, die Ihnen ein ganzheitliches Projektcontrolling ermöglicht.

Was wird im Projekt überwacht und warum?

Die Überwachung im Projekt konzentriert sich auf drei Gegenstände:

- die Ergebnisse des Projekts,
- die Prozesse im Projekt sowie
- die Risiken und Erfolgsfaktoren des Projekts.

Die Gegenstände der Projektüberwachung

Sie stellt den Fortschritt der Systementwicklung, die Qualität von Ergebnissen und Prozessen sowie die Erfolgs- bzw. Risikosituation des Projekts regelmäßig fest und zeigt rechtzeitig eventuell vorhandene Abweichungen zu den Vorgaben der verschiedenen Projektpläne und des vereinbarten Vorgehens auf (vgl. Abbildung 6.9).

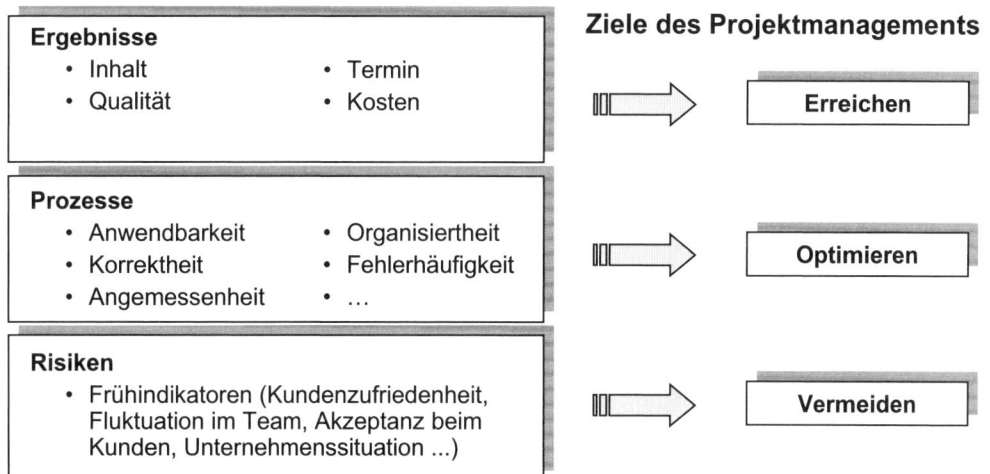

Abbildung 6.9: Gegenstände der Überwachung im Projekt

Die Projektüberwachung gliedert sich in die beiden Aktivitäten

- Ermitteln der Statusinformationen und
- Analysieren der Statusinformationen,

Aktivitäten der Überwachung

deren Inhalt und Ablauf in den folgenden Abschnitten näher erläutert wird.

6.3.1 Ermitteln der Statusinformationen

Der richtige Umfang ist entscheidend

Abweichungen im Projekt können in vielfältiger Form, zu verschiedensten Zeitpunkten und mit unterschiedlichsten Ursachen auftreten. Sie können nicht allen diesen Abweichungen nachgehen und erst recht nicht alle Ursachen hierfür analysieren. Deshalb ist es wichtig, dass Sie vorab Ihre Bedürfnisse nach Kennzahlen kritisch prüfen und sinnvolle Prioritäten, z.B. in Form von Toleranzgrenzen, setzen.

Agiles Projektmanagement schränkt den möglichen Lösungsraum für die Informationserhebung sinnvoll und adäquat ein. Es richtet den Blick der Überwachung auf die wesentlichen Dinge im Projekt und achtet darauf, dass nur jene Informationen erhoben werden, die zur Steuerung des Projekts gebraucht werden. Nicht mehr, aber auch nicht weniger.

Mitdenkende Mitarbeiter sind für den Erfolg des Projekts wichtiger als umfangreiche Zahlenwerke.

Die folgenden Abschnitte zeigen Ihnen verschiedene Ansatzpunkte, wie Sie schnell und gezielt die benötigten Informationen ermitteln können.

Welche Informationen werden benötigt?

Gemessen wird das, was im Plan steht

Bereits sehr früh im Projektverlauf stellen Sie die Weichen. Mit der Planaufstellung ordnen Sie den Managementparametern Zeit, Ressourcen und Qualität konkrete Planwerte zu und legen damit fest, anhand welcher Führungsgrößen[1] Sie Ihr Projekt steuern möchten (vgl. Abbildung 6.10). Der Umfang der Überwachung ist damit weitgehend vorgegeben. Für jeden Planwert werden im Rahmen der Statusermittlung die aktuellen Ist-Werte erhoben.

Frühindikatoren

Den zweitgrößten Anteil der Statusinformationen liefert das Risikomanagement, indem es die Indikatoren vorgibt, mit denen die Risikosituation und Prämissen des Projekts überwacht werden sollen.

Prozessinformationen

Daneben erheben Sie Informationen, die Ihnen Aufschluss über die Qualität der Prozesse im Projekt geben. Weitere Informationen erhalten Sie aus dem projektexternen Umfeld (Geschäftsbericht des Unternehmens, unternehmensinternes Rechnungs- und Berichtswesen, Protokolle von Kundengesprächen, Marktanalysen usw.).

---

[1] Führungsgrößen sind die Größen, mit denen das Projekt überwacht und gesteuert wird. Die Planung legt die Sollwerte für sie fest, zum Beispiel: 300 000 €; oder: Termin für den ersten Prototyp ist der 3.4.2005. Die Überwachung prüft den aktuellen Ist-Wert der Führungsgrößen Budget und Zeit und stellt Abweichungen fest: Der Termin wird sich mindestens um einen Monat verzögern. Die Steuerung wertet Abweichungen aus und legt Maßnahmen fest: Zwei Personen werden zusätzlich an der Aufgabe arbeiten, um den Termin doch noch einhalten zu können.

Neben diesen so genannten „harten" Werten sollten Sie auch versuchen, die „weichen" Faktoren in Ihrem Projekt zu verfolgen. Projektarbeit ist Teamarbeit. Erst durch das koordinierte Zusammenwirken von Menschen entsteht das gewünschte Produkt. Und Menschen sind keine Maschinen. Obwohl schon wiederholt angesprochen, hier noch einmal der Hinweis:

Softfacts

Ihr Team und die Menschen in seinem Umfeld sind die entscheidenden Erfolgsfaktoren Ihres Projekts!

Die „weichen" Faktoren lassen sich wesentlich schwieriger erheben als „harte" Kennzahlen. In der Regel sind sie nicht direkt messbar und werden deshalb durch Indikatoren indirekt verfolgt. Die Situation in Ihrem Team können Sie beispielsweise über folgende Indikatoren einschätzen:

- den Umgang der Projektmitarbeiter untereinander (Hilfsbereitschaft, offener Informationsaustausch usw.),
- die Qualität von Meetings, Reviews und Absprachen,
- die Atmosphäre im Team (angespannt, gereizt ...),
- die Leistungsbereitschaft Ihrer Mitarbeiter,
- die Disziplin,
- den Arbeitsstil oder
- die Akzeptanz des Projekts nach außen.

Kennzahl oder Indikator?

Nicht jede Information lässt sich direkt messen. Wenn direktes Messen nicht möglich ist, werden *Indikatoren* angewendet. Im Projekt werden Indikatoren vor allem zur Unterstützung des Risiko-, Qualitäts- und Team-Managements eingesetzt, um die „weichen" Daten erfassen zu können. Abbildung 6.10 verdeutlicht den Zusammenhang von Führungsgröße, Kennzahl und Indikator.

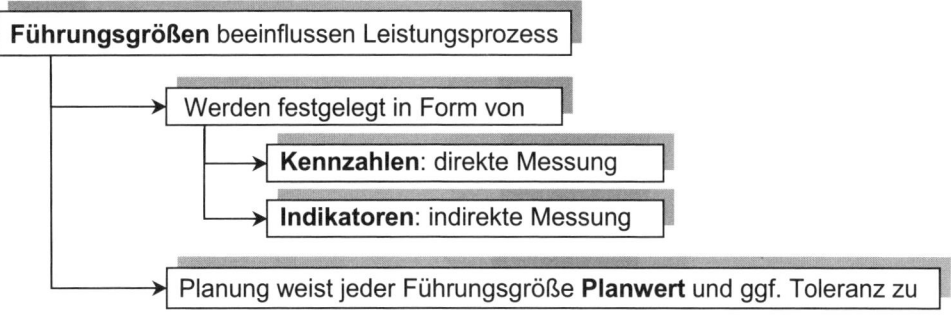

Abbildung 6.10: Zusammenhang von Führungsgröße, Kennzahl und Indikator

Innerhalb des Projekts entstehen mit Fortschreiten der Entwicklung ständig neue Ist-Werte zur Ergebnis-, Prozess- und Risikosituation. Auch die Umgebung des Projekts ändert sich kontinuierlich. Demzufolge ermitteln Sie neben den projektinternen Statusinformationen auch kontinuierlich alle außerhalb des Projekts liegenden Indikatoren zur Risikoüberwachung. Tabelle 6.2 listet exemplarisch verschiedene Fragestellungen auf, die für die Statusermittlung relevant sind. Daneben erhalten Sie Vorschläge für Metriken, mit denen Sie den Projektstatus verfolgen können.

Tabelle 6.2: Metriken zur Projektüberwachung

Thema	Fragestellungen zur Projektverfolgung	Mögliche Metrik
Ergebnisse	Werden die vereinbarten Ergebnisse erzielt? Verschieben sich Liefertermine? Sind die Projektziele erreichbar/gefährdet?	Anzahl der erledigten Ergebnisse Fertigstellungsgrad inhaltlicher Erfüllungsgrad erreichte Qualität (Vollständigkeit, Korrektheit, Funktionsfähigkeit,...) Termineinhaltung aufgelaufene Kosten
Zeitplan	Hält das Projekt die festgelegten Meilensteine ein?	Meilensteine (Termineinhaltung und Ergebnisse) Meilenstein-Trend-Analyse
Budget	Wird Aufwand gemäß Plan erbracht? Wo hoch sind die verbrauchten Kosten?	Anzahl der im Projekt beschäftigten Personen Höhe des geleisteten Personalaufwandes Höhe der verbrauchten Sachmittel Höhe der getätigten Investitionen
	Wie schreitet das Gesamtprojekt im Vergleich zum Plan voran? Werden Tätigkeiten gemäß Plan umgesetzt?	Anzahl der abgeschlossenen Aktivitäten Anzahl abweichender Aktivitäten zum Plan
Funktionalität	Wie wächst die Funktionalität im Vergleich zum Plan?	Funktionszuwachs: Anzahl umgesetzter Features Anzahl umgesetzter Funktionen Anzahl implementierter Use Cases Anzahl implementierter Anforderungen
Qualität	Ist die Funktionalität stabil oder ändert sie sich laufend?	Häufigkeit der Funktionsänderungen Anzahl der Change Requests
Qualität	Ist die Software gut genug, um sie auszuliefern?	Anzahl der Fehler
Qualität	Ist die Software dem Zielsystem adäquat? Gibt es einen Puffer für mögliche Erweiterungen?	Technologie Speicherbedarf Performance
Risiken	Wie ist die Risikosituation im Projekt?	Fluktuation im Team Kundenzufriedenheit Akzeptanz des Managements

Tabelle 6.2: Metriken zur Projektüberwachung (Fortsetzung)

Thema	Fragestellungen zur Projektverfolgung	Mögliche Metrik
Risiken (Forts.)	Wie ist die Risikosituation im Projekt?	Bewertung des Kunden Unternehmenssituation Entwicklungen der IT-Branche Marktveränderung
Prozess	Wie sind die Prozesse etabliert? Entwicklung (Requirements-Management, Analyse, Architektur ...) Management (Planungsverfahren, Meetings ...)	Korrektheit des vorgeschriebenen Ablaufes Angemessenheit des Vorgehens Umsetzungsgrad neuer Prozesse Organisiertheit Anwendbarkeit Prozessdauer Fehlerhäufigkeit Reaktionszeiten Disziplin in Meetings, Vorbereitung von Meetings, zeitnahe Protokolle Grad der Informiertheit

An dieser Aufzählung können Sie sich im Projektalltag orientieren. Sie verdeutlicht allerdings auch, dass leicht eine Komplexität entstehen kann, der Sie von Anfang an durch zielgerichtetes und koordiniertes Erfassen Einhalt gebieten sollten. Durchdenken sie vor Beginn Ihrer Überwachungsaktivitäten:

- Was ist zu kontrollieren?
- Welche Informationen werden gebraucht?
- Wann soll was überwacht werden?
- Wie möchten Sie die Statusinformationen erheben?
- Wer liefert welche Informationen?
- Wie soll der Abgleich zwischen Status und Plan erfolgen?

Eine effiziente Statuserhebung setzt ein geeignetes Vorgehen voraus.
Die Überwachung des Projekts sollte systematisch vorbereitet und organisiert werden. Sie haben selbst den Schlüssel zum Erfolg in der Hand.

Wie kommt man effizient an die Informationen heran?

Im Rahmen der Überwachung müssen Sie kontrollieren, ob die aktuelle Entwicklung im Projekt (Ist) Ihren Planvorstellungen (Soll) entspricht. Dies können Sie nur,

In welcher Form?

- wenn die Soll-Vorgaben der Pläne in messbarer Form vorliegen und
- wenn die Ist-Werte in der gleichen Form gesammelt werden, wie die Soll-Vorgaben definiert wurden.

Planung und Statuserfassung sollten sinnvollerweise demselben Ansatz folgen. Es ist zweckmäßig, in beiden Bereichen gleiche Werkzeuge und ähnliche Formulare einzusetzen. In vielen Fällen ist es ausreichend, die Planungstabelle um ein oder zwei Spalten zu ergänzen.

Wann wird geprüft?

Eine Möglichkeit, den Aufwand der Überwachung zu kanalisieren, ist das Festlegen von konkreten Zeitpunkten, an denen eine Statusüberprüfung erfolgt. Die Ist-Werte der Pläne werden stichtagsbezogen ermittelt.[2] Den Abstand für diese Erhebungen bestimmen folgende zwei Aspekte:

- Zum einen müssen Sie Ihrem Team genügend Zeit einräumen, um überhaupt etwas zu bewegen – also eine Tätigkeit abzuschließen oder ein (Zwischen-)Ergebnis zu erzeugen.
- Zum anderen dürfen Sie die Zeitspanne nicht so groß wählen, dass bei Fehlentwicklungen Ihr Eingreifen zu spät kommt.

So oft wie nötig!

Etablieren Sie einen variablen Rhythmus, der sich an der aktuellen Projektsituation orientiert! In kritischen Phasen wird öfter geprüft. In ruhigeren Zeiten wählen Sie größere Abstände. Das hilft Ihnen, das Projekt in der Hand zu behalten, und Ihrem Teamleiter, den Aufwand für die Statuserhebung gering zu halten.

> 1 Woche

Eine sinnvolle Zeitspanne, nach der Sie den Fortschritt einer Einzeltätigkeit im Team prüfen, könnte eine Woche sein. Bei kleineren Projekten ist dies ausreichend für eine signifikante Veränderung im Projekt. Bei größeren sollten Sie den Status Ihrer Teilprojekte eher im Monatstakt prüfen.

> 1 Monat

Der Statuseinschätzung gegenüber Ihrem Auftraggeber sollten Sie deutlich mehr Zeit einräumen. Ein Abstand von einem oder zwei Monaten ist in der Regel völlig ausreichend. In dieser Zeit haben Sie im Projekt ein signifikantes, prüfbares Projektergebnis erstellt, oder es sind Ereignisse eingetreten, auf die Ihr Management reagieren sollte. Wählen Sie hier den Takt zu klein, führt dies zu unnötiger Hektik und hohen Managementaufwänden im Projekt.

Iterationsende

Bei iterativem Vorgehen ist jedes Iterationsende auch mit einer umfassenden Statusbewertung verbunden. Hier wird der Takt also von der Iterationsfolge vorgegeben.

Wie formal?

Die Effizienz und Effektivität Ihrer Statusermittlung können Sie zusätzlich erhöhen, indem Sie mit vordefinierten Formularen arbeiten (Erfassungsmaske im Tool oder Berichtsformulare in Word, Excel oder PowerPoint zum Beispiel). Dies hat für Sie den Vorteil, dass auch das eingetragen wird, was Sie sich an Informationen wünschen. Ihre Teamleiter haben den Nutzen, dass sie nicht erst groß darüber nachdenken müssen, was und in welcher Form sie die gewünschten Informationen mitteilen sollen.

---

[2] Im Gegensatz dazu verfolgen Sie die Indikatoren für die Früherkennung und Frühwarnung kontinuierlich.

Stellen Sie eine entsprechende Tool-Unterstützung für die Standarderhebungen bereit. Allerdings ist hier Vorsicht geboten: Das Tool soll Ihr Team unterstützen und nicht von der eigentlichen Arbeit abhalten. Achten Sie daher auf eine intuitive und schnelle Bedienbarkeit. Arbeiten Sie so weit wie möglich mit automatischen Erfassungen.

Eine simple, aber sehr effektvolle und daher heute oft eingesetzte Möglichkeit ist die Erhebung des Status in Form eines Ampel-Charts. Für jeden relevanten Managementparameter wird eine eigene Ampel gesetzt, wobei zum Beispiel folgende Vereinbarungen für die Bewertungen gelten könnten:

Farbe	Funktionalität/Qualität	Ressourcen	Zeit
rot	Die definierte Funktionalität und Qualität wird mit einer Wahrscheinlichkeit von <= 50% erreicht.	Budgetüberschreitung >20%	Der Termin wird mit einer Wahrscheinlichkeit <= 50% eingehalten
gelb	Die definierte Funktionalität und Qualität wird mit einer Wahrscheinlichkeit >50%, aber <= 80% erreicht.	Budgetüberschreitung >10%, aber <20%	Der Termin wird mit einer Wahrscheinlichkeit >50%, aber <80% eingehalten
grün	Die definierte Funktionalität und Qualität wird mit einer Wahrscheinlichkeit >80% erreicht.	Budgetüberschreitung <10%.	Der Termin wird mit einer Wahrscheinlichkeit >80% eingehalten

Sie können diese drei Zustandsbewertungen auch noch weiter differenzieren, indem Sie mehrere Stufen je Farbe einführen.

Immer dann, wenn Ihre Ampel ROT oder GELB anzeigt, müssen Sie aktiv werden. ROT bedeutet, das Projekt braucht Hilfe von außen. GELB sagt Ihnen, Ihr Team kann die Probleme nicht mehr alleine lösen und braucht Ihre Hilfe.

Sowohl über die Formalität Ihres Vorgehens als auch den Zeittakt der Erhebungen können Sie also den Aufwand der Statusermittlung steuern. Die Formalität ist ein wichtiges Instrument im agilen Projektmanagement. Verzichten Sie in einem gut funktionierenden Umfeld mit wenig Risiken auf Formalität. Erhöhen Sie den Zeittakt und die Formalität der Statuserhebung in kritischen Projekten mit einem inhomogenen Umfeld.

So wenig wie möglich!
So viel wie nötig!

Woher kommen die Informationen?

Die Informationsgewinnung im Projekt ist vielschichtig, wobei sich drei wesentliche Quellen herauskristallisieren lassen (vgl. Abbildung 6.11):

- Meetings,
- Reviews und
- Berichte.

Standen früher Berichte im Fokus der Informationserhebung, so rücken heute – vor allem in Software-Projekten – stärker Reviews und Meetings in den Vordergrund. Gut beraten sind Sie allerdings, wenn Sie sich nicht auf eine

Quelle verlassen, sondern durch die Kombination dieser verschiedenen Quellen Ihre Informationsgewinnung auf eine breite Basis stellen. Das projektinterne Berichtswesen liefert Ihnen im klassischen Projektmanagement den größten Teil der Statusinformationen. Über Meetings und Reviews kommen Sie allerdings besser an die „weichen" Daten heran. Wir werden uns daher alle drei Wege etwas genauer anschauen.

Abbildung 6.11: Erheben der Statusinformationen

Meetings – Ihre wichtigste Informationsquelle

Das Projektmeeting ist eine hervorragende Quelle für Informationen. Projektmeetings sollten Sie regelmäßig durchführen. Der Turnus hängt von den konkreten Projektbedingungen wie Größe, Laufzeit und Komplexität ab. In vielen Projekten hat sich ein wöchentlicher Rhythmus gut bewährt.

Machen Sie lieber öfter kurze Meetings als wenige lange!

→ Abschnitt 6.4 Die Hauptziele des wöchentlichen Statusmeetings sind aus Sicht der Überwachung die zeitnahe Verfolgung erreichter Ergebnisse und die Früherkennung von Risiken. Im Meeting erfolgt eine kurze Statuseinschätzung durch die Projektmitarbeiter bzw. Teamleiter. Diese mündliche Statusbewertung kann durch schriftliche Berichte ergänzt werden. Berichte sollten Ihnen allerdings vor dem

Wenn Berichte, dann vorab! Meeting zugesandt werden, damit Sie die Möglichkeit haben, sie vorab zu prüfen. Im Meeting können Sie sich dann auf Unklarheiten und offene Punkte konzentrieren. Das spart allen Zeit!

Checkliste Meeting

Sieben Regeln für Meetings:
- ■ Lassen Sie jeden im Team zu Wort kommen.
- ■ Nehmen Sie sich die Zeit, wenn jemand mit einem Problem kommt. Aus Banalitäten können Riesen werden.

190

- Hören Sie gut zu.
- Achten Sie sehr genau auf die Töne zwischen den Worten.
- Verhindern Sie Machtpotenziale. Stoppen Sie einseitigen Redefluss. Gerade die Ruhigen haben oft die wichtigeren Dinge zu sagen.
- Denken Sie auch daran: Über gute Dinge wird gerne und lange berichtet. Fragen Sie nach dem, was noch offen ist, wo es Probleme gibt. Haken Sie bei Ungereimtheiten nach.
- Halten Sie wesentliche Beschlüsse schriftlich, aber kurz und knapp fest.

Können am wöchentlichen Meeting aufgrund der Größe Ihres Projekts nur die Teamleiter teilnehmen, sollten Sie unbedingt dafür sorgen, dass in regelmäßigen Abständen auch Projektmeetings mit allen Projektbeteiligten durchgeführt werden. Sie erreichen damit eine gute Informations- und Kommunikationspolitik in Ihrem Projekt und steigern gleichzeitig die Motivation im Team. Nicht die Dauer dieses Meetings ist entscheidend, sondern seine Qualität. Achten Sie daher auf eine gute Vorbereitung und genügend Vorlauf bei der Terminfestlegung. Diese ein oder zwei Stunden lohnen sich immer. Ein gutes Beispiel dafür ist das Kickoff am Beginn einer Iteration.

Motivation ist wichtig
→ Kapitel 5

Reviews – Eine effiziente Art der Informationsgewinnung

Reviews werden heute immer stärker auch im Bereich der Projektüberwachung eingesetzt. Sie sind eine sehr effiziente Art und Weise, sich über den Ergebnisstand im Projekt zu informieren. Sie ermöglichen eine wesentlich realistischere Einschätzung und Bewertung der Projektsituation als schriftliche Berichte.

Was ist ein Review und wozu dient es?

> ▶ **Definition:** „Ein *Review* ist ein mehr oder weniger formal geplanter und strukturierter Analyse- und Bewertungsprozess, in dem Projektergebnisse einem Team von Gutachtern präsentiert und von diesem kommentiert oder genehmigt werden." [Wal01]

In Abhängigkeit vom Gegenstand der Prüfung lassen sich folgende Arten von Reviews unterscheiden:

- Projektmanagement-Review (PM-Review),
- Anforderungsreview,
- Architektur- bzw. Design-Review,
- Code-Inspektion,
- Testreview.

Wir beschäftigen uns an dieser Stelle nur mit dem PM-Review. PM-Reviews bewerten das Projekt aus Sicht des Managements zu bestimmten definierten Zeitpunkten. Sie unterstützen sowohl

Das PM-Review

- die Überwachung des Projekts
  - Ist die Aufgabenstellung verstanden worden?

- Ist das Ergebnis korrekt und vollständig?
- Welche Ergebnisse wurden nicht erreicht?
- Welche Ressourcen wurden verbraucht?
- Welche neuen Risiken gibt es?
- als auch die Steuerung des Projekts
  - Kann der Zeit- und Kostenplan gehalten werden?
  - Sind neue Lösungsansätze erforderlich?
  - Müssen die Ressourcen neu geplant werden?
  - Muss der Projektauftrag modifiziert werden?

Im PM-Review findet keine tiefer gehende inhaltliche Bewertung der Modelle oder Software statt. Es handelt sich um eine Black-Box-Einschätzung aus Managementsicht. Das Ergebnis als Ganzes wird bewertet. Geprüft wird der Fertigstellungsgrad, die formale Richtigkeit und Vollständigkeit sowie die Erfüllung der Qualitätskennzahlen (Vorbereitung zur Abgabe an den Auftraggeber).

Technisches Review

Dem PM-Review geht in der Regel ein technisches Review voraus, das die technische Korrektheit bewertet und die Qualitätskennzahlen ermittelt (Design-Reviews, Code-Inspektion, Testreview). Die Prüfung der fachlichen Korrektheit erfolgt gemeinsam mit dem Anwender in fachlichen Reviews (Anforderungsreviews).

Reviews statt Berichte

Im Kontext des Qualitätsmanagements sind Ihnen Reviews wahrscheinlich bestens bekannt. In Software-Projekten mit iterativem Vorgehen verdrängen Reviews zunehmend den sonst üblichen Statusbericht. Eine Iteration wird mit einem Review abgeschlossen, in welchem der tatsächlich erreichte Ergebnisstand bewertet wird. Im Vordergrund steht die inhaltliche Prüfung der erreichten Ergebnisse. Parallel dazu werden der investierte Aufwand und die verbrauchten Kosten festgestellt. Qualitätssicherung und Statuserhebung fallen zusammen.

Chechliste Review

Wie läuft ein Review ab?

Ein Review besteht nicht nur aus der zweistündigen Reviewsitzung. Für ein erfolgreiches Review müssen Sie etwas mehr tun. Die folgende Liste fasst die wichtigsten Aufgaben rund um ein Review zusammen.

Planung:
- Zweck, Prüfgegenstände (geforderte Ergebnisse), Teilnehmer (Rollen) festlegen.
- Ort, Termin, Dauer und Ablauf planen. Agenda aufstellen. Einladen.

Vorbereitung:
- Prüfgegenstände (Dokumente usw., auf Versionsstand achten) den Teilnehmern zur Verfügung stellen.

- Jeder Teilnehmer muss genügend Zeit haben, um sich auf das Review vorbereiten zu können.

Reviewsitzung:

- Jedes Ergebnis wird von einem Teammitglied vorgestellt. Der Ergebnisstand wird gemeinsam bewertet.
- Im Review-Protokoll werden alle wichtigen Aussagen (Mängel, Korrekturvorschläge, Maßnahmen) festgehalten.

Nachbereitung:

- Korrekturen werden erledigt.
- Es wird geprüft, ob alle Korrekturen/Mängel vollständig erledigt wurden und ob keine neuen Probleme aufgetreten sind.

Durch Reviews erreichen Sie eine schnelle, realistische und unverfälschte Einschätzung

- der Ergebnissituation,
- der Prozesse im Projekt und
- der aktuellen Risiken und Erfolgschancen des Projekts.

Überlegen Sie vor dem Review genau, was Sie prüfen wollen und welches die passende Prüfmethode ist. Arbeiten Sie z.B. mit Fragebögen! Gleiche Sachverhalte sollten anhand der gleichen Fragen und Kriterien analysiert und bewertet werden. Vorgefertigte Schablonen machen die Erstellung des Protokolls wesentlich einfacher und ermöglichen Ihnen eine schnelle Auswertung. Sie stellen sicher, dass alle relevanten Informationen erhoben werden und sorgen für eine einheitliche Struktur.

Schablonen helfen Ihnen

Berichte als Informationsmedium

Das projektinterne Berichtswesen liefert Ihnen Informationen zum Status der Projektaktivitäten bzw. -ergebnisse sowie einen Teil der Indikatoren zur Früherkennung und Frühwarnung sowie Prämissenkontrolle. Berichte unterstützen die formalisierte Statuserfassung und ergänzen damit das Projektmeeting und Projektmanagement-Review. Während Reviews hervorragend geeignet sind, Softfacts herauszufiltern, werden über Berichte die „harten" Daten systematisch und effizient erfasst. Anhand definierter Formulare wird im vorbestimmten Rhythmus der Projektstatus erhoben.

Jedes Projekt hat seine spezifischen Formulare.

Der Erfassung der Aufwandszahlen kommt eine besondere Bedeutung zu. Ich finde es immer wieder erstaunlich, wie schwer sich viele Entwickler mit dem Aufschreiben ihrer geleisteten Stunden tun. Dabei haben sie es selbst in der Hand, ob ihre nächste Iteration besser geplant ist oder nicht, ob ihr nächstes Projekt in „time und budget" realisiert werden kann oder die Kosten und Ter-

Konsequentes Messen ist wichtig!

193

mine wieder einmal aus dem Ruder laufen, ob ihr nächstes Angebot rentabel ist oder sie draufzahlen müssen. Es geht hier nicht um Kontrolle! In Kapitel 5 haben Sie erfahren: Gute Schätzungen setzen Erfahrungswerte voraus. Und die können Sie nur über kontinuierliches Messen von tatsächlichen Aufwänden nach und nach aufbauen. Dies ist ein Kreislauf, den keiner außer Kraft setzen kann, Sie aber ganz bewusst für den Erfolg Ihres Projekts nutzen können.

Versuchen Sie stets, den verbrauchten Aufwand so exakt wie möglich zu ermitteln. Unterstützen Sie Ihre Entwickler dabei mit einer effizienten Methodik und entsprechenden Werkzeugen.

Der Tätigkeits-bericht

Der Tätigkeitsbericht bildet die Basis für die Verfolgung des Projektfortschrittes und die Messung von Aufwänden im Projekt. Jeder Projektmitarbeiter sollte sich einmal wöchentlich fünf bis zehn Minuten Zeit nehmen und zusammenstellen, an welcher Aufgabe er wie lange gearbeitet hat. Achten Sie darauf, dass auch projektfremde Aktivitäten und Ausfallzeiten sowie Überstunden mit erwähnt werden. Aus dem Tätigkeitsbericht lassen sich folgende Informationen ableiten:

- geleisteter Aufwand je Ergebnis, an dem gearbeitet wurde;
- verbleibender Restaufwand je Ergebnis;
- Übersicht, wer an welcher Aufgabe arbeitet (Sind meine Leute zu stark gesplittet?);
- projektfremde Tätigkeiten, die vom Mitarbeiter geleistet wurden;
- Verlustzeiten im Projekt.

„Messen" ist die wichtigste Aufgabe des Tätigkeitsberichtes!

Denken Sie immer daran: Information steht im Vordergrund, nicht Kontrolle oder Kritik. Es ist daher wichtig, dass alle im Projekt wissen, was mit den Informationen geschieht und wofür sie anschließend verwendet werden.

Checkliste Berichte

Sechs Regeln für ehrliche Berichte:
- Bilden Sie bei der Erfassung keine zu kleinen Zeiteinheiten: Eine minutengenaue Erfassung braucht niemand. Gehen Sie lieber auf halbe Tage, maximal auf Stunden.
- Die produktive Arbeitszeit eines Tages beträgt sechs Stunden.
- Mit dem Tätigkeitsbericht wird das Projekt verfolgt, nicht der Einzelne im Projekt kontrolliert.
- Schaffen Sie eine Atmosphäre des Vertrauens.
- Sprechen Sie bei Unklarheiten direkt mit dem Betroffenen.
- Informieren Sie alle über die Schlussfolgerungen und Ergebnisse bzw. Aktionen, die sich aus den Berichten ergeben.

➔ Kapitel 5

Als Projektmanager ersticken Sie in größeren Projekten, wenn Sie jeden Tätigkeitsbericht eines Mitarbeiters selbst auswerten. Daher sollten Sie mit Beginn des Projekts auch eindeutig klären, in welcher Form Ihre Teamleiter an Sie berichten, also das projektinterne Berichtswesen regeln. Sie erleichtern sich die Arbeit, wenn alle Statuserhebungen der gleichen Struktur folgen. Dies heißt nicht automatisch, dass alle auch die gleiche Tiefe und Ausführlichkeit aufweisen müssen!

Tätigkeitsberichte sollten so kurz sein, dass sie Ihr Team nicht von der eigentlichen Arbeit ablenken, Ihnen aber schnelle und richtige Entscheidungen ermöglichen.

Weniger ist mehr!

 Ergebnisse: Statusinformationen (Ist-Werte der Plangrößen sowie Prozess- und Risikoindikatoren)

6.3.2 Analysieren der Statusinformationen

Die Informationen zum Projektstatus liegen Ihnen vor. Was nun?

▪ Das kennt jeder: die *Projektfortschrittskontrolle*
Die Statusinformationen werden bezogen auf die Planvorgaben ausgewertet und damit der Fortschritt des Projekts eingeschätzt. Es wird geprüft, ob Abweichungen zu den Vorgaben des Planes vorliegen und ob sich daraus ein Steuerungsbedarf ableitet.

Wo steht unser Projekt?

▪ Das ist wichtiger: die *Risikoüberwachung* und *Prozessoptimierung*
Nicht immer ist das alleinige Verfolgen der Planzahlen ausreichend, um den Fortschritt des Projekts, vor allem aber die Produktqualität und Risikosituation des Projekts richtig bewerten zu können. Sie sollten Ihre Projektüberwachung daher gezielt durch ein Prozess- und ein Risiko-Monitoring erweitern.

Wie laufen unsere Prozesse?
Wo sind kritische Entwicklungen?

▪ Was viele vergessen: die *Prämissenkontrolle*.
Um die richtigen Schlussfolgerungen aus den Informationen ziehen zu können, vor allem aber um korrekte Steuerungsmaßnahmen zu finden, sollten Sie auch regelmäßig prüfen, ob Ihre Grundannahmen für das Projekt noch stimmen.

Stimmt die Ausgangsbasis noch?

Alle gesammelten Informationen aus Meetings, Reviews und Berichten fließen in Ihre Statusbewertung ein. Als Erstes prüfen Sie, ob Abweichungen hinsichtlich der geplanten Ergebnisse oder des festgelegten Vorgehens bestehen oder sich Risiken, Erfolgsfaktoren und Prämissen verändert haben. Stellen Sie eine signifikante Abweichung fest, entscheiden Sie im zweiten Schritt, ob Sie eingreifen müssen oder nicht. Ihre Statusanalyse umfasst damit die in Abbildung 6.12 dargestellten Aktivitäten.

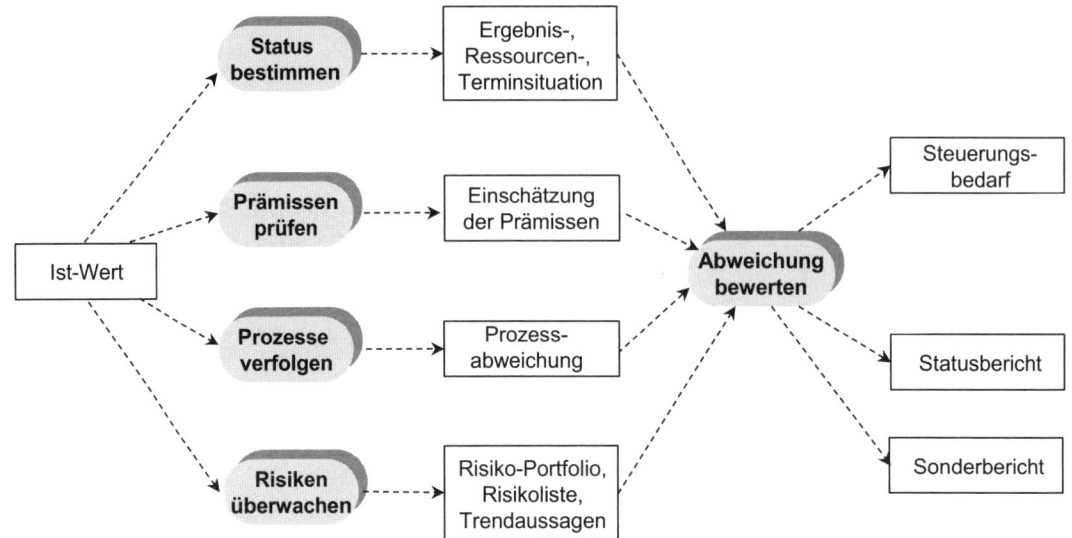

Abbildung 6.12: Die Aktivitäten und Ergebnisse der Statusanalyse

Wo steht unser Projekt?

Projektfort-
schrittskontrolle

Die Kenntnis der Ist-Werte von Aufwand, Kosten, Terminen, erreichter Funktionalität, Qualität usw. allein genügt nicht für ein erfolgreiches Projektmanagement. Vielmehr ist der Umfang ihrer Abweichung bezogen auf die vorgegebene Planung von Interesse, um entsprechend auf kritische Entwicklungen oder sinnvolle Chancen reagieren zu können. Andererseits möchten Sie natürlich auch die Erfolge in Ihrem Projekt für jeden sichtbar präsentieren. Ihre Kontrolle des Projektfortschritts umfasst daher zwei Aspekte:

- (positiven) Fortschritt im Projekt darstellen und
- vorhandene Abweichungen aufspüren und bewerten.

Einen Ausgangspunkt für Ihre Auswertungen bilden die Tätigkeitsberichte der Projektmitarbeiter. Diese werden in der Regel durch Ihre Teamleiter verdichtet, so dass Sie als Projektleiter bereits auf kumulierte Aussagen

- zur Ergebnissituation,
- zum Ressourcenverbrauch (z.B. die Summe der Zeit, die alle Mitarbeiter für ein Ergebnis oder Arbeitspaket aufgewendet haben) und
- zur Terminsituation

einzelner Iterationen, Aufgabenbereiche oder ganzer Teilprojekte zurückgreifen können. Führen Sie keine schriftlichen Tätigkeitsberichte im Projekt, so erhalten Sie diese Informationen im Projektmeeting.

Die ermittelten Ist-Werte vergleichen Sie mit den Planungen des jeweiligen Bereiches (Iteration, Teilprojekt, Aufgabenbereich). Für die Einschätzung des Projektfortschrittes bewerten Sie jeweils bezogen auf den Berichtszeitraum:

Soll-Ist-Vergleich:

- die Erreichung der vereinbarten Leistungen (Fertigstellungsgrad, umgesetzte Funktionalität, Vollständigkeit, Korrektheit usw. der Ergebnisse),

Ergebnisse

- die Anzahl der abgeschlossenen Aufgaben,

Aufgaben

- die Einhaltung des Projektbudgets (Summe geleisteter Personalaufwand, verbrauchte Sachmittel, getätigte Investitionen),

Ressourcen

- die Einhaltung des oder der vorgegebenen Termine (Meilensteine).

Termine

Jetzt zahlt es sich aus, wenn für alle Bereiche des Projekts plausible Pläne und sorgfältig gewonnene Soll-Vorgaben existieren.

Möchten Sie etwas mehr zur Situation im Team erfahren und versteckte Probleme frühzeitig erkennen, sollten Sie einige über den Planabgleich hinausgehende Auswertungen betreiben und sich intensiv mit allen Indikatoren beschäftigen, die Ihnen Probleme im Team anzeigen. Ermitteln Sie zum Beispiel die Summe der Überstunden, die Summe der Ausfallzeiten und die Summe der Schulungszeiten, um daraus tiefergehende Aussagen über die tatsächliche Verteilung des geleisteten Aufwandes in Ihrem Projekt zu gewinnen. Oder blicken Sie auf die Fluktuationsrate.

Softfacts

Eine Iteration können Sie aussagekräftig bewerten, indem Sie folgende Kennzahlen miteinander in Bezug setzen [Kra01]:

Iteration bewerten

- Menge der Änderungen je Konfigurationseinheit,
- Größe der Differenz zwischen zwei Inkrementen,
- funktionaler Umfang des Inkrements (Widgetpoints, Anforderungen),
- Umfang des Inkrements in Lines of Code,
- Lines of Code pro Klasse,
- Aufwand je Konfigurationseinheit,
- Gesamtaufwand der Iteration.

Aus dem Vergleich der Menge von Änderungen je Konfigurationseinheit und der Größe der Differenz zwischen zwei Inkrementen und der Änderung des funktionalen Umfangs können Sie ableiten, ob die Konfigurationseinheit planmäßig erweitert oder ob nur Funktionalität geändert wurde. Wächst die Komponente nicht planmäßig, kann sich dahinter eine schleichende Änderung von Anforderungen verstecken!

Planmäßiges Wachsen

Die Qualität der Software können Sie einerseits über die Lines of Code pro Klasse bewerten, andererseits aus dem Vergleich des funktionalen Umfangs mit dem Umfang in Lines of Code ableiten. Der geleistete Gesamtaufwand erlaubt in Zusammenhang mit der Menge der Änderungen je Konfigurationseinheit und dem funktionalen Umfang eine Hochrechnung auf das Gesamtprojekt.

Qualität

Timeboxing

Das Verfolgen der Termine spielt bei iterativem Vorgehen eine untergeordnete Rolle. Wenden Sie das Timeboxing konsequent an, verschieben sich nicht Ihre Termine im Projekt, sondern der Leistungsumfang zum jeweiligen Termin. Damit es zum Schluss nicht ein böses Erwachen gibt, ist es wichtig, dass Sie immer das ganze Projekt im Auge behalten und nicht nur die Zielerreichung einer einzelnen Iteration.

Im Ergebnis dieser Auswertungen erhalten Sie eine klare Aussage, ob in Ihrem Projekt Abweichungen vom geplanten Handeln vorliegen, in welchen Bereichen Fehlentwicklungen eingetreten sind und welche Größe die Abweichungen haben.

 Ergebnis: Bewertung der Ergebnis-, Ressourcen- und Terminsituation des Projekts

Wie laufen unsere Prozesse?

Das Prozess-Monitoring

Qualitativ hochwertige und gleichzeitig kostenbewusste Projektergebnisse erreichen Sie durch optimale Prozesse. Daher sollten Sie nicht nur die Ergebnisse, sondern stets auch den Prozess ihrer Entstehung im Auge behalten. Es reicht nicht aus, Vorgehensmodell, Änderungsverfahren, Projekt- oder Qualitätsmanagement im Projekt zu regeln. Diese Prozesse müssen auch gelebt werden. Die Effektivität und Effizienz der projektinternen Prozesse stehen auf dem Prüfstand. Das Umsetzen der Prozessvorgaben wird verfolgt und bewertet. Insbesondere untersuchen Sie das Verhältnis von angewandten zu vorgeschriebenen Prozessen. Im Vordergrund steht das Aufspüren von Unzulänglichkeiten in den Abläufen.

Bezogen auf den Zeitpunkt der durchgeführten Prüfung unterscheidet man:

- antizipative Prüfungen (Prüfung bei der Aufstellung der Pläne, Überprüfung des Planungskonzeptes)
- begleitende Prüfungen (Prüfung bei der Einleitung der geplanten Maßnahmen; Prüfung der richtigen Durchführung der geplanten Maßnahmen)
- nachträgliche Prüfungen (Prüfung nach Ablauf des Planungszeitraumes).

Erfolgreiche Projekte lernen aus ihrer täglichen Arbeit und verbessern ihre Prozesse kontinuierlich.

Produkt- und Prozessqualität

In vielen Projekten sind Ressourcen, Termine und erledigte Aktivitäten nach wie vor die einzigen Dinge, die wirklich gemessen werden. Tabelle 6.3 liefert eine Übersicht zu einigen Kennzahlen, mit deren Hilfe Sie zum einen den Status der Systementwicklung, zum anderen aber auch die Qualität der realisierten Software und des Entwicklungsprozesses einfach und schnell bewerten können. Neben der formalen Bewertung der Ergebnis-, Ressourcen- und Terminsituation anhand der Planvorgaben erhalten Sie so Aussagen zur Qualität des Produktes und der Prozesse.

Tabelle 6.3: Kennzahlen zur Bewertung der Produkt- und Prozessqualität

Gegenstand	Metrik	Abgeleitete Aussage
Produktivität	Produktivitätsmonitor = Quotient von Produktgröße und Projektaufwand	Dort, wo die Produktivität gering ist, gibt es Probleme: • mit den Anforderungen? • mit der Technologie? • in der Architektur? • im Team?
	Verfeinerung: Produktteilgröße zu Teilaufwand	Sie messen die Produktivität je • Mitarbeiter • Team • Inkrement • Komponente
Qualität	Qualitätsmonitor = Quotient von Lines of Code und Klasse	Großer Quotient bedeutet schlechte Qualität, Code-Inspektion ist sinnvoll
	Änderungshäufigkeit einer fertigen Konfigurationseinheit (Modul, Klasse, Komponente)	Hohe Änderungsrate deutet auf: • unklare Schnittstellen • schlechte Implementierung der Schnittstelle • nicht verstandene Anforderungen
	Fehlerrate: Menge der Fehler während eines definierten Testlaufs	Die Fehlerrate liefert Aussagen über die technische Qualität einer Konfigurationseinheit

So wie Sie die Produktgröße zu Beginn des Projekts für Ihre Planung schätzen, sollten Sie diese auch während der Projektlaufzeit regelmäßig messen. Sie erhalten damit eine realistische Bewertung des Produktwachstums. Nutzen Sie dazu die gleiche Metrik wie bei der Schätzung, also Lines of Code, Functionpoints oder Widgetpoints. Über den geleisteten Aufwand und die Produktgröße kann die Entwicklungsproduktivität bestimmt werden.

Produktgröße

Eine zweite wichtige Kennzahl ist die Fehlerrate in den System- und Integrationstests. Die Fehlerrate sinkt im Verlauf der Tests deutlich ab. Daher sollten Sie erst dann Ihre Tests beenden, wenn Sie dieses Absinken beobachtet haben. Die Ursache für eine hohe Fehlerrate kann in einem schlechten Design oder in einer mangelhaften Programmierung liegen. Hier sollten Sie über Prozessverbesserungen nachdenken.

Fehlerrate

Die Software-Praxis zeigt, dass sich Fehler in bestimmten Komponenten eines Software-Systems konzentrieren. Nach Jones stecken mehr als die Hälfte aller Fehler in nur 10% des Codes. Es lohnt sich, diese Codestellen zu finden und dort den Test besonders intensiv durchzuführen. Weiterhin können Sie die Fehlerrate auch dazu nutzen, eine Prognose über die Zahl unentdeckter Fehler abzuleiten.[3]

An den richtigen Stellen testen

---

[3] Wesentlich mehr Informationen finden Sie dazu bei [Jon96] und [Kra01].

Restaufwand als
Problemindikator

Der Fertigstellungsgrad lässt sich aus Produktsicht als Quotient von erreichter Größe zu geschätzter Gesamtgröße definieren. In vielen Software Projekten wird nicht dieser Fertigstellungsgrad ermittelt, sondern der Restaufwand geschätzt, der zur endgültigen Realisierung noch nötig ist. Eine Schätzung wird also der Messung vorgezogen. Warum? Der Vorteil liegt darin, dass die verbleibenden Arbeiten unabhängig von der ursprünglichen Schätzung neu geschätzt werden. Da dieser Umfang mit Fortschritt des Projekts immer kleiner wird, sollte Ihre Abschätzung des Restaufwandes eigentlich immer genauer werden. Ist dies nicht der Fall, sollten Sie dieser Sache unbedingt auf den Grund gehen und prüfen, was sich dahinter verbirgt. Sie können den Fertigstellungsgrad damit auch als Quotient aus geleistetem Aufwand und der Summe aus geleistetem Aufwand plus Restaufwand bestimmen.

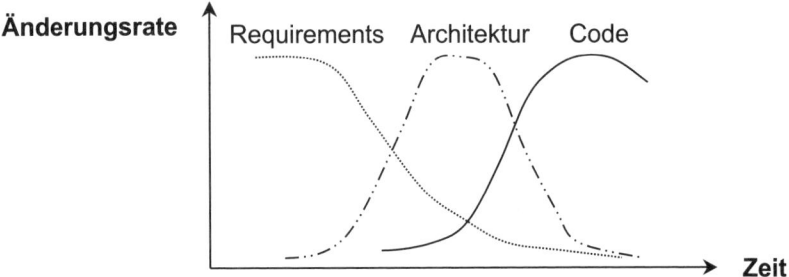

Abbildung 6.13: Änderungsrate und Produktstabilität

Änderungsrate

Interessant ist in diesem Zusammenhang auch die Messung der Änderungshäufigkeit einer in Arbeit befindlichen Komponente bzw. von bereits fertiggestellten Komponenten. Im ersten Fall sagt sie viel darüber aus, ob die Anforderungen und das Design gut verstanden sind oder nicht. Im zweiten Fall erhalten Sie schon früh Hinweise auf Qualitätsprobleme:

- Viele neue Anforderungen und eine hohe Änderungsrate der Architektur deuten darauf hin, dass Ihr System noch unausgereift ist. Es gibt noch viele unverstandene Anforderungen oder es liegt ein schlechtes Design vor.

- Wenig Änderungen in den Anforderungen, eine stabile Architektur und viele Implementierungsaktivitäten zeigen an, dass Ihre Systementwicklung weit fortgeschritten ist (vgl. Abbildung 6.13).

Weiterhin können Sie aus der Stabilität und der Komplexität der Software-Architektur auch Aussagen über die Güte Ihrer Architektur ableiten. Viele Veränderungen und eine hohe Komplexität spiegeln eine geringe Güte der Architektur wider.

👉 **Ergebnisse:** Prozessabweichungen, Verbesserungspotenziale

Wo zeichnen sich kritische Entwicklungen ab?

Einen wichtigen Ausgangspunkt für alle Entscheidungen sollten die Risiken des Projekts bilden. Die risikoorientierte Analyse der Statusinformationen gehört daher mit zu den wichtigsten Aufgaben der Projektüberwachung. Denn: Wie wollen Sie auf Risiken richtig reagieren, wenn Sie deren aktuelle Entwicklung nicht verfolgen? Die Risikoüberwachung bewertet Entwicklungen innerhalb und außerhalb des Projekts und schätzt Ihren Einfluss auf das Geschehen im Projekt ab.

Risiko-
überwachung

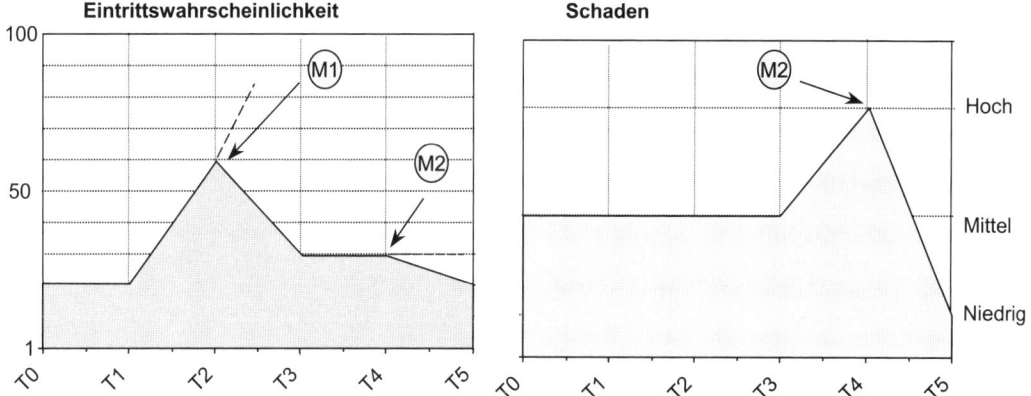

Abbildung 6.14: Risikoverfolgung im Projekt

Für ein erfolgreiches Risikomanagement ist es nicht ausreichend, wenn Sie die Risiken vor Projektbeginn oder während der Projektinitialisierung einmalig analysieren. Die Ergebnisse Ihrer Analysen, die daraus abgeleiteten Indikatoren und Maßnahmen müssen kontinuierlich überwacht werden und in einem aktuellen Risiko-Portfolio ihren Niederschlag finden. Daher stehen folgende Aufgaben im Mittelpunkt der Risikoüberwachung:

- *Risiken aktuell bewerten:*
  Prüfen Sie die aktuelle Entwicklung der Risiken. Werten Sie dazu die Ergebnisse der Frühwarnung und Früherkennung aus (vgl. Abbildung 6.14):

  - Existiert das Risiko noch?

  - Hat sich an seiner Bedeutung für das Projekt etwas verändert?

  - Wie hoch ist augenblicklich die Wahrscheinlichkeit des Eintretens?

  Die Rückmeldungen Ihres Teams in der Statuserhebung liefern Ihnen hierzu wichtige Informationen.

- *Neue Risiken identifizieren:*
  Risikomanagement ist ein kontinuierlicher Prozess. Daher bewerten Sie nicht nur die bereits bekannten Risiken neu, sondern prüfen an dieser Stelle auch, ob sich im Laufe der Projektdurchführung neue Risiken ergeben haben.

■ *Risikoliste fortschreiben:*
Durch die aktuelle Bewertung der bereits identifizierten Risiken und die neu hinzugekommenen Risiken kann sich die Rangfolge der bisherigen Risiken verändern. Deshalb aktualisieren Sie Ihr Risiko-Portfolio und Ihre Liste der „Top-10".

Verfolgen Sie regelmäßig Ihre in der Risikoanalyse identifizierten Frühindikatoren und schätzen Sie für die wichtigsten Risiken Eintrittswahrscheinlichkeit und Schaden regelmäßig neu ein. Bewerten Sie den Einfluss der veränderten Risikosituation auf das Geschehen im Projekt. Mitunter ergibt sich ein sofortiger Handlungsbedarf

Frühwarnung und Früherkennung

Frühwarnung und Früherkennung

Zwei wichtige Aufgaben der Risikoüberwachung sind

■ die Frühwarnung – beschäftigt sich mit den Risiken des Projekts – und

■ die Früherkennung – deckt die Chancen des Projekts auf.

Beide versuchen, durch ungerichtete, kontinuierliche Beobachtung interner und externer Einflussfaktoren bedrohliche Auswirkungen auf das Projekt aufzuspüren. Kritische Entwicklungen können sowohl das Projekt selbst als auch das Umfeld betreffen. Beobachtet werden daher das interne Projektgeschehen und das projektexterne Umfeld. Im Gegensatz zur Fortschritts- und Prämissenkontrolle gibt es keine formalisierten Beobachtungsobjekte. Sie müssen situationsgebunden projektgefährdende Faktoren identifizieren und erfassen. Bezugspunkt sind die Pläne. Unter Rückgriff auf die dort festgelegten Ziele und Ergebnisse beurteilen Sie, wie bedrohlich Entwicklungen für das Projekt sind. Die in der Prämissen- und Fortschrittskontrolle eingeschränkte, selektive Betrachtungsweise wird damit sinnvoll ergänzt. Aus den gewonnenen Informationen leiten Sie Aussagen über die zukünftige Entwicklung des Projekts ab. Dies gibt Ihnen die Möglichkeit, kritischen Entwicklungen frühzeitig zu begegnen, aber auch positive Effekte maximal zu fördern. Damit legen Sie den Grundstein für risikogetriebenes Projektmanagement. Auch eine risikogesteuerte Software-Entwicklung setzt die Kenntnis der Projektrisiken voraus.

Kritische Erfolgsfaktoren (CSF)

Ähnlich wie für das Unternehmen gibt es auch für ein Projekt eine begrenzte Zahl kritischer Prozesse, die zur Sicherung des Projekterfolges zumindest befriedigende Resultate erzielen müssen. Die kritischen Erfolgsfaktoren eines Projekts sind die Bereiche oder Faktoren, die Sie permanent und sorgfältig verfolgen sollten. Das Frühwarnsystem des Projekts sollte sich auf diese Faktoren konzentrieren. Kritische Erfolgsfaktoren lassen sich u.a. aus den folgenden Bereichen gewinnen:

■ Angemessenheit der eingesetzten Technologien,

■ Angemessenheit der angewendeten Prozesse,

■ Team (u.a. Qualifikation der Mitarbeiter),

- Kommunikation,
- Produktqualität,
- Lieferanten,
- Schaffung einer adäquaten Projektorganisation,
- Datenschutz und Sicherheit.

Eine wichtige Aufgabe der Früherkennung und Frühwarnung ist die zukunftsbezogene Analyse. Bei der im vorangegangenen Abschnitt beschriebenen Statusanalyse handelt es sich um eine ausschließlich vergangenheitsbezogene Auswertung der Statusinformationen. Sie stellen das gemessene Ist einem im Plan vorgegebenen Soll gegenüber. Als agiler Projektmanager sollten Sie allerdings Ihren Blick auch nach vorn richten. Viel interessanter sind daher für Sie die Ergebnisse einer zukunftsbezogenen Analyse dieser Informationen. Es handelt sich um so genannte „Wird-Soll-Vergleiche".

Trends im Projekt

Ziel ist es, Trends im Projekt zu erkennen, also aus der gegenwärtigen Situation Aussagen über zukünftige Entwicklungen abzuleiten. Dazu brauchen Sie eine Einschätzung Ihrer zukünftigen Position, d.h. Sie arbeiten hier mit Prognosen. Sie versuchen, auf der Grundlage der vorliegenden Ist-Werte Prognosen zum Ist bezogen auf den Zeitpunkt der Soll-Werte (z.B. Meilenstein zum Ende einer Projektphase) zu erstellen. Ausgehend von Ihrer aktuellen Projektsituation berechnen Sie so genannte „Wird-Werte" und vergleichen diese mit den im Plan vorgegebenen Soll-Werten. Sie analysieren damit die Wirkung von gegenwärtigen Abweichungen auf zukünftige Entwicklungen und decken damit sich bereits heute abzeichnende zukünftige Fehlentwicklungen auf.

Wo steht unser Projekt morgen?

Analysieren Sie die vorliegenden Informationen, um mögliche Entwicklungstrends im Projekt zu erkennen.

 Ergebnisse: aktuelles Risiko-Portfolio und Risikoliste, Trendaussagen zum Projektverlauf

Stimmt die Ausgangsbasis noch?

Die Prämissenkontrolle deckt einen weiteren Teilbereich des Risikomanagements ab. Während Früherkennung und Frühwarnung mögliche kritische Entwicklungen der Zukunft adressieren, schaut die Prämissenkontrolle zurück und prüft, ob die angenommenen Randbedingungen für das Projekt noch Gültigkeit haben.

Prämissenkontrolle

Die zugrunde gelegten Ziel- und Planungsprämissen unterliegen mehr oder weniger starken Veränderungen, hervorgerufen durch das Projekt oder das Projektumfeld (Kunden, Markt). Insbesondere die hohe Dynamik der Informationstechnologien sorgt für einen stetigen Wandel der Ausgangssituation. Kontinuierlich sollten Sie daher die in der Projektvorbereitung und Initialisierung aufgestellten Ziel- und Planungsprämissen zum Projekt und Projektumfeld hinsichtlich ihrer Richtigkeit und Gültigkeit prüfen. Ermitteln Sie, ob die getroffenen Annahmen die aktuelle und zukünftige Situation noch adäquat beschreiben oder ob neue veränderte Bedingungen entstanden sind, die bisher noch nicht beachtet wurden, und ob ihre Bedeutung für das Projekt wächst.

Die Prüfintensität muss dem Risiko angemessen sein! Untersuchen Sie, welche Dinge einer starken, keiner oder nur sehr geringen Änderung unterliegen. Konzentrieren Sie sich auf Prämissen, die auf schwachen Prognosen beruhen, den eigenen Entscheidungsmöglichkeiten nicht unterliegen und im aktuellen Projektgeschehen einen kritischen Stellenwert haben. Geringe Veränderungen dieser Randbedingungen führen bereits zu weitreichenden Konsequenzen und können damit den Erfolg Ihres Projekts wesentlich gefährden.

 Ergebnis: Einschätzung der Prämissen

Müssen Sie steuernd eingreifen?

Besteht eine Abweichung?

Die verschiedenen Auswertungen führen Sie in der Summe zu einer fundierten Einschätzung der aktuellen Projektsituation. Ergebnis ist in allen Fällen eine Aussage über das Vorhandensein möglicher Abweichungen vom geplanten Vorgehen. Darauf basierend treffen Sie Ihre Entscheidung, ob die Größe der ermittelten Abweichung Korrekturmaßnahmen erforderlich macht oder nicht. Nicht jede Abweichung im Projektgeschehen führt zwingend zu einer Korrektur. Viele Dinge pegeln sich von selbst wieder ein. Die Größe und Kritikalität der Abweichung ist ausschlaggebend für die Entscheidung. Prüfen Sie daher erst einmal:

Ist sie steuerungs-relevant?

- Was steckt hinter der/den Abweichung(en)?
- Ist sie ein Indikator für versteckte Probleme?
- Welche Bedeutung hat sie für die Projektdurchführung?

„Unwichtige" Abweichungen, die sich im Projekt nicht kritisch auswirken, brauchen Sie auch nicht weiter zu verfolgen.

Toleranzen

Eine Orientierung für diese Entscheidung geben Ihnen Toleranzen. Unter einer *Toleranz* versteht man das Maß, mit dem der Ist-Wert um den Soll-Wert schwanken kann, ohne dass vorher definierte Aktivitäten oder Ereignisse folgen. Nur wenn Abweichungen außerhalb der vereinbarten Toleranzen liegen, greifen Sie steuernd ein.

Checkliste Statusanalyse

- Prüfen Sie, ob und in welchen Bereichen überhaupt signifikante Abweichungen aufgetreten sind.
- Überlegen Sie sich dann, ob diese Abweichungen so schwerwiegend sind, dass steuernd in das Projekt eingegriffen werden muss.
- Formulieren Sie den Steuerungsbedarf, aber noch nicht die Steuerungsmaßnahmen!
- Arbeiten Sie mit Toleranzen!

Die Ergebnisse aller Analysen bilden die Basis für die Steuerung Ihres Projekts. Stellen Sie eine besonders kritische Entwicklung fest, sollten Sie diese in einem Sonderbericht dokumentieren und sofort Ihren Auftraggeber bzw. das Management informieren. Ihr Bericht sollte folgende Informationen enthalten:

- kurze prägnante Beschreibung der Situation und der identifizierten Problemfelder (Planabweichung)
- Auswirkungen, Handlungsbedarf und Lösungsvorschläge
- Einschätzung der Risiken
- Entscheidungsbedarf und Dringlichkeit
- Aufwand und Termine für die Lösung
- Konsequenzen bei Ausbleiben oder Verzögerung der Entscheidung

Denken Sie daran: Informationen für das Management sollten auf eine Seite passen!

☞ **Ergebnisse:** identifizierter Steuerungsbedarf, evtl. Sonderbericht

6.3.3 Der Statusbericht des Projekts

Im Projektstatusbericht fassen Sie die wichtigsten Ergebnisse der Statuserhebung und -analyse strukturiert zusammen. In komprimierter Form wird die aktuelle Situation des Projekts dargestellt. Die Aussagen der einzelnen Bereiche der Statusanalyse werden von Ihnen aussagekräftig kumuliert und darauf aufbauend die Projektsituation insgesamt bewertet. Bezugsgrößen für diese Gesamteinschätzung des Projekts sind die im Projektplan vorgegebenen Ziele, Ergebnisse, Termine und Ressourcen für das Projekt. Im Einzelnen sollte Ihr Statusbericht Aussagen zu den folgenden Aspekten beinhalten:

Ziel des Statusberichtes

- eine Einschätzung zum Fortschritt der Arbeiten im Berichtszeitraum
  - Stand der Projektaktivitäten bezogen auf ihre zeitliche Planung;
  - erzielte Ergebnisse im Berichtszeitraum und drohende Ergebnisdefizite, Fertigstellungsgrad offen gebliebener Ergebnisse.
- Aussagen zum Ressourcenverbrauch
  - Summe Personalaufwand und aufgelaufene Kosten;
  - Personalsituation des Projekts.
- eine Einschätzung der Terminsituation
  - Wo gibt es Abweichungen vom Zeitplan?
  - Meilenstein-Trend-Analyse.
- eine Einschätzung der Risiken und Erfolgsfaktoren (Risikoliste, Risiko-Portfolio)
- eine Einschätzung der Ziel- und Planungsprämissen
- ggf. vorhandener Entscheidungsbedarf

Inhalt des Statusberichtes

Um eine bessere Übersicht zu erhalten, sollten Sie auch hier den Status der einzelnen Projektaktivitäten durch Ampel-Charts verdeutlichen.

Der Projektstatusbericht verdichtet die Informationen aus den Teams. Bei Bedarf kann die detaillierte Einschätzung je Aufgabenbereich oder Teilprojekt beigefügt werden. Er wird zu fest vereinbarten Zeitpunkten erstellt (je nach Projektgröße monatlich (Regel) oder quartalsweise (Ausnahme)) und ist zeitnah vom Auftraggeber und Ihrem Management auszuwerten. Bei iterativem Vorgehen erstellen Sie ihn immer am Ende der jeweiligen Iterationen.

Mit Ihrem Projektstatusbericht

■ informieren Sie den Auftraggeber, das Management und ggf. den Kunden,

■ zeigen Sie vorhandenen Entscheidungsbedarf auf und

■ verdeutlichen Sie rechtzeitig Probleme und Risiken.

Visualisierung des Projektfortschritts

Für die Diskussion im Team und projektextern mit Ihrem Auftraggeber, Ihrem Management oder dem Kunden sollten Sie sowohl den Projektfortschritt als auch festgestellte Abweichungen visualisieren. Es gibt verschiedenste Möglichkeiten, die Aussagen grafisch darzustellen. Oft ist es am zweckmäßigsten, dieselben Hilfsmittel wie in der Planung zu nutzen, also zum Beispiel Balkendiagramme, Netzpläne oder tabellarische Übersichten. Sie erreichen damit einen hohen Wiedererkennungseffekt und halten den Aufwand gering. Mitunter sollte man zur Verdeutlichung von Trendaussagen zusätzliche aussagekräftigere Diagramme[4] einsetzen. Ein Beispiel zeigt Abbildung 6.15.

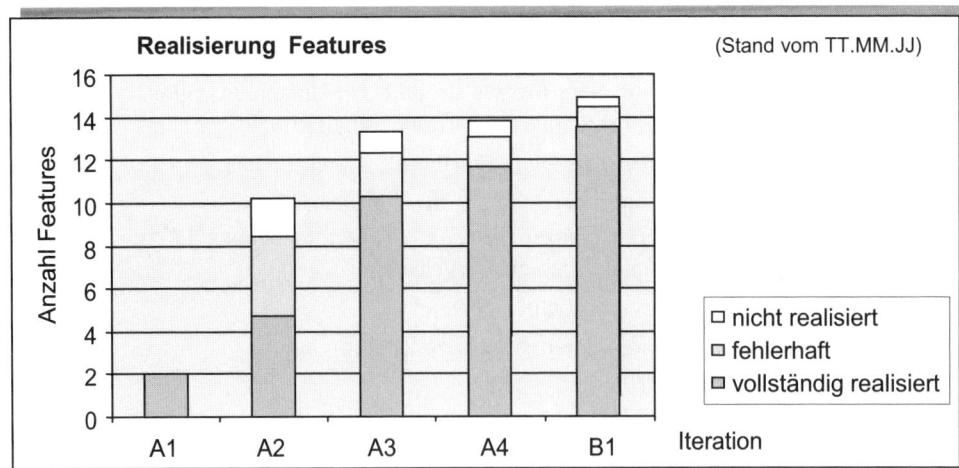

Abbildung 6.15: Beispiel für die Bewertung des Funktionsfortschritts

---

[4] Beispielsweise Vergleichs- oder Zeitdiagramme. Mehr dazu finden Sie in [Kup01], [Kel94] oder [Mör98].

Bedenken Sie auch hier: Die Kürze und Übersichtlichkeit sind das A und O. Bringen Sie die Dinge auf den Punkt! Gerade dann, wenn Sie vom Management schnelle Entscheidungen erwarten.

Ergebnis: Projektstatusbericht

6.3.4 Wissen Sie genug, um eingreifen zu können?

Das Überwachen der Projektaktivitäten sollten Sie so intensiv betreiben, dass Sie auf folgende Fragen stets eine Antwort parat haben:

- Sind die Ziele erreichbar?
- Ist der Weg noch richtig?
- Halten wir uns an das vereinbarte Vorgehen?
- Sind Funktionalität und Qualität der Ergebnisse wie vereinbart?
- Werden Zeit und Budget reichen?
- Sind die Risiken vertretbar?
- Nutzen wir unsere Erfolgschancen optimal?

Als agiler Manager wissen Sie, der Erfolg des Projekts wird an der qualitätsgerechten Lieferung der vereinbarten Projektergebnisse, also der gewünschten Software, gemessen und nicht am termingerechten Abschluss einer Aufgabe. Natürlich spielen die Einhaltung von Termin und Budget eine wesentliche Rolle. Bezogen auf jedes Ergebnis prüfen Sie im Rahmen der Projektüberwachung regelmäßig den Funktionsfortschritt, die Qualität, die Terminsituation und die aufgelaufenen Kosten.

Die Kundenzufriedenheit entscheidet!

Außerdem sollten alle Entscheidungen im Projekt immer auf Basis einer aktuellen Einschätzung der Erfolgsfaktoren und Risiken getroffen werden. Eine der wichtigsten Aktivitäten der Projektüberwachung ist daher das kontinuierliche Bewerten der Risikosituation des Projektes.

Risiken als Basis

Abschließend lässt sich festhalten:

Checkliste Projektüberwachung

- Überwacht wird das, was im Plan vereinbart wurde.
- Basis für die Überwachung ist das projektinterne Berichtswesen. Jedes Projekt hat jedoch spezifische Berichte und Berichtswege.
- Frühes Messen sichert den Projekterfolg. Es ist die Basis für realistische Pläne.
- Iterative Projekte ermöglichen frühes Messen.

Agile Projekte achten auf eine effektive und effiziente Überwachung und erheben nur so viel an Information, wie sie für die Steuerung des Projekts auch wirklich brauchen! Sie ziehen Reviews den Berichten vor. Für sie ist das Team-Meeting die wichtigste Informationsquelle.

6.4 Zurück auf den richtigen Kurs – das Projekt steuern

In Ihrem Projekt gibt es Kursabweichungen? Dann ran an die Arbeit! Es liegt nun an Ihnen, das Projekt wieder zurück auf den richtigen Kurs zu bringen und durch geeignete Korrekturmaßnahmen rechtzeitig weiteren negativen Entwicklungen entgegenzuwirken. Doch bevor Sie sofort zu Maßnahmen greifen, sollten Sie erst einmal über die Gründe der Abweichungen nachdenken und sich in Ruhe die Möglichkeiten Ihrer Reaktion überlegen.

Die Aussagen darüber, „was falsch läuft" und „wo es Probleme gibt", kommen aus der Überwachung. Die Steuerung stellt fest, „warum es falsch läuft", und prüft, „ob und wie" verändernd eingegriffen werden kann.

An dieser Stelle schließt sich der Regelkreis des Projektcontrollings. Die Steuerung wird immer dann aktiv, wenn im Rahmen der Überwachung eine steuerungsrelevante Abweichung festgestellt wurde (vgl. Abbildung 6.1).

Wie gehen Sie vor?
Steuern ist eine sehr projektspezifische und situationsabhängige Aufgabe. Dieses Buch kann Ihnen keine Patentlösung für alle Probleme des Projektalltags liefern, wohl aber eine systematische Vorgehensweise an die Hand geben, wie Sie Ihr Projekt schnell und zielsicher aus kritischen Situationen wieder herausführen können. In Abbildung 6.16 sehen Sie die Aktivitäten, die dazu notwendig sind.

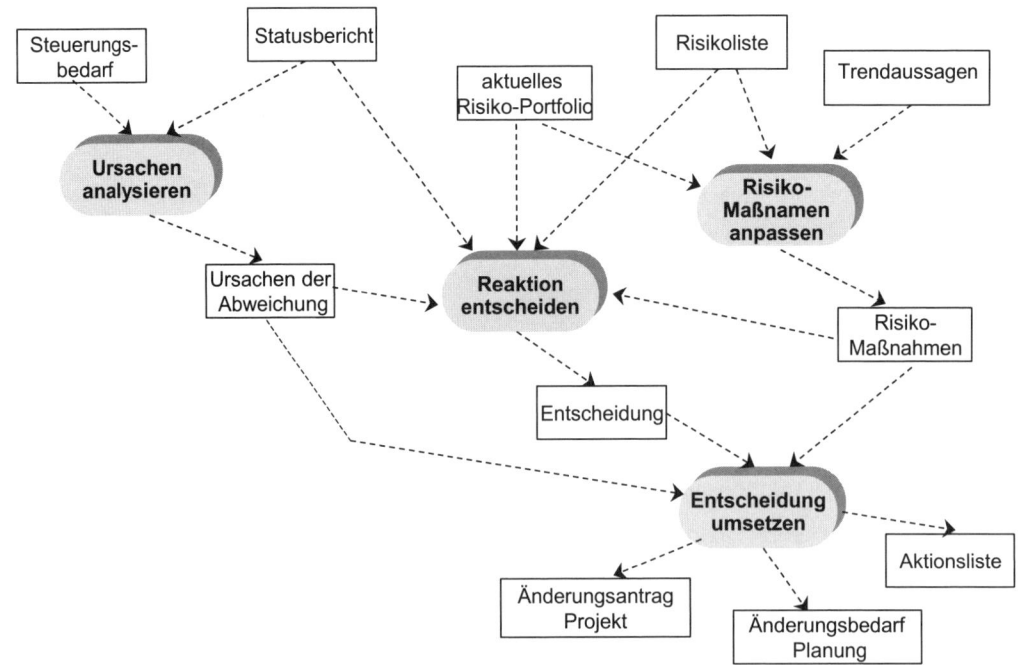

Abbildung 6.16: Aktivitäten der Projektsteuerung

Beginnen Sie Ihre Steuerung immer mit einer Ursachen- und Risikoanalyse. Überlegen Sie erst danach, was verändert werden muss und welche Maßnahmen Sie konkret einleiten wollen, und denken Sie zum Schluss daran, dass sich diese Veränderungen auch in Ihren Plänen widerspiegeln müssen. Haben Sie eine Entscheidung getroffen, setzen Sie diese um, d.h. Sie leiten konkrete Schritte ein und prüfen deren Wirkung. Sehr oft wird Sie Ihr Weg nicht nur in eine Richtung führen, sondern Sie müssen mehrere Dinge parallel veranlassen: Sofort einige Korrekturen im Projekt umsetzen, verschiedene Pläne überarbeiten und zusätzlich mit dem Auftraggeber eine Projektänderung vereinbaren.

6.4.1 Ursachen analysieren

Ohne eine genaue Kenntnis der Ursachen für die aufgetretenen Probleme können Sie Ihr Projekt nicht auf den richtigen Weg zurückführen. Daher versuchen Sie als Erstes, die Ursachen für die aufgetretenen Abweichungen so gut wie möglich zu identifizieren und sie hinsichtlich ihrer Wirkung auf die zukünftige Entwicklung des Projekts zu bewerten. Aber bedenken Sie bei allem Ehrgeiz: Die Ermittlung von Ursachen an sich ist schon schwierig, die exakte Quantifizierung ihres Einflusses auf die Gesamtabweichung fast unmöglich. Die verschiedenen Aktivitäten im Projekt sind eng miteinander verzahnt. Insofern ist es nicht so einfach, jede einzelne Ursache für eine Abweichung genau zu lokalisieren bzw. verschiedene Ursachen sauber voneinander abzugrenzen. Entwicklungen können sich überlagern. Dadurch können sich negative und positive Abweichungen aufheben, also einen Kompensationseffekt haben.

Der Blick nach hinten

Der Aufwand für die Ursachensuche sollte dem Nutzen angemessen sein. Untersuchungen können dort unterbleiben, wo Ihnen die Gründe für Abweichungen offensichtlich sind.

Die Gefahr der Verzettelung!

Für die Steuerung gibt es verschiedene auslösende Ereignisse:

- Ihre Statusverfolgung hat zu dem Ergebnis geführt, dass nicht tolerierbare Entwicklungen im Projekt eingetreten sind.
- Aufgrund der Auswertung der Risikoindikatoren ist ein kritischer Zustand im Projekt festgestellt worden.
- Eine Review des Entwicklungsprozesses hat gezeigt, dass Ihr Systemtest nicht optimal läuft.
- Einige Prämissen haben sich grundlegend verändert.

Dementsprechend unterschiedlich ist auch der Ausgangspunkt für Ihre Ursachensuche. Den größten Teil Ihrer Informationen beziehen Sie aus den Dokumenten der Projektüberwachung (Tätigkeitsberichte, Statusberichte, Review-Protokolle, Projektmeetings ...). Einen weiteren Teil entnehmen Sie Ihren Plänen. Darüber hinaus werden abhängig vom konkreten Problem spezielle Informationen sowohl zum Projekt als auch über das Projektumfeld benötigt.

Wo liegen Ursachen für die Abweichung?

Wir wissen
zu wenig

Ganz allgemein formuliert, ist die Ursache für jedes Abweichen zwischen Plan und Realität in ungenügendem Wissen zu sehen, was sich in einer unzureichenden Qualität der Planung niederschlägt. Jeder Plan kann nur so gut sein wie die Informationen, die zu seiner Erstellung zur Verfügung standen. Außerdem kann kein Mensch die Zukunft exakt vorhersehen. Jede Ursachensuche ist zugleich auch Lernen über sich selbst und die Umgebung und schafft damit eine verbesserte Grundlage für die nächste Planung und zukünftige Entscheidungen.

Bleiben Sie jedoch bei dieser allgemeinen Feststellung nicht stehen. Forschen Sie nach den wirklichen Ursachen Ihrer Probleme. Eine Hilfe leisten dabei folgende Fragen:

- Was läuft im Projekt anders als angenommen?
- Liegen die Ursachen dafür eher im Projekt oder im Projektumfeld?
- War der Plan nicht korrekt?
- Was war im Plan falsch?
- Welche neuen, nicht vorhersehbaren Entwicklungen sind aufgetreten?
- Gab es Veränderungen im Projektumfeld oder unerwartete Probleme im Projekt?
- Welche Einflussfaktoren haben sich verändert?
- Sind Risiken eingetreten? Welche?

Das Umfeld
ändert sich

Häufig lassen sich Abweichungen im Projekt auf Veränderungen im Projektumfeld zurückführen:

- Der abgestimmte Lösungsweg kann nicht umgesetzt werden, da der Lieferant die Zusagen nicht einhält.
- Die Entwicklung verbraucht mehr Zeit, da die gekaufte Software nicht das hält, was versprochen wurde.
- Ein Mitarbeiter steht nicht mehr zur Verfügung, weil das Management plötzlich ein anderes Projekt höher priorisiert.

Viele Abweichungen entstehen aber auch dadurch, dass der Kunde still und heimlich die Anforderungen verändert.

Qualität kostet
Zeit!

- Der Auftraggeber sollte bedenken: Mehr Leistung bedeutet auch höhere Kosten. Termine lassen sich nur einhalten, wenn der Funktionsumfang stabil bleibt.
- Für die Teams gilt: Es wird nur so viel Qualität geliefert, wie im Projektauftrag vereinbart wurde. Nicht weniger, aber auch nicht mehr!

Zeit kostet Geld!

- Der Anwender bzw. Kunde sollte wissen: Die Liefergegenstände wurden mit dem Projektauftrag erstmalig fixiert und im Rahmen der Projektinitialisierung exakt formuliert. Genau ausgelegt auf diese Leistungen sind dem Projekt ein festes Budget zugewiesen und Termine vereinbart worden.

Diese Vereinbarungen sind für beide Seiten bindend. Zusätzliche Arbeiten kosten Geld und Zeit. Insofern ist es korrekt, wenn das Projekt neue Anforderungen ablehnt und nicht mehr als vereinbart liefert.

Wenn es zwischen Auftraggeber und Kunde Differenzen bezüglich des Lieferumfanges gibt, sind Konflikte im Projekt vorprogrammiert. Achten Sie deshalb immer auf eindeutige und verbindliche Absprachen.

➔ Kapitel 5

Wenn Sie Ursachen für Abweichungen finden wollen, werfen Sie auch einen Blick zurück, und reflektieren Sie Ihr eigenes Verhalten kritisch. Fehler sind eine hervorragende Quelle des Lernens. Analysieren Sie:

Aus Fehlern lernen

- Wann entstand die Abweichung?
- Was ist falsch gelaufen und warum?
- Welche Auswirkung hat der Fehler?
- Gab es irgendwelche Warnzeichen?
- Stecken menschliche Probleme dahinter oder sind es eher technische?
- Wie ist die Reaktion der Beteiligten?

Es geht dabei nicht um Schuld und Rechtfertigung, sondern um das Herausfinden der Ursachen für Fehlentwicklungen!

Die folgende Systematisierung der möglichen Ursachen hilft Ihnen, einfacher ans Ziel zu kommen. Ursachen für Abweichungen lassen sich in die beiden folgenden Gruppen einteilen:

- Zum einen gibt es die veränderbaren Ursachen oder kontrollierbare Abweichungen, d.h. es liegen systematische Probleme vor, die erkannt und somit beeinflusst werden können. Diese Probleme betreffen entweder

  - die Planung (der Plan war nicht korrekt)
  - oder die Ausführung (das Projekt entwickelt sich anders als erwartet).[5]

Veränderbare Ursachen

- Zum anderen gibt es die nicht veränderbaren Ursachen oder nicht kontrollierbaren Abweichungen, d.h. es liegen zufällige, nicht beeinflussbare Ereignisse vor, die sich aus unvorhersehbaren Veränderungen der Umweltbedingungen (Technologie mangelhaft, verspätet) oder Störungen im Projekt (Krankheit eines Mitarbeiters) ergeben.

Nicht veränderbare Ursachen

Diese Einteilung macht deutlich, in welchen Bereichen Sie überhaupt eine Chance haben, steuernd einzugreifen. Nicht veränderbare Ursachen können Sie links liegen lassen. Jede Minute, die Sie hier in eine tiefergehende Analyse stecken, ist verlorene Zeit! Diese Faktoren gehören ins Risikomanagement.

---

[5] Liegt der Schwerpunkt der Abweichung im Bereich der Planung, spricht man von Planungsabweichungen, liegt er im Bereich der Umsetzung des Plans, von Ausführungsabweichungen. Oft lässt sich in der Praxis aber keine scharfe Trennlinie zwischen beiden Bereichen ziehen. Abweichungen haben in der Regel vielfältige und stark miteinander verflochtene Ursachen [GA01].

Abschließend einige Beispiele:

- Unvorhergesehene Entwicklungen:
  - neue Technologie
  - lange Krankheit eines Mitarbeiters
- Bewusste Veränderungen (Änderung einer Planungsprämisse):
  - neue oder veränderte Anforderungen an das Projekt
  - Kürzung des Projektbudgets
  - Ausscheiden von Mitarbeitern
- Nicht zutreffende Entwicklungsprognosen:
  - Fehleinschätzung des Verhaltens von Personen (Teamleiter ist seiner Aufgabe nicht gewachsen)
  - Fehleinschätzung der Produkte (falsche Technologie ausgewählt, nicht passender Lösungsansatz, instabile Architektur)
  - ungenaue Informationen
- Ungenaue Planung:
  - schlechte Durchführung der Planung
  - unzweckmäßige Methodenwahl bzw. fehlerhafter Formelaufbau
- Falsche Bewertung der Ausgangssituation:
  - fehlerhafte Ist-Wertermittlung

Feedback- und Feedforward-Analyse[6]

Die *vergangenheitsorientierte Analyse* ermittelt die konkreten Ursachen-Wirkungs-Beziehungen. Für jede einzelne Ursache wird versucht, festzustellen, welchen Beitrag sie zur Abweichung geleistet hat. Die Frage nach dem „warum?" wird so lange gestellt, bis man zur Wurzel der jeweiligen Abweichung vorgedrungen ist. Die in der Planung aufgestellten Kennzahlensysteme können die Analyse sehr gut unterstützen (Nutzung der bereits gebildeten Kennzahlenbäume). Auf die Vergangenheit gerichtete Analysen geben ein Feedback zum Erreichten und die Chance, für zukünftige Planungen zu lernen.

Die *zukunftsorientierte Analyse* untersucht die Wirkung von Ursachen, bezogen auf die zukünftige Entwicklung im Projekt. Dazu wird ein prognostiziertes „Wird" mit dem geplanten „Soll" verglichen. Mit diesem Vergleich können Sie Einschätzungsunsicherheiten weiter minimieren. Dinge, die gegenwärtig geringe Auswirkungen auf die Zielerreichung haben, können in der Zukunft zu erheblichen Abweichungen vom Soll führen.

---

[6] Detaillierte Ausführungen zum Vorgehen und zur Methodik von Abweichungs- und Ursachenanalysen können Sie in [GA01] nachlesen.

Welche Ursache hat welche Wirkung im Projekt?

Sind Sie zu den Ursachen für die Abweichung vorgestoßen, analysieren Sie anschließend deren Relevanz für das Projekt. Versuchen Sie, mit den ermittelten Aussagen auch Auswirkungen von Abweichungen auf die Ergebnisse und Aktivitäten des Projekts herauszufinden, die nicht direkt erfassbar sind.

Eine Abweichung vom erwarteten Ergebnis kann für sich genommen sehr stark oder auch sehr gering ausfallen. Sie liefert eine Aussage über die Güte der Planung und lässt Schlussfolgerungen auf die Disziplin bei der Realisierung der Vorgaben zu. Die Größe der Abweichung sagt jedoch noch nichts über ihre Auswirkung im Projekt aus. Da Sie schon allein aus Zeitgründen nicht jeder Abweichung nachgehen können, sollten Sie die Ursachen dort besonders intensiv untersuchen, wo Sie einen starken Einfluss auf die kritischen Erfolgsfaktoren Ihres Projekts vermuten. Demzufolge ist es durchaus sinnvoll, auch kleine, zunächst unbedeutende Abweichungen näher zu untersuchen. Sie könnten ein Anzeichen für gravierende zukünftige Fehlentwicklungen sein. Je früher Sie dies erkennen, desto besser stehen Ihre Chancen, erfolgreich reagieren zu können. Eine zukunftsorientierte Analyse von Ursachen und Abweichungen ist für ein risikogesteuertes Projektmanagement besonders wichtig. Sie analysiert die Wirkungen der Ursache auf künftige Entwicklungen und deckt damit in der Zukunft liegende Probleme auf.

- Arbeiten Sie mit dem richtigen Augenmaß!
- Konzentrieren Sie Ihre Ursachenanalyse auf die Abweichungen, bei denen Sie starke Wirkungen auf die kritischen Erfolgsfaktoren Ihres Projekts erwarten!
- Handhaben Sie die Analysen nicht zu schematisch!

 Ergebnis: Ursachen der Abweichungen

6.4.2 Risiko-Maßnahmen anpassen

Die Risikosituation des Projekts hat sich signifikant verändert. Damit sind Sie gefordert, über Reaktionen erneut nachzudenken. Bevor Sie sofort zu Maßnahmen schreiten, sollten Sie auch hier zunächst einige Fragen durchdenken:

- Was hat sich verändert (Schaden oder Eintrittswahrscheinlichkeit)?
- Warum hat sich die Bewertung verändert?
- Welche neuen Risiken sind hinzugekommen?
- Wie haben sich die bereits eingeleiteten Maßnahmen ausgewirkt?

Überlegen Sie, wie sich die neue Risikosituation auf das Projekt auswirkt. In welchen Bereichen sollten Sie Ihr Vorgehen ändern, um die Risiken optimal zu beherrschen? Wo können Sie durch gezielte Maßnahmen sofort Risiken ausschalten? Müssen Sie das Vorgehen, den angestrebten Lösungsansatz, die

Architektur, die Projektplanung anpassen? Damit stehen Sie wieder vor der Entscheidung:

■ Welche neuen Risiken wollen Sie vermeiden? – Sie müssen sofort etwas tun!

■ Welche Risiken akzeptieren Sie weiterhin? – Sind Sie für den Notfall genügend gerüstet?

■ Für welche Risiken möchten Sie die Eintrittswahrscheinlichkeit reduzieren oder den Schaden kompensieren – Sie überlegen sich Maßnahmen und setzen diese mitunter sofort um.

Die neuen Risiko-Maßnahmen werden in den bestehenden Maßnahmenkatalog aufgenommen und fließen in die Planung der nächsten Iteration direkt ein.

Ihre Korrekturen im Projekt sollten sich immer an der aktuellen Risikosituation orientieren. Eine noch weiter reichende Bedeutung räumen Sie den Risiken ein, wenn Sie die Steuerung des Projekts vordergründig auf die Risiken ausrichten. Das bedeutet, Sie prüfen im wöchentlichen Rhythmus die Entwicklung der Risikosituation im Projekt (Aktualisieren von Risiko-Portfolio und Risikoliste) und die Wirkung der veranlassten Maßnahmen zur Reduzierung der Projektrisiken und leiten daraus Ihren Handlungsbedarf ab. Die Statusverfolgung von Ergebnissen, Aufwänden und Kosten tritt in den Hintergrund.

 Ergebnis: Risiko-Maßnahmen

6.4.3 Reaktion entscheiden

Der Blick nach vorn

Sie kennen

■ den aktuellen Status des Projekts,

■ die Ursachen für die aufgetretenen Abweichungen und

■ die aktuelle Risikosituation sowie kritische Erfolgsfaktoren des Projekts.

Alle Voraussetzungen sind damit gegeben, den Blick nach vorn zu richten. Sie haben sich eine solide Plattform geschaffen, von der aus Sie nun agieren können. Mit diesem Wissen werden Sie schnell zu einer Entscheidung kommen, wo und wie Sie am besten steuernd in das Projektgeschehen eingreifen können. Ihre Steuerungsmaßnahmen können sich auf

Was lässt sich verändern?

■ die Ziele und Ergebnisse (Funktionalität oder Qualität des Produktes),

■ den Entwicklungsprozess (Vorgehen),

■ die Ressourcen (Personal oder Budget) und

■ die Termine

des Projekts beziehen. Alle Steuerungsmaßnahmen kreisen letztendlich um die drei bekannten Eckpfeiler des Projektmanagements:[7] Qualität bzw. Funktionali-

---

[7] Wenn von „vier" Managementparametern die Rede ist, unterscheidet man explizit zwischen Qualität und Funktionalität.

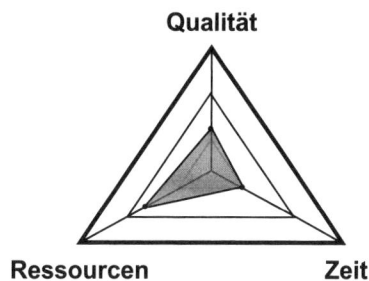

Abbildung 6.17: Die Möglichkeiten der Steuerung

tät, Ressourcen und Zeit. Die Entscheidung liegt bei Ihnen, an welchen „Schrauben" Sie drehen möchten, um Ihr Projekt wieder in die richtige Richtung zu bewegen (vgl. Abbildung 6.17).

Neben diesen „harten" Faktoren des Projektmanagements sollten Sie auch an die „weichen" denken. Wo können Sie zum Beispiel die Motivation und das Engagement Ihrer Mitarbeiter fördern? Diese Maßnahmen kosten mitunter wenig Zeit, erzielen aber eine große Wirkung! — *Softfacts*

Doch bevor Sie über Einzelheiten nachdenken, treffen Sie eine Grundsatzentscheidung, in welcher Form Sic auf die aufgetretenen Abweichungen reagieren wollen:

- Können wir innerhalb der Planvorgaben agieren? Gelingt es uns, durch kurzfristige und/oder langfristig wirkende steuernde Maßnahmen das Projekt wieder zurück auf den richtigen Kurs zu bringen? — *Der Plan ist ok*

- Haben wir uns bei der Planung geirrt? Müssen wir uns eingestehen, dass das Projekt so nicht durchführbar ist? Ziele und Inhalt des Projekts sind korrekt, aber die daraus abgeleitete Planung funktioniert so nicht. — *Wir müssen etwas ändern!*

- Sind durch innere oder äußere Umstände Veränderungen eingetreten, die den Projektauftrag als solchen in Frage stellen? Wurden neue Termine gesetzt oder massive Ressourcenveränderungen vorgenommen? Hat der Auftraggeber oder Kunde seine Meinung über Ziele und Inhalt des Projekts gravierend geändert? Stimmen die vereinbarten Liefergegenstände nicht mehr? — *Das Fundament stimmt nicht mehr*

Daraus abgeleitet, ergeben sich die in Abbildung 6.18 dargestellten drei grundsätzlichen Richtungen, die Sie einschlagen können.

Kann innerhalb der vorgegebenen Planung keine Steuerung erfolgen, müssen Sie eine umfassende Planungskorrektur initiieren. Je nach Grad des Steuerungsbedarfs ist eine Korrektur des Entwicklungsplans, der Teilprojektpläne, des Release-Plans oder des Projektplans notwendig. Es kann sogar eine Zielveränderung des Projekts und damit eine Veränderung des Projektauftrages erforderlich sein. Weg „1" sollte der Normalfall sein, „2" und „3" sind die Extremfälle! Ist dies in Ihrem Projekt anders, sollten Sie sich zwingend mit Ihrer Planung auseinander setzen. Hier scheint in diesem Fall einiges nicht in Ordnung zu sein.

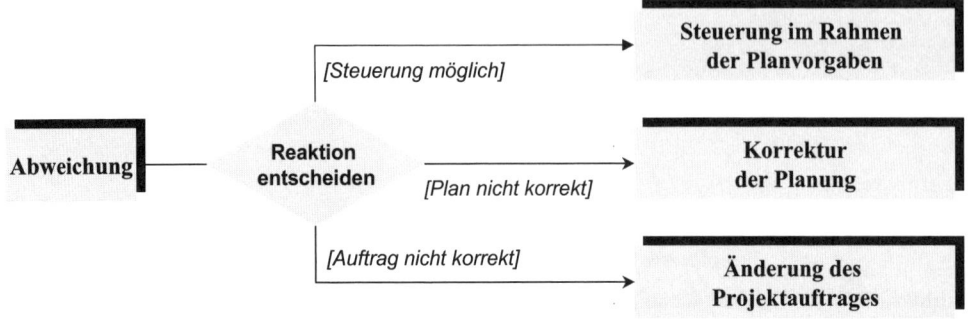

Abbildung 6.18: Drei Möglichkeiten der Reaktion

☞ **Ergebnis:** Entscheidung über Plankorrektur oder Projektänderung

6.4.4 Entscheidung umsetzen

Im nächsten Schritt bilden Sie die vorgeschlagene Kurskorrektur konkret auf die laufenden Projektaktivitäten ab. Jeder im Team sollte genau wissen, was sich in welcher Form bei ihm ändert. Achten Sie auf Transparenz in allen Bereichen. So erreichen Sie eine gute Motivation im Team für das, was Sie vorhaben. Denn nicht jede der Maßnahmen wird auf Gegenliebe im Team stoßen. Daher ist für Sie ein motiviertes Team wichtig, das mitzieht und Ihnen hilft, auch die unliebsamen Dinge umzusetzen.

In den nächsten Abschnitten möchte ich Ihnen einige weiterführende Hinweise zu den drei vorgestellten grundlegenden Möglichkeiten der Steuerung geben.

Beispiel 1: Steuerung im Rahmen der Projektplanung

Steckbrief 1: Steuerung

Wenn Sie sich für diesen Weg entschlossen haben, sind Sie der Überzeugung, Ihre Planung stimmt im Großen und Ganzen. Mit den beabsichtigten Korrekturmaßnahmen wollen Sie Ihr Projekt wieder auf diese ursprüngliche Planung zurückführen. Dieses „Stabilhalten" der Planung spielt sich allerdings auf verschiedenen Ebenen ab. Für das Projekt selbst sind der Projekt-, der Release- und der Entwicklungsplan die Richtschnur, auf die Sie Ihre Steuerung ausrichten und die stabil bleiben sollen, für das Teilprojekt ist dies der Teilprojektplan, für die Teams der Iterations- bzw. der Teamplan und für den Einzelnen der Mitarbeiterplan.

Folgendes ist zu tun:

- ■ Umsetzen des Korrekturbedarfs in konkrete steuernde Maßnahmen,
- ■ Aufstellen einer Aktionsliste für sofortige Maßnahmen innerhalb der Iteration,
- ■ Formulieren des Steuerungsbedarfs für die nächste(n) Iteration(en).

Ihr Ziel im Rahmen der Steuerung ist es, durch geeignete Maßnahmen das Verhalten von Personen und Prozessen so zu lenken, dass das zuvor geplante Zielausmaß erreicht wird. Überlegen Sie jedoch, bevor Sie über Einzelheiten nachdenken, in welchen Bereichen überhaupt Ansatzpunkte für Ihre Steuerungsmaßnahmen bestehen. Nicht beeinflussbare Ursachen von Abweichungen gehören ins Risikomanagement und nicht in die Projektsteuerung. Nochmals: Zeit, die Sie hier investieren – egal, wie viel –, ist verlorene Zeit!

Viele Wege führen zum Ziel

Jeder im Projekt sieht das Geschehen mit anderen Augen und setzt demzufolge auch andere Prioritäten, wo etwas verändert werden darf. Sie müssen den besten Kompromiss finden. Nicht immer gibt es den Königsweg, der keinem weh tut. Ganz im Gegenteil: Mitunter sind harte Entscheidungen die einzig richtige Lösung. Auch dazu müssen Sie sich evtl. durchringen: Entlassen Sie Ihren fähigsten Kopf aus dem Team, wenn er das gesamte Team ignoriert. Oder kündigen Sie Ihrem Lieferanten, wenn er wiederholt die Qualitätsvorgaben nicht einhält und eine Besserung nicht abzusehen ist. Im Detail stehen Ihnen viele Möglichkeiten offen, wie die folgende Aufzählung zeigt:

Steuerung ist die zielgerichtete Beeinflussung der Projektprozesse

- Beispiele für Steuerungsmöglichkeiten bei Terminverschiebungen:
  - Puffer konsequent nutzen
  - Verkürzung der Dauer kritischer Vorgänge durch erhöhten Personaleinsatz und/oder Verminderung des Leistungsumfangs
  - Änderung der Ablaufplanung (Überlappung, Parallelisierung)
  - Zusammenfassen von Meilensteinen
- Beispiele für Steuerungsmöglichkeiten bei Kostenüberschreitungen:
  - Umschichtung innerhalb von Teilprojekten/Aufgabenbereichen
  - Reduktion des Leistungsumfangs
  - Effiziente Prozesse etablieren
- Beispiele für Steuerungsmöglichkeiten im Bereich Qualität/Funktionalität:
  - Verringerung der Qualität bei gleichbleibenden Anforderungen
  - Verzicht auf Qualitätsmaßnahmen
  - Verzicht oder Reduzierung von Zwischenergebnissen
  - Verlagerung von Aufgaben
  - Reduzierung des Leistungsumfangs
  - Erhöhung des Testumfanges aufgrund der mangelhaften Qualität
  - Mehr Reviews, als bisher geplant vorsehen
- Beispiele für Steuerungsmöglichkeiten im Bereich Team:
  - Motivation erhöhen
  - Bessere Arbeitsbedingungen, Verringerung von Überstunden

- ▪ Lösungsvorschläge gemeinsam im Team erarbeiten, z.B. von jedem Entwickler einen Lösungsvorschlag für das Problem anfordern
- ▪ Personalprobleme aktiv angehen und nicht verschleppen
- ◼ Beispiele für Steuerungsmöglichkeiten bezogen auf das Vorgehen:
  - ▪ Auf Einhaltung der abgesprochenen Regeln achten
  - ▪ Abläufe besser an die Projektrealität anpassen
  - ▪ Besseres Testverfahren definieren und etablieren
  - ▪ Planung beschränken
  - ▪ Projektfortschritt effizienter prüfen
  - ▪ Planung durch Messen kalibrieren
- ◼ Beispiele für Steuerungsmöglichkeiten aus der Sicht des Produktes:
  - ▪ Funktionsumfang durch erneute Systemanalyse verbindlich klären
  - ▪ Formales Change Management für die Anforderungen etablieren
  - ▪ Features definieren und mit Kunden Umsetzung verbindlich festlegen

Auswirkung prüfen

Diese Steuerungsmaßnahmen können sich unterschiedlich im Projekt auswirken. In der Regel sind neue oder ergänzende Aktivitäten notwendig, um die vorgegebenen Ziele trotz der negativen Entwicklungen doch noch zu erreichen. Überlegen Sie sich:

- ◼ Wer ist betroffen (das ganze Projekt, mehrere Teams, ein Team, einzelne Personen, eine Person)?
- ◼ Welche Ergebnisse und Aufgaben sind betroffen?
- ◼ Was ändert sich im Detail?

Ihre Kurskorrektur kann im Einzelnen bedeuten:

- ◼ Neue Ergebnisse oder Aufgaben werden notwendig.
- ◼ Laufende Aufgaben werden abgebrochen oder noch nicht begonnene ersatzlos gestrichen.
- ◼ Laufende Aufgaben werden verkürzt oder gestreckt (mehr bzw. weniger Ressourcen bei gleichem Ergebnis oder gleiche Ressourcen, aber reduzierte Ergebnisse).
- ◼ Ergebnisse werden auf einen späteren Zeitpunkt verschoben.

Oft überlagern sich die Auswirkungen. Während in einem Team Aufgaben wegfallen, tauchen bei einem anderen zusätzliche auf usw. Sollten Sie allerdings feststellen, dass es keinen Sinn mehr ergibt, Ihre bisherige Planung aufrechtzuerhalten, dann seien Sie auch so konsequent und veranlassen die Überarbeitung der Projektpläne. Gehen Sie also Weg „2".

Welcher Weg ist richtig?

Alternativen bewerten

Haben Sie Ihre Korrekturmöglichkeiten klar herausgearbeitet, müssen Sie alle Faktoren abwägen und gemeinsam mit Ihrem Team die Entscheidung für einen Weg treffen. Es liegt jetzt an Ihnen, die aufgezeigten Alternativen zu prüfen und gegeneinander abzuwägen. Bewerten Sie die Alternativen beispielsweise anhand der folgenden Fragen:

- Was verändert sich kurzfristig im Projekt?
- Was würde sich langfristig im Projekt verändern?
- Wie beeinflussen die beabsichtigten Steuerungsmaßnahmen die kritischen Erfolgsfaktoren und Risiken des Projekts?
- Verändern sich die Randbedingungen des Projekts?
- Wenn ja, was bedeuten die neuen Randbedingungen für das Projekt?
- Welche bisherigen Ergebnisse und Aufgaben verändern sich?

Überlegen Sie genau, was in Ihrer Situation die richtige Lösung ist. Leider gibt es dafür kein Patentrezept, sondern „nur" Erfahrungen und einige *Best Practices*. Beispielsweise ist es wenig sinnvoll, in ein Projekt, das ohnehin schon unter Druck steht, kurzfristig neue Personen hineinzustopfen, um so den Terminverzug wieder aufzuholen.

Brooksches Gesetz

Die Dynamik des Marktes führt dazu, dass heute in vielen Bereichen Terminen eine höhere Priorität eingeräumt wird als der Funktionalität. Das Produkt muss zum vorgesehenen Termin auf den Markt kommen, lieber verzichtet man auf das eine oder andere Stückchen Funktionalität. Die Konkurrenz könnte sonst schneller sein. Dies sind Randbedingungen, die jetzt in Ihre Entscheidung einfließen.

Ergebnisorientierung vs. Terminorientierung

Decken Sie alle wichtigen Wirkungszusammenhänge auf, bevor Sie endgültig entscheiden. Fragen Sie zum Beispiel: Sind zusätzliche Ressourcen sinnvoll? In welchem Team konkret? Für welche Aufgabe? Wo kommen diese her? Steht ein Budget für Externe zur Verfügung? Wer kann wechseln? Wie lange beträgt die Einarbeitungszeit? Wann wird die positive Wirkung einsetzen? Usw. Treffen Sie Ihre Entscheidung auch immer unter dem Aspekt der Risiken, die durch Ihr Handeln neu hinzu kommen könnten.

Wirkungsketten aufdecken

Überlegen Sie auch, welche Dinge Sie eskalieren sollten:

- beim Auftraggeber,
- im Steering Board,
- beim Kunden (Anwender),
- bei Lieferanten.

Lassen Sie in Ihre Entscheidung alles einfließen, was Sie inzwischen über Ihr Projekt und seine Randbedingungen wissen. Kennen Sie die Ursachen, Risiken und kritischen Erfolgsfaktoren, wird Ihnen diese Entscheidung leichter fallen. Die Risiken sollten Ihr Handeln maßgeblich beeinflussen. Treffen Sie Ihre Entscheidung also ganz bewusst unter dem Aspekt, Risiken zu reduzieren oder zu vermeiden und Erfolgsfaktoren optimal zu fördern.

Jetzt entscheiden die Risiken

Steuern ist schwierig! Ihre Erfahrungen sind Ihr wichtigstes Hilfsmittel!

Das Umsetzen der Maßnahmen

**Keine Neu-
planung während
einer Iteration**

Aus Sicht des Zeitpunktes lassen sich die Steuerungsmaßnahmen in zwei Gruppen einteilen:

- die Umsetzung erfolgt sofort im Kontext der laufenden Iteration oder
- die Umsetzung erfolgt erst im Rahmen der nächsten oder einer späteren Iteration.

➜ Abschnitt 6.2

Einen Teil Ihrer Steuerungsmaßnahmen setzen Sie erst mit der nächsten Iteration um. Sie fließen kontrolliert in den Inhalt und Umfang der neuen Iteration ein. Da eine Iteration auf vier bis acht Wochen beschränkt ist, ist die Verzögerung überschaubar. Mit Vorbereitung der neuen Iteration werden diese Änderungen auch in alle übergeordneten Pläne eingepflegt.

Während einer Iteration wird grundsätzlich nicht neu geplant! Dies würde den Prinzipien des Timeboxing widersprechen. Alle sofortigen Steuerungsmaßnahmen finden in der Aktionsliste ihren Platz. Am Ende der Iteration sollten Sie diese allerdings auflösen und alle offen gebliebenen Maßnahmen in den neuen Iterationsplan einbauen. So bleibt Ihre Planung immer aktuell und es entsteht kein Plan neben dem Plan. Achten Sie darauf, dass Sie Ihre Steuerungsmaßnahmen auch verfolgen.

**Wer macht wann
was?**

Die Aktionsliste

Sie sollten Ihre Steuerung stets mit dem Aufstellen einer Aktionsliste abschließen. Sie wird immer gebraucht, unabhängig davon, welchen Weg Sie einschlagen. Mit der Aktionsliste stellen Sie für alle Projektbeteiligten überschaubar und transparent dar, wie Sie auf die erkannten Probleme reagieren. Sie ist Ihr „Mini"-Plan für die nächsten Tage, ersetzt aber Ihre Pläne nicht! In der Aktionsliste halten Sie Ihre dringlichsten Maßnahmen zur Beseitigung der erkannten Probleme fest.

Ihre Aktionsliste sollte folgende Informationen je Maßnahme umfassen:

- das Ziel der Maßnahme,
- die wichtigsten Ergebnisse,
- den Verantwortlichen,
- den Aufwand,
- den Termin der Erledigung sowie
- die zugeteilten Ressourcen.

**Das wichtigste
Ergebnis der
Steuerung**

Zusammen mit Ihren Teamleitern legen Sie detailliert fest, was im Einzelnen zu tun ist. Sprechen Sie auch gemeinsam über die Konsequenzen dieser Aktivitäten, also zum Beispiel darüber, welche Aufgaben zunächst liegen bleiben. Ziehen Sie die aufgestellte Aktionsliste mit in die Überwachung ein!

☞ **Ergebnisse:** Aktionsliste

Beispiel 2: Korrektur der Projektplanung

Nach Abschluss einer Iteration sind Sie zu dem Ergebnis gekommen: So kann es nicht weitergehen! Die Abweichungen sind so gravierend, dass eine grundlegende Überarbeitung der Planung erforderlich wird.

Steckbrief 2: Plankorrektur

Folgendes ist zu tun:

- Änderungsbedarf herausarbeiten und
- Planungsvorgaben formulieren.

Die Analyse der Abweichungen sowie die Einschätzung ihrer Ursachen und der Risiken haben Sie zu der Überzeugung kommen lassen, dass Sie die Projektziele und Ergebnisse mit Ihrem bisherigen Ansatz nicht erreichen können. Der Lösungsweg und damit auch die Planung des Projekts sind grundlegend zu ändern. Meilensteine, Projektergebnisse, ganze Aufgabenbereiche müssen neu durchdacht und definiert werden, um das Projekt insgesamt wieder auf den richtigen Kurs zurückzuführen. Hinter Ihrer Steuerung steht ein so gravierender Eingriff in das Projektgeschehen, dass die vorgegebene Planung nicht mehr aufrecht erhalten werden kann.

Verwischen Sie diese Notwendigkeit nicht mit „kleinen Korrekturmaßnahmen" am Ende einer Iteration! Dies führt unter dem Strich nur zu Chaos.

Ihre Aufgabe aus Sicht der Steuerung besteht an dieser Stelle darin, genau herauszuarbeiten, worin dieser Änderungsbedarf der Planung besteht:

- Wo ist der Lösungsweg zu überarbeiten?
- Welche Teilprojekte, Aufgabenbereiche, Iterationen oder Entwicklungsgegenstände müssen geändert oder neu definiert werden?
- Ist die Produktplanung anzupassen?
- Welche Termine und Ressourcen passen nicht mehr?
- Sind neue oder andere Teams erforderlich?

Alle bestehenden Planungsdokumente des Projekts werden unter finanziellen, inhaltlichen und terminlichen Aspekten auf Auswirkungen hin geprüft und der jeweilige Änderungsbedarf formuliert. Korrekturmaßnahmen bei komplexen Vorgängen wirken sich in der Regel auf mehrere Bereiche aus. Demzufolge ist nach der Definition des Änderungsbedarfs in der Regel eine Plankorrektur aller Pläne erforderlich.

Lassen Sie Ihr Wissen über die Ursachen in diese Neuplanung einfließen.

Die Korrektur der Pläne ist Inhalt der Projektplanung (erneuter Planungszyklus) und gehört nicht mehr zur Projektsteuerung. Diese klare Abgrenzung soll Ihnen das Zusammenspiel der verschiedenen Managementaufgaben verdeutlichen, damit Sie bewusster handeln und entscheiden können. Natürlich sind diese Grenzen im Projektalltag nicht so hart.

Planen selbst ist keine Steuerungsaufgabe!

☞ **Ergebnis:** Änderungsbedarf der Planung

Beispiel 3: Änderung des Projektauftrages

Die Ziele oder Randbedingungen für das Projekt haben sich so grundlegend geändert, dass der bisherige Projektauftrag ganz oder teilweise hinfällig ist. Die Grundausrichtung für das Projekt stimmt nicht mehr. Ziele, Liefergegenstände, Ressourcen und Termine sind für das Projekt neu zu verhandeln. Ein neuer oder geänderter Projektauftrag wird erforderlich.

Folgendes ist zu tun:

■ Änderungsbedarf formulieren

■ Änderungsverfahren einleiten

Im Projekt ist eine Situation eingetreten, die Sie aus eigener Kraft und in dem für das Projekt vorgegebenen Rahmen nicht mehr entschärfen können. Immer dann, wenn Sie erkennen, dass

■ der Kunde oder Auftraggeber nicht mehr hinter den ursprünglichen Zielen des Projekts steht,

■ die Anforderung an das Produkt erheblich über den Projektinhalt hinausgehen bzw. im Rahmen des abgestimmten Lösungswegs nicht umsetzbar sind (z.B. zusätzliches Feature „Internetfähigkeit"),

■ Ihr Projekt innerhalb der Termin- und/oder Ressourcen-Vorgaben des Projektauftrages nicht mehr durchführbar ist,

■ Technologie- oder Architekturprobleme vorliegen, die dazu führen, dass das Projekt nicht mehr wie vereinbart umgesetzt werden kann,

sollten Sie bewusst eine Änderung des Projektauftrages anstoßen. Mögliche Grenzwerte könnten beispielsweise sein:

■ 10 % mehr Kosten

■ 20 % mehr Personalaufwand

■ 20 % Terminüberschreitung

■ 20 % Personalveränderung

Diese Grenzwerte hängen natürlich von Ihren konkreten Projektbedingungen ab. Bei einem 3-Jahres-Projekt wirkt sich eine Ressourcenveränderung anders aus als bei einem 6-Monats-Projekt.

Als Projektleiter tragen Sie die Verantwortung dafür, gravierende Änderungen der internen oder externen Projektsituation zu erkennen und Ihrem Management, Auftraggeber und dem Kunden gegenüber zu artikulieren. Die Entscheidung über die Veränderung des Projektauftrages liegt jedoch nicht bei Ihnen, sondern beim Auftraggeber oder Steering Board. Wurde sie getroffen, erhalten Sie einen entsprechenden Änderungsauftrag für Ihr Projekt oder einen ganz neuen Projektauftrag. Damit wird der bisher geltende Projektplan außer Kraft gesetzt! Die geänderten Vorgaben führen entweder zu einer kompletten oder teilweisen Neuplanung des Projekts.

So könnte ein Change Request für Ihr Projekt ablaufen:

- Änderung definieren
  - Wer oder was ist Auslöser für die Änderung?
  - Was soll sich ändern und warum (Projektziel, Projektinhalt, Lösungsansatz, Randbedingungen, Zeit oder Ressourcen)?
- Auswirkungen bewerten
  - Was ist betroffen von der Änderung?
  - Welche Konsequenzen hat die Änderung für das Projekt?
  - Was ändert sich am bisher eingeschlagenen Lösungsweg?
- Änderungsantrag formulieren
- Vorgehen entscheiden
  - Entscheidung initiieren
  - Entscheidung im Änderungsauftrag dokumentieren
- Entscheidung im Projekt umsetzen

Das Änderungsverfahren selbst liegt außerhalb der Projektsteuerung. Mit der Formulierung des Änderungsantrages leiten Sie das formale Änderungsverfahren für Ihr Projekt ein. Formalität hat hier auch Ihren Sinn! Die Anforderungen haben sich zum Beispiel grundlegend verändert. Wer zahlt jetzt? Der Kunde, dem Ihr Vertrieb ein Festpreisangebot gemacht hatte? Ihr Vertrieb? Oder Sie? Deshalb informieren Sie in solchen Fällen umgehend Ihren Auftraggeber und Ihr Management. Beide zusammen müssen entscheiden, ob:

- die Änderung des Funktionsumfanges im Rahmen eines neuen Projekts realisiert wird, das parallel zum bestehenden Projekt läuft;
- ein neues Projekt im Anschluss an das bestehende aufgesetzt wird;
- die Änderung in der Wartungsphase des bestehenden Projekts zu behandeln ist oder
- die Änderung im Rahmen des bestehenden Projekts abgewickelt wird.

Führen Sie diese Entscheidung bewusst herbei und dokumentieren Sie das Ergebnis schriftlich. Denken Sie daran: Änderungen am Projektauftrag müssen von allen verantwortlichen Entscheidungsträgern getragen werden. Lassen Sie sich daher Änderungen explizit bestätigen. Wie gesagt, wenn alles gut läuft, braucht man diese Formalien nicht, aber wir wissen alle, dass es oft genug schief geht, und dann beginnt der Streit.

Alle wichtigen Stakeholder einbinden

☞ **Ergebnis:** Änderungsantrag für das Projekt

6.4.5 Wie bekomme ich mein Projekt aus der Krise?

Und auch das werden Sie erleben: Trotz aller Bemühungen sitzt Ihr Projekt fest. Sie haben nicht nur die üblichen Probleme des Projektalltages zu bewältigen, sondern das Projekt steckt in einer Krise. Was nun? Treten Sie einige Schritte zurück und analysieren Sie gründlich, was passiert ist, wie es zu dieser Situation kommen konnte und welcher Schaden wirklich entstanden ist.

Krisen erfordern sofortiges Handeln – aber handeln Sie mit kühlem Kopf!

Checkliste Krisen-management

So könnten Sie in einer akuten Krisensituation reagieren:

- tägliches kurzes Meeting ausgewählter Teammitglieder;
- Aufstellen einer Top-Liste der wichtigsten Probleme, die die Krise ausgelöst haben;
- jedem dieser Probleme einen Verantwortlichen zuordnen, der die Lösung voranbringen muss;
- größere Probleme an spezielle Teams übergeben;
- täglich Fortschritt im Meeting prüfen.

Konzentrieren Sie sich ab sofort auf die Kernaufgaben. Schrecken Sie nicht vor drastischen Schritten zurück. Projekte in der Krise wurden meistens zu wenig gesteuert. Je besser das Risikomanagement war, desto effektiver kann das Krisenmanagement greifen. Denn Sie sind vorbereitet auf die eine oder andere Panne.

Krisenmanagement ist jedoch immer reaktiv und kommt zu spät!

Ohne Kompetenz schaffen Sie es nicht!

Ein erfolgreicher Projektleiter braucht die Kompetenz, entscheiden zu dürfen. Gerade in kritischen Situationen stehen Sie sonst auf verlorenem Posten. Einige IT-Manager haben jedoch mit der Delegation der Entscheidungskompetenzen ein Problem. Statt bewusst projektinterne Steuerung zu fördern, lassen Sie Projektleiter zu Berichterstattern und Befehlsempfänger verkümmern. So kann erfolgreiches Projektmanagement nicht funktionieren. Die andere Seite der Medaille: Wurde Ihnen die Entscheidungskompetenz für Ihr Projekt umfassend eingeräumt, müssen Sie sich auch den Schuh anziehen und entsprechend agieren. Fachliche und soziale Kompetenz sind somit Fähigkeiten, die Sie als erfolgreicher Projektmanager mitbringen sollten.

Agile Projektmanager achten auf klare Eskalationsverfahren und Entscheidungsregeln und fordern ihre Entscheidungskompetenz aktiv ein.

6.4.6 Team-Meeting – hier spielt sich alles ab

Die Teamsitzung ist Ihr wichtigstes Instrument zur Planung, Überwachung und Steuerung des Projekts. In ihr erfolgen Statusaufnahme und -bewertung, Diskussionen über die Ursachen von Fehlentwicklungen, das Festlegen von Steuerungsmaßnahmen bis hin zur Überarbeitung von Plänen parallel nebeneinander.

In der Regel ist für viele Probleme im Projekt dieser kleine Managementzyklus innerhalb der Teamsitzung völlig ausreichend. Lassen Sie sich von der systematischen Aufbereitung der Zusammenhänge in den vorangegangenen Abschnitten nicht in die Irre führen. Hinter dem Rücksprung zur Planung versteckt sich kein großer Akt. Als Projektleiter sind Sie ohnehin für all dies verantwortlich, egal ob Sie gerade planen oder den Status ermitteln oder steuernd in das Projekt eingreifen müssen. Trotzdem ist es wichtig, sowohl den Inhalt und Ablauf der einzelnen Managementaufgaben wie auch ihr übergreifendes Zusammenwirken im Regelkreis des Projektcontrollings zu verstehen. Sind Ihnen diese Zusammenhänge bewusst, können Sie auch zielgerichtet und sicher damit umgehen und sich ein leistungsfähiges Projektcontrolling aufbauen. In der Teamsitzung

Der kleine Regelkreis

- ermitteln Sie mit den Teamleitern den Erfolgsfortschritt im Projekt,
- informieren Ihr Team bzw. Ihre Teamleiter über aktuelle Dinge außerhalb des Projekts,
- tauschen Sie Informationen untereinander aus,
- geben Sie die Ergebnisse des Teams intern frei,
- schätzen Sie gemeinsam den Projektstatus und die Risiken neu ein,
- prüfen Sie die offenen Punkte der Aktionsliste,
- versuchen Sie, „Out of line"-Situationen zu erkennen und bestehenden Steuerungsbedarf festzustellen,
- überlegen, bewerten und entscheiden Sie Korrekturmaßnahmen,
- führen Sie das Planungs-Update durch und
- aktualisieren Sie die Aktionsliste.

Gesteuert wird vor allem im Projektmeeting. Achten Sie daher auf Regelmäßigkeit. Wöchentliche Meetings haben sich in vielen Projekten bewährt. Denken Sie auch daran: Die Teamsitzung soll die Motivation im Projekt aufrecht erhalten und stärken.

Ohne die Unterstützung Ihres Teams geht nichts!

Der Problembericht oder das Problemblatt

Der Problembericht – oder nennen wir ihn besser „Risiko- oder Problemanzeige" – wird oft als Steuerungsinstrument unterschätzt. Wir sprechen lieber über unsere Erfolge, nicht über mögliche Risiken oder bereits entstandene Probleme.

Ein Problem ist ein eingetretenes Risiko!

Problemanzeigen sind auf allen Ebenen und zu jedem Zeitpunkt zulässig und gewollt. Nur so können sie zur Projektsteuerung effizient eingesetzt werden. Jeder im Team kann aus seiner Sicht Probleme melden – selbst wenn es sich nur um ein „vermeintliches" Problem handelt. Motivieren Sie ihre Mitarbeiter, sensibel auf Nuancen der Projektentwicklung zu reagieren. Bedenken Sie: Wir wollen agieren, nicht reagieren! Je früher Sie über ein mögliches Risiko oder ein bestehendes Problem Bescheid wissen, desto besser stehen die Chancen für Sie, reagieren zu können. Durch frühes Wissen und sofortiges Eingreifen können Sie manche Risiken oder Probleme bereits im Keim ersticken, bevor es zu gravierenden Auswirkungen kommt.

Als Projektmanager müssen Sie sich um die Lösung der aufgeworfenen Probleme kümmern.

Unterstützen Sie Ihre Mitarbeiter, indem Sie eine einfache Möglichkeit schaffen, Probleme zu artikulieren (Formblatt, schwarzes Brett usw.). Dazu zählt vor allem auch ein vertrauensvolles Klima im Team!

Checkliste
Projektsteuerung

Zusammenfassend lässt sich festhalten:

- Erst denken, dann starten. Klären Sie erst die Ursachen, bevor Sie zu Korrekturen übergehen. Ihre Steuerungsmaßnahmen sollten gut durchdacht sein. Aktionismus schadet nur.

- Unerwartete Entwicklungen im und außerhalb des Projekts sind normal. Richten Sie Ihren Projektalltag darauf ein. Sie sind die häufigste Ursache für Abweichungen vom Plan.

- Ein Verharren in alten Positionen oder das Festhalten an überholten Plänen hilft Ihnen nicht weiter. Schauen Sie nach vorn. Treffen Sie Entscheidungen und setzen Sie diese auch konsequent um. Risiken spielen eine entscheidende Rolle bei der Auswahl Ihrer Korrekturmaßnahmen.

- Die Änderung des Projektauftrages liegt nicht in Ihren Händen. Sie artikulieren den Handlungsbedarf und leiten das Änderungsverfahren ein. Die Entscheidung liegt außerhalb des Projekts bei Ihrem Auftraggeber.

- Ohne Kompetenz geht es nicht. Achten Sie auf klare Entscheidungskompetenzen und Berichtswege.

- Vertrauen und Motivation im Team sind für den Erfolg Ihrer Korrekturmaßnahmen entscheidend. Erfolgreiche Projekte brauchen agile Menschen! Dies ist gerade in kritischen Situationen besonders wichtig. Ein bewegliches, mitdenkendes Team, in dem jeder eigenverantwortlich handelt, hilft Ihnen mehr als starre Regeln.

6.5 Iterative Software-Entwicklung – Lösung oder Fluch?

Kennzeichnend für die objektorientierte Software-Entwicklung ist zum einen die Gliederung der Produktentwicklung in kleine und damit überschaubare Einheiten, zum anderen das Denken im Ganzen. Es erfolgt eine systematische Verringerung der Komplexität durch Teilung, wobei die stufenweise Entwicklung nicht synchron für alle Komponenten des IT-Systems erfolgt, sondern in Abhängigkeit von Komplexität, Priorität, Risiko und inhaltlicher Problemstellung.

Komplexität durch Teilung beherrschen

Dies ermöglicht ein Projektmanagement, das auf kleine, überschaubare und klar abgegrenzte Ergebniseinheiten aufsetzen und damit eine gute Planung und Steuerung des Projekts sicherstellen kann. Die Herausforderung für den Projektmanager besteht darin, trotz dieser vielen Details den Gesamtzusammenhang nicht aus den Augen zu verlieren. Sie müssen eine koordinierte Verzahnung dieser verschiedenartigen parallelen Aktivitäten mit unterschiedlicher Granularität beständig gewährleisten.

Denken im Ganzen – entscheiden im Kleinen

Objektorientierte Vorgehensmodelle sind

- Anwendungsfall-getrieben,
- Architektur-zentriert und
- iterativ-inkrementell.

Sollen sich die Vorteile dieser Vorgehensweise voll entfalten, so muss das Projektmanagement auch auf diese Aspekte ausgerichtet sein und einem Vorgehen mit denselben Eigenschaften folgen. Ausgehend vom fachlichen Anforderungsmodell wird anhand der technischen Systemarchitektur die stufenweise Realisierung des Software-Systems vom Groben (Release) zum Feinen (Ergebnisse einer Iteration) geplant, überwacht und gesteuert. Dies führt zu folgenden Besonderheiten:

- Die Feinplanung erfolgt nur bezogen auf 1 bis maximal 3 Iterationen.
- Am Iterationsende erfolgt stets auch eine umfassende Statusbewertung.
- Es gibt keine Planungsänderungen während der Iteration.

Timeboxing

Vermeiden Sie eine zu feine Planung in den Teams. Fixieren Sie genau den Inhalt und die erwarteten (Teil-)Ergebnisse für jeden Entwicklungsgegenstand. Führen Sie eine Aufwandskalkulation durch und fixieren Sie davon ausgehend einen Endtermin und den maximal zulässigen Ressourcenverbrauch. Überlassen Sie alle Details Ihren Teams. So kommen Sie ohne große Plananpassungen aus. Sie erreichen eine hohe Flexibilität, ohne die Kontrolle zu verlieren.

Freiräume schaffen, ohne die Kontrolle zu verlieren

Ihre Agilität in der Projektdurchführung beweisen Sie durch:

- eine ergebnisorientierte Planung
- eine schlanke angemessene und vor allem zielorientierte Überwachung
- eine risikogetriebene Steuerung des Projekts

Streben Sie im Projektalltag Ausgewogenheit in jeder Hinsicht an:

- Planen und überwachen Sie bedarfsorientiert!
- Handeln Sie risikobewusst und angemessen!
- Entscheiden Sie situationsgerecht!

Zusammenfassend lässt sich festhalten:

Objektorientierung fördert das Denken in ganzen Systemen und wird damit den gewachsenen Anforderungen an die Realisierung komplexer IT-Systeme bestens gerecht. Sie fordert aber ihren Tribut in Form einer aufwendigeren Projektplanung und -steuerung. Dem Management wird ein erhöhtes Maß an Umsicht, Einfühlungsvermögen und globalem Denken abverlangt.

Checkliste: Projektdurchführung

- Wissen Sie, was wann innerhalb einer Iteration passiert?
- Sind Ihnen die Instrumente zur Planung einer Iteration bekannt?
- Wissen Sie, anhand welcher Kennzahlen Sie den Fortschritt in Ihrem Projekt messen wollen?
- Lassen sich diese Kennzahlen direkt ermitteln? Welche Indikatoren sind erforderlich?
- Kennen Sie Ihre fünf wichtigsten Frühindikatoren?
- Haben Sie eine klare Vereinbarung zur Statusermittlung getroffen?
- Haben Sie sich eine Strategie zurechtgelegt, wie Sie die vorliegenden Informationen schnell und übersichtlich auswerten können?
- Wissen Sie, auf welche Veränderungen Sie schnell reagieren müssen?
- Ist Ihnen klar, wann Sie steuernd eingreifen müssen?
- Weiß jeder im Projekt, wie der Änderungsprozess abläuft?
- Managen Sie Ihr Projekt anhand der Risiken und Erfolgsfaktoren?
- Kennen Sie Ihre zehn wichtigsten Risiken?
- Untersuchen Sie die Ursachen der Abweichungen, bevor Sie über Steuerungsmaßnahmen nachdenken?
- Haben Sie vor Ihrer Entscheidung die wichtigsten Risikofaktoren des Projekts erneut geprüft?
- Haben Sie vor Veranlassen der Steuerungsmaßnahmen deren Auswirkungen im Projekt fundiert durchdacht?
- Führen Sie eine Aktionsliste?

> „Wer einen Fehler macht und nichts daraus
> lernt, macht einen zweiten"
>
> *Konfuzius*

7

Die Nachlese – Der Abschluss des Projekts

Fragen, die dieses Kapitel klärt:

- Warum ist ein bewusster Projektabschluss wichtig?
- Was gehört zu einem definierten Projektende?
- Welches sind die wichtigsten Erfolgsindikatoren?
- Welchen Zweck hat die Nachkalkulation?
- Was sollten Sie am Ende archivieren?
- Wie können Sie Erfahrungen so aufbereiten, dass sie auch im nächsten Projekt wieder zur Verfügung stehen?

Sie haben es geschafft: Ihr Haus ist fertig, der Bauherr kann einziehen. Jetzt zeigt es sich, ob das Ergebnis das hält, was versprochen worden war. Sie haben Glück! Ihr Bauherr ist zufrieden und der nächste Auftrag liegt schon auf dem Tisch. Doch ist wirklich alles so perfekt gelaufen wie ursprünglich vereinbart? Nicht immer. Aber Sie hatten ein hervorragendes Team an Bord und eine optimale Umgebung. Beides – und noch vieles andere mehr – hat Ihnen geholfen, erfolgreich zu sein.

Das wichtigste Ziel dieser kurzen Projektphase ist das Aufbewahren von Erfahrungen für zukünftige Projekte. Lassen Sie andere Teams an Ihrem Erfolg partizipieren. Geben Sie Ihr Erfolgsrezept weiter! Dieses Kapitel begleitet Sie durch Ihre letzten Aufgaben als Manager des Projekts.

7.1 Inhalt und Aktivitäten

Wissen
festhalten

Schnell werden Sie wieder am Beginn eines ähnlichen Projekts stehen und dann kommen die Fragen: Wie haben wir das damals gemacht? Welche Projektstruktur hatten wir gewählt? Warum eigentlich gerade diese? Wie lange haben wir für den ersten Architekturentwurf gebraucht? etc. Ein sauberer Projektabschluss sorgt dafür, dass Sie diese Fragen jederzeit beantworten können.

In der Abschlussphase bewerten Sie den Erfolg des Projekts anhand der im Projektauftrag vereinbarten Ziele und Erfolgskriterien. Sie reflektieren die Zielerreichung und stellen den tatsächlichen Ressourcenverbrauch und Projektverlauf dem eigentlich vorgesehenen gegenüber. Erfahrungen werden aufbereitet und Lerneffekte so festgehalten, dass sie in nachfolgenden Projekten genutzt werden können. Hierzu gehört auch das Identifizieren von wiederverwendbarer Software.

Der Projektabschluss beinhaltet demzufolge drei Aufgabenschwerpunkte:

- die Bewertung des Projekterfolges,
- die Sicherung von Erfahrungen und
- das Auflösen der Projektorganisation.

Achten Sie auf einen bewussten Schnitt am Ende des Projekts und lassen Sie Ihr Team nicht sang- und klanglos auseinander gehen.

Ein Profi achtet auf einen definierten Projektabschluss.

7.2 Die Bilanz

Der Kreis schließt sich. In Kapitel 1 haben Sie erfahren, dass agile Manager Erfolg an zwei Dingen messen:

- Der Kunde ist zufrieden.
- Ihr Team ist gesund.

Am Ende des Projekts müssen Sie sich diesen beiden Fragen stellen und prüfen, wie die Antwort für Ihr Projekt ausfällt.

Ist Ihr Kunde mit dem Ergebnis zufrieden?

Der Kunde

Die korrekte Antwort auf diese Frage kann nur der Anwender selbst geben. Seine Akzeptanz und Zufriedenheit entscheiden über Erfolg oder Misserfolg, nicht Ihre Meinung und auch nicht irgendwelche Zahlen! Denn niemandem nützt es, wenn zwar Endtermin und Budgetplanung eingehalten wurden, das

Endprodukt aber eine so mangelhafte Qualität aufweist, dass es der Anwender nicht einsetzen möchte.

Die erste Frage richtet sich daher an den Kunden, für den Sie die neue Software entwickelt haben. Gemeinsam reflektieren Sie, ob und wie weit die vereinbarte Funktionalität und Qualität erreicht wurden. Wenn Sie offene Punkte feststellen, sollten Sie explizit festhalten, in welchen Bereichen das gelieferte System von den Erwartungen abweicht. Anschließend haken Sie im Team nach und prüfen, wie es zu diesen Abweichungen gekommen ist:

Funktionalität und Qualität des Produktes

- Wann entstand die Abweichung?
- Lag es an einer mangelhaften Beschreibung der Anforderungen, oder haben Sie mit den falschen Anforderungen gearbeitet?
- Haben Sie den Kunden nicht richtig verstanden?
- War der Prozess der Anforderungsanalyse nicht korrekt?
- Ist später im Entwicklungsprozess etwas schief gelaufen?
- Oder sind Budget und Ressourcen vom Management so weit gekürzt worden, dass ein ordentliches Ergebnis nicht mehr erzielt werden konnte?

Versuchen Sie am Ende dieser Prüfung, mindestens eine Regel aufzustellen, die Ihnen helfen soll, in zukünftigen Projekten besser auf den Kunden einzugehen und ans Ziel zu kommen.

Nicht Schuldzuweisungen, sondern Lösungsansätze sind gefragt!

Wie geht es Ihrem Team?

Auch auf diese Frage müssen Sie eine Antwort finden: Ist mein Team am Ende des Projekts immer noch motiviert und zufrieden? Falls ja, dann überlegen Sie, warum das so ist. Was ist das Besondere an Ihrem Team und wie können Sie diese Erfahrung an andere Teams weitergeben? Ist die Stimmung am Ende des Projekts weniger gut, gehen Sie auch dieser Sache auf den Grund:

Das Team

- Warum ist die Atmosphäre nicht gut?
- Gab es Unstimmigkeiten und Missverständnisse?
- Was waren die Auslöser für Konflikte?

Sprechen Sie mit jedem Teammitglied persönlich, denn jeder möchte am Ende seiner Arbeit ein Feedback bekommen. Sie legen damit den Grundstein für neue Erfolge. Reflektieren Sie aber nicht nur die positiven Dinge, denn das ist wenig konstruktiv. Sprechen Sie auch Schwächen und Mängel an. Nur ein ehrlich gemeintes Feedback hilft weiter, wird akzeptiert und führt zu neuen Erfolgen.

Gemeinsame Erfolge motivieren

Vergessen Sie nicht, sich bei Ihrem Team zu bedanken. Denn den Erfolg hat Ihr Team errungen und nicht Sie alleine. Denken Sie dabei auch an alle Personen, die im Hintergrund gewirkt haben und nicht direkt zum Projektteam ge-

Danke sagen

231

hörten, wie zum Beispiel die IT-Manager, Mitarbeiter der Fachabteilungen oder Ihr Sponsor. Auch sie haben zum Erfolg des Projekts einen nicht unwesentlichen Beitrag geleistet.

Und auch das gehört dazu: Feiern Sie den Projektabschluss. Lassen Sie es nicht beim formalen Abschluss-Meeting bewenden.

Die Statistik

Messen
als Grundlage
für Schätzen

Neben dem Prüfen von Kundenzufriedenheit und Teammotivation gehört zum Abschließen eines Projekts auch die Nachkalkulation anhand der „harten Daten". Verbrauchte Ressourcen, erreichte Termine und gemessene Zielerreichung werden den Vorgaben der Pläne gegenübergestellt und Abweichungen dokumentiert. Prüfen Sie, ob Sie sich an bestimmten Stellen immer wieder besonders stark verschätzt haben. Das deutet auf einen systematischen Fehler hin. Diese Erkenntnis können Sie in Ihr nächstes Projekt mitnehmen und somit die Schätzung von Anfang an verbessern. Neben den Projektdaten sollten Sie auch einige Produkt-Kennzahlen erheben, wie zum Beispiel

■ Produktgröße, Produktivität, Testaufwand, Zahl der beseitigten Fehler und erreichte Fehlerrate und andere Qualitätskennzahlen.

Sie kennen diese Kennzahlen bereits aus der Überwachung. Schließen Sie auch in diesem Bereich Ihre Dokumentation sauber ab. Die Nachkalkulation ist die wichtigste Grundlage für zukünftige Planungen und Schätzungen.

Reflektieren Sie am Ende auch die Risiken des Projektes noch einmal. Welche haben Sie überschätzt? Welche gravierende Risiken total verkannt? Fügen Sie diese Erkenntnisse auch in Ihre Projektbilanz ein.

Fassen Sie abschließend alle Erkenntnisse Ihrer Bilanz im Projektabschlussbericht zusammen.

 Ergebnis: Projektabschlussbericht

Auch das muss sein

Das Archiv

Noch etwas kommt am Ende auf Sie zu: die Dokumentation des Projekts. Ein sauberer Abschluss bedeutet auch Ordnung auf den Schreibtischen und im Netz. In der Initialisierung haben Sie die Weichen für ein effizientes Informations- und Dokumentenmanagement gestellt. Haben Sie es konsequent eingehalten, ist jetzt wenig zu tun. Bei allen Vorteilen verleiten elektronische Medien mitunter dazu, unüberschaubare Datenfriedhöfe zu hinterlassen. Räumen Sie daher am Ende des Projekts sowohl die Papierdokumente als auch die elektronische Ablage auf. Überlegen Sie sich:

■ Was muss aus gesetzlichen Gründen archiviert werden und wie soll die Archivierung erfolgen?

- Was gehört für Sie zur abschließenden Dokumentation des Projekts?
- Was möchten Sie für neue Projekte aufheben?
- Was wird nicht mehr gebraucht?

Nicht alle Dokumente, die im Projektverlauf entstehen, sind nach Projektende noch relevant. Auch hier gilt: weniger ist mehr! Sie archivieren vor allem, um künftige Projekte leichter, schneller und erfolgreicher meistern zu können, nicht um einer Vorschrift Genüge zu tun. Archivieren sollten Sie aus Sicht des Projektmanagements:

- den ursprünglichen Projektauftrag inkl. aller Änderungsdokumente,
- Dokumente der Projektplanung, insbesondere die, aus denen Sie gravierende Veränderungen erkennen können,
- Statusberichte
- und Unterlagen, die Entscheidungen dokumentieren.

Archivieren Sie so wenig wie möglich, aber so viel wie nötig!

☞ **Ergebnis:** Projektdokumentation

7.3 Aus Erfahrung lernen

Die wichtigste Aufgabe, die jetzt noch auf Sie zukommt, ist das Reflektieren des Projektgeschehens und das Aufbereiten der Erfahrungen. Was ist gut gelaufen, was lief nicht optimal? Wo können Sie sich verbessern und, vor allem, welche Pannen können andere Teams von Anfang an vermeiden? Ein Workshop, an dem das gesamte Team teilnimmt, ist hierfür das beste Vorgehen.

Der Laie wiederholt seine Fehler, der Profi macht neue!

Das Abschluss-Meeting

Ein letztes Mal versammeln sich alle an einen Tisch und bewerten das Projekt. Bewusst gehen Sie den Projektablauf noch einmal Schritt für Schritt durch und überlegen, welche Erfahrungen für die Zukunft abgeleitet werden können. Listen Sie gemeinsam die Erfolge auf, aber auch das, was nicht so gut lief. Setzen Sie dazu die Metaplantechnik als Hilfsmittel ein. Reflektieren Sie am Ende des Projekts:

Die letzte Runde

- Welches waren die Ziele des Projekts und was davon wurde erreicht?
- Wie war es geplant und wie ist es tatsächlich abgelaufen?
- Warum ist es anders gekommen?
- War dies positiv oder negativ?
- Wie war die Stimmung im Projekt?

- Wo gab es Schwierigkeiten und warum?
- Wie wurden Probleme beseitigt?
- Was kann man daraus lernen?

Fragen Sie jeden im Team auch danach, was ihm gefallen hat und was nicht. So erhalten Sie ein Feedback zu Ihrer eigenen Arbeit.

Bei kritischen Projekten arbeiten Sie am besten mit einem unabhängigen Moderator, um der Gefahr vorzubeugen, dass statt Erfahrungen Schuldfragen diskutiert werden. Kommt es zu Schuldzuweisungen und Rechtfertigungen, ist das Meeting gelaufen, weil es dann nur noch darum geht, wer Recht hat und wer im Unrecht ist. Achten Sie daher auf eine gute Atmosphäre im Workshop und bremsen Sie solche Diskussionen von Anfang an aus. Ihr Ziel ist es, zu lernen, nicht zu richten! Fertigen Sie am Schluss gemeinsam mit dem Team eine Liste mit den Dingen an, die Sie im nächsten Projekt besser machen werden. Sie halten damit Ihre Erfahrungen für neue Projekt fest.

Erst sammeln, dann auswerten

Spielregeln für das Abschlussmeeting:

- Zuerst gemeinsam Positives und Negatives – ohne Kommentar – sammeln.
- Dann gemeinsam über Erfahrungen und Lösungen nachdenken.

Gutes aufheben und weitergeben

Nehmen Sie Erfahrungen, Tipps und Vorgehensweisen, die sich bewährt haben, aber auch Muster, Formulare usw. in die Sammlung Ihrer Best Practices auf. Stellen Sie diese Erfahrungen auch anderen Projekten zur Verfügung.

- Ihre persönlichen Erfahrungen sind das wichtigste positive Ergebnis, das Sie aus jedem Projekt mitnehmen.
- Versuchen Sie, so viel wie möglich für neue Projekte zu lernen – denn: Erfahrung macht erfolgreich!

Diese Dinge sollten Sie mitnehmen

Managen kostet Zeit

Gutes Projektmanagement kostet Zeit! Wenn Sie mit beiden Armen im Projektgeschehen stecken, werden Sie nicht in der Lage sein, eine angemessene Planung, Überwachung und Steuerung durchzuführen. Ab einer Teamgröße von sieben bis zehn Personen aufwärts müssen Sie sich vollständig für die Aufgaben der Projekt- bzw. Teamleitung einbringen. Inhaltliche Mitarbeit sollte dann für Sie die Ausnahme sein!

Management ist komplex

Projektmanagement ist ein integratives Unterfangen. Eine Handlung oder unterlassene Aktion in einem Bereich wirkt sich immer auch in anderen Bereichen mehr oder weniger stark aus. Die Wechselwirkungen der verschiedenen Aufgabenbereiche können direkt oder indirekt sein. Eine neue inhaltliche Zielsetzung verändert in der Regel auch die Kosten des Projekts. Sie kann, muss aber nicht zwangsläufig die Teammoral oder Produktqualität beeinflussen. Daraus entsteht eine Komplexität, die uns im Projektalltag immer wieder zu schaffen macht.

Ohne ganzheitliches Denken funktioniert agiles Management nicht, denn erst wenn Sie über die Einzelheiten und ihren Zusammenhang im Ganzen gut Bescheid wissen, können Sie schnell und zielsicher einschätzen, wann Sie was weglassen können.

Agilität:
Erst lernen,
dann streichen

Einige Empfehlungen zum Schluss:

- Fordern Sie klare Ziele.
- Planen Sie in Etappen und nicht zu detailliert.
- Sorgen Sie für viele kleine Erfolgserlebnisse.
- Nehmen Sie Risiken ernst.
- Etablieren Sie ein kontinuierliches Risikomanagement als Basis für die Projektsteuerung.
- Managen Sie bewusst die Veränderung.
- Achten Sie auf Qualität.
- Gehen Sie weg von starren Projektstrukturen.
- Investieren Sie viel Zeit in die Kultur im Projekt.

Literaturverzeichnis

[DeM01]   *T. DeMarco:* Spielräume. Hanser, 2001

[DeM98]   *T. DeMarco:* Der Termin. Hanser, 1998

[DeM99]   *T. DeMarco:* Wien wartet auf Dich! Hanser, 1999

[GA01]   *C. Gernert, N. Ahrend:* IT-Management: System statt Chaos. Oldenbourg, 2001

[HHP00]   *D. Hatley, P. Hruschka, I. Pirbhai:* Process for System Architecture and Requirements Engeineering. Dorset House, 2000

[HK99]   *M. Hitz, G. Kappel:* UML @ Work. dpunkt, 1999

[HR02]   *P. Hruschka, C. Rupp:* Agile Softwareentwicklung für Embedded Real-Time Systems mit der UML. Hanser, 2002

[Jon96]   *T.C. Jones:* Applied Software Measurement. McGraw-Hill, 1996

[Jon98]   *T.C. Jones:* Estimating Software Costs. McGraw-Hill, 1998

[Kel94]   *H. Kellner:* Die Kunst, DV-Projekte zum Erfolg zu führen. Hanser, 1994

[Kra01]   *B. Oestereich (Hrsg.), P. Hruschka, N. Jossutis, H. Kocher, H. Krasemann:* Erfolgreich mit Objektorientierung. Oldenbourg, 2001

[Kup01]   *H. Kupper:* Die Kunst der Projektsteuerung. Oldenbourg, 2001

[Kru00]   *P. Kruchten:* The Rational Unified Process – An Introduction. Addison Wesley, 2000

[LKB01]   *C. Larmann, P. Kruchten, K. Bittner:* Wie Sie ein Projekt mit dem "Rational Unified Process" garantiert in den Sand setzen können. In: Objekt Spektrum, April 2001

[Lit95]   *H.D. Litke:* Projektmanagement. Hanser, 1995

[Mör98]   *M. Mörsdorf:* Konzeption und Aufgaben des Projektcontrolling. DUV, 1998

[Oes98]   *B. Oestereich:* Objektorientierte Softwareentwicklung. Oldenbourg, 1998

[PMI00]   *PMI:* Projektmanagement. A Guide to the Project Management Body of Knowledge. Rhombos, 2000

[Put78]   *L. H. Putnam:* A General Empirical Solution to the Macro Software Sizing and Estimating Problem. In: IEEE Trans. Software Engr., Juli 1978, 345

[Rupp01]   *C. Rupp, SOPHIST GROUP:* Requirements-Engineering und -Management. Hanser, 2001

[Sta02]   *G. Starke:* Effektive Software-Architekturen. Ein praktischer Leitfaden. Hanser, 2002

[Sch01]   *J. Schwarze:* Projektmanagement mit Netzplantechnik. Neue Wirtschafts-Briefe, 2001

[Sche98]   *A.-W. Scheer:* ARIS – Modellierungsmethoden Metamodelle – Anwendungen. Springer, 1998

[Sche98]   *A.-W. Scheer:* ARIS – Vom Geschäftsprozeß zum Anwendungssystem. Springer, 1998

[Ver00]   *G. Versteegen:* Projektmanagement mit dem Rational Unified Process. Springer, 2000

[Wal01]   *E. Wallmüller:* Software-Qualitätsmanagement. Hanser, 2001

Index

Ablauf- und Terminplanung 69, **81**, 103, 110, 129, 135, 179
Abnahmekriterien 27, 95, 105, 111, 179
Abweichung 108, 144, 156, 167, 182ff, 195ff, 203ff, 208ff, 226, 231
Agile Prozesse 4, 23, 76
Agiles Projektmanagement **2**ff, 23, 39, 45, 51, 66, **76**, 91, 101, 113, 119, 134, 159, 161, **162**, 166, 168, **180**, 182, 184, 189, 203, **207**, 224, **227**, 230, **235**
–, Maxime agiler Projekte 2
Aktionsliste 208, 216, **220**, 225, 228
Ampel-Chart 189, 206
Änderungshäufigkeit 199, 200
Anforderungen
– spezifizieren 55, **111**
Anforderungsanalyse 49, 30, **55**, 231
Anforderungskatalog 41, 52, **55**, 111
Anforderungsmodell 41, 52, **55**, 66, 118, 163, 180, 227
Anforderungsspezifikation 41, **112**, 113, 120, 175
Angemessenheit 1, **3**, 4, 9, 15, 22, 76, 166, 202
Arbeitspaket 26, 88, 93, 98, 170, 181, 196
Architektur 30, 46, 65, 72, 91, 107, 110, 117ff, 124, 126, 128, 131, 136, 139, 148ff, 154, 156, 164, 169,177, 187, 191, 199ff, 212, 214, 222, 227
–, Güte 200
Architekturteam 139
Architekturvision 41, 45, **65**, 76, 112
Aufgabenbereich 26, 40, 54, **65**ff, 82, **100**ff, 113, **120**ff, 127, 133, 166, **170**ff, 180, 196, 206, 217, 221, 234
Aufgabenmatrix 102
Aufgabenplanung 81, 65ff, 97ff, 120ff, 134, 170ff
Auftraggeber 48, 70, 174, 188, 206, 211
Aufwand
– messen 124, 181, 193ff, 196ff, 207
– schätzen 67ff, 107ff, **124**ff, 132, 179

Aufwandskalkulation 68
Ausgangsposition 50

Bericht **145**, 189, 193ff
–, Problembericht 225
–, Sachbericht 145
–, Sonderbericht 145, 205
–, Statusbericht 145, 205
–, Tätigkeitsbericht 194, 196, 209
Berichtswesen **2**, 15, 20, 24, 70, **145**, 184, 190, 193, 195, 207

Change Request 223

Eintrittswahrscheinlichkeit 16ff, 73, **154**ff, 201ff, 213ff
Entwicklungsaufgaben 30, 55, **99**, 120ff
Entwicklungsgegenstand 113, **117ff**, 132, 174ff
Entwicklungsmatrix 172, 174, **176**ff
Erfolgsfaktoren 138, 148, 183, 185, 195, 205, 207, 228
–, kritische 52, 73, 75, 90, 147, **202**ff, 213ff, 219
Erfolgskriterien 179
Ergebnismatrix 39
Ergebnisplanung 81, 134
Ergebnissituation 193, 196
Eskalationsschema 144

Feedback- und Feedforward-Analyse 212
Fehlerrate 199
Fertigstellungsgrad 200
Freigabe- und Abnahmeverfahren 159
Frühwarnsystem 202
–, Früherkennung 17, 156, 190, 193, **202**
–, Frühwarnung 17, 156, 188, 193, **202**ff
Führungsgrößen 167, **184**

Gantt-Chart 82, 206
Ganzheitlicher Managementansatz 168
Gegenstromverfahren 82
Geschäftsprozess 55, 122

Geschäftsprozessanalyse 55
Geschäftsprozessmodelle 55, 111

Indikator 185
–, Frühindikator **156**, 184, 202, 228
–, Risikoindikator 41, 157, 195, 209
Inkrement 115ff, 175ff, 197, 199
Iteration 30, 40, 68, 83, 92ff, 103ff, 110,
    113ff, 115, 134, 152, 166 227
–, Ablauf 168ff
– bilden 129ff
– planen 88, 129ff, **170**ff
– überwachen 118, 190, 193, **197**, 206
– steuern 214, 216, **220**
Iterationsinhalt 171, **173**, 175, 176
Iterationsziel 40, 88, **131**ff, 173ff,

Kennzahlen 185
–, Qualitätskennzahlen 192, 199
– zur Bewertung einer Iteration 197
Kernteam 143
Kontextdiagramm 96
Kostenkalkulation 67
Krisenmanagement 4, 17, **224**
Kunde (Anwender) 48, 71, 211, 230

Lebenszyklus
– eines Produktes 26
– eines Projektes 28
Liefergegenstand 61, 95, 117
Lines of Code 126, 200
Lösungsweg 65, 212, 223

Magisches Dreieck 8, 216
Makroschätzung 125
Management 6
Managementaufgaben **6**, 13ff, 19ff, 23,
    35, 37ff, 86ff, 135, 163, 166, 221, 227
Managementaufwand 37ff
Managementparameter **8**, 107, 184, 188,
    214
Managementmatrix 38
Meeting 190, 195
–, Abschluss-Meeting 40, 233
–, Projekt-Meeting 185, 187, **190**, 193,
    195, 196, 207, 209, 224, **225**

Meilenstein 40, **68**ff, 74, 81, **103**ff, 110,
    114, 129, 135, 171, 186, 197, 205,
    217, 221
–, projektextern, -intern 68, 132
Metriken zur Projektüberwachung 186
Mikroschätzung 125

Nachkalkulation 232
Netzplan 82, 106

Organisationsform 70, 136
–, autonome Projektorganisation 70, 136
–, Matrixorganisation 70, 137

Phase 25ff, 36
–, Entwicklungsphasen **29**ff, 34, 36, 40,
    103ff, 115, 129, 135, 170ff, 175, 181
–, Produktphasen **26**ff, 33, 36
–, Projektphasen **28**ff, 33, 34, 37ff, 46,
    105, 130, 151
Plan
–, Akzeptanzplan 71, 157, **159**, 169
–, Arbeitsplan 81, 88, **106**, 110, 135,
    169ff, 179
–, Entwicklungsplan 40, 88, **129**ff, 135,
    172, 174, 178, 179, 180, 215, 216
–, Iterationsplan 89, 171ff, **179**ff, 220
–, Meilensteinplan 69
–, Phasenplan 81
–, Projektplan 39, 40, 43, **64**, 74, 76, 79,
    81ff, 85, 89, 94, **105**ff, **111**, **133**ff,
    163, 166ff, 171ff, 205, 215, 216, 222
–, Projektstrukturplan 40, 81, **97**ff,
    120ff, 133, 134, 171
–, Release-Plan 41, 85, 89, **114**ff, 131,
    135, 172, 175, 215
–, Ressourcenplan 67, **109**ff, 133, 135,
    180
–, Teamplan 172, 179, 216
Planen
– einer Iteration 88, 170, **173**ff, 220
– des Projektes 94ff
– der Projektdurchführung 113ff
– in der Projektdurchführung 170, 180
– in der Projektinitialisierung 88
– in der Projektvorbereitung 63
Plankorrektur 167, 216, 221

Planung **79**, 163
–, Grundlogik 80
–, Güte 213
–, iteratives Planungsmodell 65, 172
–, mehrstufige 65
–, Notation und Techniken 82
–, Teilaufgaben 81
–, top down und bottom up 82
Planungsaufwand 82
Planungsqualität 180
Prämissen 125, 155, 195ff, 203ff, 209
Prämissenkontrolle 193, 195, 202, 203
Produkt **27**, 31
– definieren 55, 59
Produktentwicklung 34ff, 39, 41, 54, 63, 86, 92, 114ff, 171, 181, 227
Produktgröße 126, 199, 232
Produktinhalt 52, 56, 77, 115ff
Produktmanagement 41, **114**ff
Produktmatrix 172, 174, 176, 177
Produktplanung 114, 135, 171, 175, 221
Produktqualität 159, 198ff
Produktschätzung 126
Produktvision 57
Produktziele 52, 55, 58
Prognosen 202, 203
Projekt 7, 31
– definieren 47ff, 59
–, Software-Projekte 35, 136
Projektabschluss 28, 229
Projektänderung 40, 74, 146, 209, 216, **222**ff
Projektauftrag 11, 12, 28, 40, 44, 50, **73**ff, 76, 85, 109, 146, 167, 192, 210, 215, **222**ff, 226, 230, 233
Projektaufwand 128
Projektcontrolling **166**ff, 183, 208, 225
Projektdefinition 20, 45, 47ff, , 59, 75
Projektdurchführung 28
–, Inhalt und Aktivitäten 166
Projekteigenschaften 10
Projektentscheidung 45, 77
Projektfortschrittskontrolle 195, 196
Projektgrenzen 62, 96
–, inhaltliche, organisatorische 62
Projekt-Handbuch 146
Projektinhalt 47, 54, **60**ff, 66, 79, 88, 91, 95, **97**ff, 103, **120**ff, 125, 130, 222

Projektinitialisierung 28
–, Aufwand 87
–, Inhalt und Aktivitäten 86
Projektmanagement **7**, 40
Projektmanager 48
Projektorganisation 40, 70, 86, **135**ff, 163
Projektprodukt 40, 57, **60**ff, 66, 71, 72, 76, 95, 102, 117, 127, 159
Projektprofil 12, 14
Projektschätzung 126
Projektschnittstellen 63, 97
Projektstatus 165, 186, 193, 195, 225
Projektstatusbericht 205
Projektsteuerung 37ff, 167, **208**ff
Projektstruktur 65ff, 97ff, 120ff
Projektüberwachung 37ff, 80, 145, 147, 157, 167, **182**ff, 208, 211
Projektumfeld **11**, 20, 50, **52**, 72, 140, 148, 182, 203, 209ff
Projektvorbereitung 28
–, Aufwand 77
–, Inhalt und Aktivitäten 44
Projektziel 3, 11, 23, 34, 40, **54**ff, 60, 72, 88, 149, 186, 221, 223
Prozessabweichung 200
Prozess-Monitoring 195, 198
Prozessoptimierung 195, 198
Prozessqualität 159, 198ff
Pufferzeiten 110

Qualität planen
–, Akzeptanzplan 159
–, Projekt-Qualitätsplan 160
Qualitätsmanagement 39, 41, 71, 86, **157**ff, 163, 192, 198
Qualitätsmanagementsystem 71
Qualitätsmanager 71, 158
Qualitätsmaßnahmen
–, analytische, konstruktive 159
Qualitätsmetriken 71
Qualitätsverantwortlicher 158

Randbedingungen 44, 48, 156, 162, 177
– des Produktes 54, 56ff, 111
– des Projektes **53**, 177, 203, 219, 222
Rational Unified Process 30, 104
Regelkreis Projektcontrolling 166, 225

Release 105, **116**, 131, 133, 175ff, 227
Ressourcen 7, 31, 44, 63, 73, 79ff, 106,
   123, 130, 143, 148, 184, 189, 214, 222
Ressourcenbedarf 40, 68, 103, 109
Ressourcenplanung 65ff, 76, 81, 88,
   105, 109ff, 134, 171, 174
Ressourcenverbrauch 196, 207, 227,
   230, 232
Restaufwand 194, 204
Review 132, 147, 151, 169, 185, 189,
   191ff, 195, 207, 217
–, Projektmanagement-Review 192
Rhythmus
– der Iterationen 130
– der Statuserfassung 188, 193
Risiken **16**ff
– der Initialisierung 89ff
– in Software-Projekten 150
Risikoanalyse 17, 72, 163, 201, 213
Risikomanagement 4, 9, **15**ff, 39, 41, 86
– in der Projektdurchführung 172, 179,
   181, 182, 186, **201**ff, 205, **213**ff, 219,
   221, 225, 228
– in der Projektinitialisierung 80, 110,
   112, 116, 127, 132, **147**ff, 163
– in der Projektvorbereitung 28, 38, 41,
   45, **72**ff
Risiko-Maßnahmen **18**, 41, 72, 155, 213
Risiko-Portfolio 41, **154**, 164, 201, 214
Risikopotenzial 21, 150
Risikostrategie 18
Rolle 4, 14, 48, 67, **138**ff, 158, 164, 192

Schaden 16, **153**, 201, 214
Situationsanalyse 50ff, 64
Softfacts 185, 193, 197, 215
Software-Entwicklung 90ff, 227
–, iterativ-inkrementelle 170ff, 180, 227
–, risikogesteuerte 15ff, 72, 150ff, 201ff
Software-Entwicklungsprozess 29, 90ff
Stakeholder 48, 50, 62, 64, 144
Stakeholder-Liste 49
Statusanalyse 195ff
–, vergangenheitsbezogene 203
–, zukunftsbezogene 203
Statusinformationen 184ff
– analysieren 195ff
– erheben 184ff

Steering Board 70
Steuerungsbedarf 195, 205, 215, 225
Steuerungsmöglichkeiten 217ff
Systemanalyse 48, 52, 56, 126, 218
Systemarchitektur 41, 86, **112**, 120ff,
   126, 136, 141, 148ff, 163, 180, 227
Systemzusammenhang 97

Team 3, 48, 138ff, 185, 216, 225, 231
Teamstruktur 139, 141
Teilprojekt 66, 80, 102, 123, 133, 170ff
Terminsituation 196, 205, 207
Timeboxing **176**ff, 180, 198, 220, 227
Toleranz 167, 182, 185, 204
Toleranzgrenzen 167, 184

Ursachen
–, veränderbare, nicht veränderbare 211
Ursachenanalyse 209ff
Use Case (Anwendungsfall) 115ff, 118,
   122, 126, 131, 172, 175ff, 186

Vorgehen 92ff
–, iterativ-inkrementell 92ff, 171, 180
–, klassisches 92ff, 104, 170
Vorgehensmodell 3, 10, 25, 34, 40, 55,
   66, 70, 76, 88, 99, **104**, 117, 119, 138,
   164, 198, 227
–, Auswahl und Anpassung **90**ff
Vorprojekt 56, 65
Vorstudie 45

Wasserfallmodell 29, 92
Wiederverwendung 136, 230
Workshop
– zur Definition des Projektes 44, 62
– zur Planung einer Iteration 179
– zur Planung des Projektes 44, 75, 77
– zur Zieldefinition einer Iteration 174

Zerlegung
–, ergebnisorientierte 98, 100
–, funktionale 98, 100
Ziele
–, Geschäftsziele 58
–, Haupt- und Nebenziele 58
–, IT-Managementziele 58
–, Produkt- und Projektziele 58

Der Projekterfolg hängt stark von den beteiligten Personen ab ...
und von den angewendeten Methoden

Auf business-wissen.de finden Sie ein großes Angebot an Checklisten, Lernbausteinen und Vorlagen zu diesem und vielen weiteren betriebswirtschaftlichen Themen. Aktuelle Wirtschaftsnachrichten, neueste Studien und Dossiers zu Management-Themen halten Sie auf dem Laufenden.

Werden Sie Mitglied für nur 49,-- Euro pro Jahr* und profitieren Sie von business-wissen.de

Managementwissen
Hintergründe
Vorlagen
Nachrichten
Newsletter
E-Learning

3 Monate gratis

Melden Sie sich über den folgenden Link an und Sie sichern sich 3 Monate gratis.

http://business-wissen.de/XL

* Stand Aug. 2003

 business-wissen.de